I0492464

Introduzione

Il presente volume nasce dall'esigenza di fornire a coloro che prestano la propria attività professionale nell'ambito della protezione dei dati personali – come DPO, avvocati, magistrati, funzionari della P.A. ed operatori giuridici d'impresa – un supporto cartaceo e di rapida consultazione con il testo multilingue del Regolamento Generale sulla Protezione dei Dati del 2016.

Nel contesto della protezione dei dati personali è infatti tutt'altro che infrequente l'uso di terminologia in lingua inglese che richiede da parte dell'operatore domestico un'interpretazione precisa e rigorosa. Anche l'esercizio dei diritti dell'interessato può poi necessitare di un supporto linguistico aggiuntivo, dal momento che per la natura immateriale, transfrontaliera e ormai quasi interamente digitalizzata dei dati, i relativi responsabili e titolari del trattamento potrebbero trovarsi in un paese terzo che rende l'interlocuzione in inglese ormai quasi imprescindibile.

Milano, 23 ottobre 2020

Andrea Moriggi

TERMINOLOGIA TECNICA

Lista dei termini utilizzati più di frequente nel contesto della protezione dei dati personali.

Archivio	Filing system
Autorità di controllo	Supervisory authority
Consenso dell'interessato	Consent
Dati biometrici	Biometric data
Dati genetici	Genetic data
Dati relativi alla salute	Data concerning health
Dato personale	Personal data
Diritto alla portabilità	Right to data portability
Diritto alla rettifica	Right to rectification
Diritto alla cancellazione	Right to erasure
Informativa	Privacy notice
Interessato	Data subject
Limitazione di trattamento	Restriction of processing
Profilazione	Profiling
Pseudonimizzazione	Pseudonymisation
Rappresentante	Representative
Responsabile del trattamento	Processor/data processor
Responsabile della protezione dei dati	Data protection officer
Terzo	Third party
Titolare del trattamento	Controller/data controller
Trattamento	Processing/data processing
Trattamento transfrontaliero	Cross-border processing
Violazione dei dati personali	Personal data breach

Il testo riportato di seguito rappresenta la versione ufficiale pubblicata sulla Gazzetta Ufficiale dell'Unione Europea n. L 119 del 4 maggio 2016.

IL PARLAMENTO EUROPEO E IL CONSIGLIO DELL'UNIONE EUROPEA,

visto il trattato sul funzionamento dell'Unione europea, in particolare l'articolo 16,

vista la proposta della Commissione europea,

previa trasmissione del progetto di atto legislativo ai parlamenti nazionali,

visto il parere del Comitato economico e sociale europeo 1.,

visto il parere del Comitato delle regioni 2.,

deliberando secondo la procedura legislativa ordinaria 3.,

considerando quanto segue:

1. La protezione delle persone fisiche con riguardo al trattamento dei dati di carattere personale è un diritto fondamentale. L'articolo 8, paragrafo 1, della Carta dei diritti fondamentali dell'Unione europea «Carta». e l'articolo 16, paragrafo 1, del trattato sul funzionamento dell'Unione europea «TFUE». stabiliscono che ogni persona ha diritto alla protezione dei dati di carattere personale che la riguardano.

2. I principi e le norme a tutela delle persone fisiche con riguardo al trattamento dei dati personali dovrebbero rispettarne i diritti e le libertà fondamentali, in particolare il diritto alla protezione dei dati personali, a prescindere dalla loro nazionalità o dalla loro residenza. Il presente regolamento è inteso a contribuire alla realizzazione di uno spazio di libertà, sicurezza e giustizia e di un'unione economica, al progresso

THE EUROPEAN PARLIAMENT AND THE COUNCIL OF THE EUROPEAN UNION,

Having regard to the Treaty on the Functioning of the European Union, and in particular Article 16 thereof,

Having regard to the proposal from the European Commission,

After transmission of the draft legislative act to the national parliaments,

Having regard to the opinion of the European Economic and Social Committee 1.,

Having regard to the opinion of the Committee of the Regions 2.,

Acting in accordance with the ordinary legislative procedure 3.,

Whereas:

1. The protection of natural persons in relation to the processing of personal data is a fundamental right. Article 81. of the Charter of Fundamental Rights of the European Union the 'Charter'. and Article 161. of the Treaty on the Functioning of the European Union TFEU. provide that everyone has the right to the protection of personal data concerning him or her.

2. The principles of, and rules on the protection of natural persons with regard to the processing of their personal data should, whatever their nationality or residence, respect their fundamental rights and freedoms, in particular their right to the protection of personal data. This Regulation is intended to contribute to the accomplishment of an area of freedom, security and justice and of an economic union, to economic and social progress, to the strengthening and the

economico e sociale, al rafforzamento e alla convergenza delle economie nel mercato interno e al benessere delle persone fisiche.

3. La direttiva 95/46/CE del Parlamento europeo e del Consiglio 4. ha come obiettivo di armonizzare la tutela dei diritti e delle libertà fondamentali delle persone fisiche rispetto alle attività di trattamento dei dati e assicurare la libera circolazione dei dati personali tra Stati membri.

4. Il trattamento dei dati personali dovrebbe essere al servizio dell'uomo. Il diritto alla protezione dei dati di carattere personale non è una prerogativa assoluta, ma va considerato alla luce della sua funzione sociale e va contemperato con altri diritti fondamentali, in ossequio al principio di proporzionalità. Il presente regolamento rispetta tutti i diritti fondamentali e osserva le libertà e i principi riconosciuti dalla Carta, sanciti dai trattati, in particolare il rispetto della vita privata e familiare, del domicilio e delle comunicazioni, la protezione dei dati personali, la libertà di pensiero, di coscienza e di religione, la libertà di espressione e d'informazione, la libertà d'impresa, il diritto a un ricorso effettivo e a un giudice imparziale, nonché la diversità culturale, religiosa e linguistica.

5. L'integrazione economica e sociale conseguente al funzionamento del mercato interno ha condotto a un considerevole aumento dei flussi transfrontalieri di dati personali e quindi anche dei dati personali scambiati, in tutta l'Unione, tra attori pubblici e privati, comprese persone fisiche, associazioni e imprese. Il diritto dell'Unione impone alle autorità nazionali degli Stati membri di cooperare e scambiarsi dati personali per essere in grado di svolgere le rispettive funzioni o eseguire compiti

convergence of the economies within the internal market, and to the well-being of natural persons.

3. Directive 95/46/EC of the European Parliament and of the Council 4. seeks to harmonise the protection of fundamental rights and freedoms of natural persons in respect of processing activities and to ensure the free flow of personal data between Member States.

4. The processing of personal data should be designed to serve mankind. The right to the protection of personal data is not an absolute right; it must be considered in relation to its function in society and be balanced against other fundamental rights, in accordance with the principle of proportionality. This Regulation respects all fundamental rights and observes the freedoms and principles recognised in the Charter as enshrined in the Treaties, in particular the respect for private and family life, home and communications, the protection of personal data, freedom of thought, conscience and religion, freedom of expression and information, freedom to conduct a business, the right to an effective remedy and to a fair trial, and cultural, religious and linguistic diversity.

5. The economic and social integration resulting from the functioning of the internal market has led to a substantial increase in cross-border flows of personal data. The exchange of personal data between public and private actors, including natural persons, associations and undertakings across the Union has increased. National authorities in the Member States are being called upon by Union law to cooperate and exchange personal data so as to be able to perform their duties or carry out tasks on behalf of an authority in another Member State.

per conto di un'autorità di un altro Stato membro.

6. La rapidità dell'evoluzione tecnologica e la globalizzazione comportano nuove sfide per la protezione dei dati personali. La portata della condivisione e della raccolta di dati personali è aumentata in modo significativo. La tecnologia attuale consente tanto alle imprese private quanto alle autorità pubbliche di utilizzare dati personali, come mai in precedenza, nello svolgimento delle loro attività. Sempre più spesso, le persone fisiche rendono disponibili al pubblico su scala mondiale informazioni personali che li riguardano. La tecnologia ha trasformato l'economia e le relazioni sociali e dovrebbe facilitare ancora di più la libera circolazione dei dati personali all'interno dell'Unione e il loro trasferimento verso paesi terzi e organizzazioni internazionali, garantendo al tempo stesso un elevato livello di protezione dei dati personali.

6. Rapid technological developments and globalisation have brought new challenges for the protection of personal data. The scale of the collection and sharing of personal data has increased significantly. Technology allows both private companies and public authorities to make use of personal data on an unprecedented scale in order to pursue their activities. Natural persons increasingly make personal information available publicly and globally. Technology has transformed both the economy and social life, and should further facilitate the free flow of personal data within the Union and the transfer to third countries and international organisations, while ensuring a high level of the protection of personal data.

7. Tale evoluzione richiede un quadro più solido e coerente in materia di protezione dei dati nell'Unione, affiancato da efficaci misure di attuazione, data l'importanza di creare il clima di fiducia che consentirà lo sviluppo dell'economia digitale in tutto il mercato interno. È opportuno che le persone fisiche abbiano il controllo dei dati personali che li riguardano e che la certezza giuridica e operativa sia rafforzata tanto per le persone fisiche quanto per gli operatori economici e le autorità pubbliche.

7. Those developments require a strong and more coherent data protection framework in the Union, backed by strong enforcement, given the importance of creating the trust that will allow the digital economy to develop across the internal market. Natural persons should have control of their own personal data. Legal and practical certainty for natural persons, economic operators and public authorities should be enhanced.

8. Ove il presente regolamento preveda specificazioni o limitazioni delle sue norme ad opera del diritto degli Stati membri, gli Stati membri possono, nella misura necessaria per la coerenza e per rendere le disposizioni nazionali comprensibili alle persone cui si applicano, integrare elementi del

8. Where this Regulation provides for specifications or restrictions of its rules by Member State law, Member States may, as far as necessary for coherence and for making the national provisions comprehensible to the persons to whom they apply, incorporate elements of this Regulation into their national law.

3

presente regolamento nel proprio diritto nazionale.

9. Sebbene i suoi obiettivi e principi rimangano tuttora validi, la direttiva 95/46/CE non ha impedito la frammentazione dell'applicazione della protezione dei dati personali nel territorio dell'Unione, né ha eliminato l'incertezza giuridica o la percezione, largamente diffusa nel pubblico, che in particolare le operazioni online comportino rischi per la protezione delle persone fisiche. La compresenza di diversi livelli di protezione dei diritti e delle libertà delle persone fisiche, in particolare del diritto alla protezione dei dati personali, con riguardo al trattamento di tali dati negli Stati membri può ostacolare la libera circolazione dei dati personali all'interno dell'Unione. Tali differenze possono pertanto costituire un freno all'esercizio delle attività economiche su scala dell'Unione, falsare la concorrenza e impedire alle autorità nazionali di adempiere agli obblighi loro derivanti dal diritto dell'Unione. Tale divario creatosi nei livelli di protezione è dovuto alle divergenze nell'attuare e applicare la direttiva 95/46/CE.

9. The objectives and principles of Directive 95/46/EC remain sound, but it has not prevented fragmentation in the implementation of data protection across the Union, legal uncertainty or a widespread public perception that there are significant risks to the protection of natural persons, in particular with regard to online activity. Differences in the level of protection of the rights and freedoms of natural persons, in particular the right to the protection of personal data, with regard to the processing of personal data in the Member States may prevent the free flow of personal data throughout the Union. Those differences may therefore constitute an obstacle to the pursuit of economic activities at the level of the Union, distort competition and impede authorities in the discharge of their responsibilities under Union law. Such a difference in levels of protection is due to the existence of differences in the implementation and application of Directive 95/46/EC.

10. Al fine di assicurare un livello coerente ed elevato di protezione delle persone fisiche e rimuovere gli ostacoli alla circolazione dei dati personali all'interno dell'Unione, il livello di protezione dei diritti e delle libertà delle persone fisiche con riguardo al trattamento di tali dati dovrebbe essere equivalente in tutti gli Stati membri. È opportuno assicurare un'applicazione coerente e omogenea delle norme a protezione dei diritti e delle libertà fondamentali delle persone fisiche con riguardo al trattamento dei dati personali in tutta l'Unione. Per quanto riguarda il trattamento dei dati personali per l'adempimento di un obbligo legale, per l'esecuzione di un compito di interesse pubblico o

10. In order to ensure a consistent and high level of protection of natural persons and to remove the obstacles to flows of personal data within the Union, the level of protection of the rights and freedoms of natural persons with regard to the processing of such data should be equivalent in all Member States. Consistent and homogenous application of the rules for the protection of the fundamental rights and freedoms of natural persons with regard to the processing of personal data should be ensured throughout the Union. Regarding the processing of personal data for compliance with a legal obligation, for the performance of a task carried out in the public interest or in the exercise of official authority vested in the

connesso all'esercizio di pubblici poteri di cui è investito il titolare del trattamento, gli Stati membri dovrebbero rimanere liberi di mantenere o introdurre norme nazionali al fine di specificare ulteriormente l'applicazione delle norme del presente regolamento. In combinato disposto con la legislazione generale e orizzontale in materia di protezione dei dati che attua la direttiva 95/46/CE gli Stati membri dispongono di varie leggi settoriali in settori che richiedono disposizioni più specifiche. Il presente regolamento prevede anche un margine di manovra degli Stati membri per precisarne le norme, anche con riguardo al trattamento di categorie particolari di dati personali «dati sensibili». In tal senso, il presente regolamento non esclude che il diritto degli Stati membri stabilisca le condizioni per specifiche situazioni di trattamento, anche determinando con maggiore precisione le condizioni alle quali il trattamento di dati personali è lecito.

11. Un'efficace protezione dei dati personali in tutta l'Unione presuppone il rafforzamento e la disciplina dettagliata dei diritti degli interessati e degli obblighi di coloro che effettuano e determinano il trattamento dei dati personali, nonché poteri equivalenti per controllare e assicurare il rispetto delle norme di protezione dei dati personali e sanzioni equivalenti per le violazioni negli Stati membri.

12. L'articolo 16, paragrafo 2, TFUE conferisce al Parlamento europeo e al Consiglio il mandato di stabilire le norme relative alla protezione delle persone fisiche con riguardo al trattamento dei dati di carattere personale e le norme relative alla libera circolazione di tali dati.

13. Per assicurare un livello coerente di protezione delle persone fisiche in tutta l'Unione e prevenire disparità che

controller, Member States should be allowed to maintain or introduce national provisions to further specify the application of the rules of this Regulation. In conjunction with the general and horizontal law on data protection implementing Directive 95/46/EC, Member States have several sector-specific laws in areas that need more specific provisions. This Regulation also provides a margin of manoeuvre for Member States to specify its rules, including for the processing of special categories of personal data 'sensitive data'. To that extent, this Regulation does not exclude Member State law that sets out the circumstances for specific processing situations, including determining more precisely the conditions under which the processing of personal data is lawful.

11. Effective protection of personal data throughout the Union requires the strengthening and setting out in detail of the rights of data subjects and the obligations of those who process and determine the processing of personal data, as well as equivalent powers for monitoring and ensuring compliance with the rules for the protection of personal data and equivalent sanctions for infringements in the Member States.

12. Article 162. TFEU mandates the European Parliament and the Council to lay down the rules relating to the protection of natural persons with regard to the processing of personal data and the rules relating to the free movement of personal data.

13. In order to ensure a consistent level of protection for natural persons throughout the Union and to prevent

possono ostacolare la libera circolazione dei dati personali nel mercato interno, è necessario un regolamento che garantisca certezza del diritto e trasparenza agli operatori economici, comprese le micro, piccole e medie imprese, offra alle persone fisiche in tutti gli Stati membri il medesimo livello di diritti azionabili e di obblighi e responsabilità dei titolari del trattamento e dei responsabili del trattamento e assicuri un monitoraggio coerente del trattamento dei dati personali, sanzioni equivalenti in tutti gli Stati membri e una cooperazione efficace tra le autorità di controllo dei diversi Stati membri. Per il buon funzionamento del mercato interno è necessario che la libera circolazione dei dati personali all'interno dell'Unione non sia limitata né vietata per motivi attinenti alla protezione delle persone fisiche con riguardo al trattamento dei dati personali. Per tener conto della specifica situazione delle micro, piccole e medie imprese, il presente regolamento prevede una deroga per le organizzazioni che hanno meno di 250 dipendenti per quanto riguarda la conservazione delle registrazioni. Inoltre, le istituzioni e gli organi dell'Unione e gli Stati membri e le loro autorità di controllo sono invitati a considerare le esigenze specifiche delle micro, piccole e medie imprese nell'applicare il presente regolamento. La nozione di micro, piccola e media impresa dovrebbe ispirarsi all'articolo 2 dell'allegato della raccomandazione 2003/361/CE della Commissione 5.

14. È opportuno che la protezione prevista dal presente regolamento si applichi alle persone fisiche, a prescindere dalla nazionalità o dal luogo di residenza, in relazione al trattamento dei loro dati personali. Il presente regolamento non disciplina il trattamento dei dati personali relativi a persone giuridiche, in particolare

divergences hampering the free movement of personal data within the internal market, a Regulation is necessary to provide legal certainty and transparency for economic operators, including micro, small and medium-sized enterprises, and to provide natural persons in all Member States with the same level of legally enforceable rights and obligations and responsibilities for controllers and processors, to ensure consistent monitoring of the processing of personal data, and equivalent sanctions in all Member States as well as effective cooperation between the supervisory authorities of different Member States. The proper functioning of the internal market requires that the free movement of personal data within the Union is not restricted or prohibited for reasons connected with the protection of natural persons with regard to the processing of personal data. To take account of the specific situation of micro, small and medium-sized enterprises, this Regulation includes a derogation for organisations with fewer than 250 employees with regard to record-keeping. In addition, the Union institutions and bodies, and Member States and their supervisory authorities, are encouraged to take account of the specific needs of micro, small and medium-sized enterprises in the application of this Regulation. The notion of micro, small and medium-sized enterprises should draw from Article 2 of the Annex to Commission Recommendation 2003/361/EC 5.

14. The protection afforded by this Regulation should apply to natural persons, whatever their nationality or place of residence, in relation to the processing of their personal data. This Regulation does not cover the processing of personal data which concerns legal persons and in particular undertakings established as legal persons, including

imprese dotate di personalità giuridica, compresi il nome e la forma della persona giuridica e i suoi dati di contatto.

15. Al fine di evitare l'insorgere di gravi rischi di elusione, la protezione delle persone fisiche dovrebbe essere neutrale sotto il profilo tecnologico e non dovrebbe dipendere dalle tecniche impiegate. La protezione delle persone fisiche dovrebbe applicarsi sia al trattamento automatizzato che al trattamento manuale dei dati personali, se i dati personali sono contenuti o destinati a essere contenuti in un archivio. Non dovrebbero rientrare nell'ambito di applicazione del presente regolamento i fascicoli o le serie di fascicoli non strutturati secondo criteri specifici, così come le rispettive copertine.

16. Il presente regolamento non si applica a questioni di tutela dei diritti e delle libertà fondamentali o di libera circolazione dei dati personali riferite ad attività che non rientrano nell'ambito di applicazione del diritto dell'Unione, quali le attività riguardanti la sicurezza nazionale. Il presente regolamento non si applica al trattamento dei dati personali effettuato dagli Stati membri nell'esercizio di attività relative alla politica estera e di sicurezza comune dell'Unione.

17. Il regolamento CE. n. 45/2001 del Parlamento europeo e del Consiglio 6. si applica al trattamento di dati personali effettuato da istituzioni, organi, uffici e agenzie dell'Unione. Il regolamento CE. n. 45/2001 e gli altri atti giuridici dell'Unione applicabili a tale trattamento di dati personali dovrebbero essere adeguati ai principi e alle norme stabiliti dal presente regolamento e applicati alla luce dello stesso. Per offrire un quadro di protezione dei dati solido e coerente nell'Unione, si dovrebbe procedere,

the name and the form of the legal person and the contact details of the legal person.

15. In order to prevent creating a serious risk of circumvention, the protection of natural persons should be technologically neutral and should not depend on the techniques used. The protection of natural persons should apply to the processing of personal data by automated means, as well as to manual processing, if the personal data are contained or are intended to be contained in a filing system. Files or sets of files, as well as their cover pages, which are not structured according to specific criteria should not fall within the scope of this Regulation.

16. This Regulation does not apply to issues of protection of fundamental rights and freedoms or the free flow of personal data related to activities which fall outside the scope of Union law, such as activities concerning national security. This Regulation does not apply to the processing of personal data by the Member States when carrying out activities in relation to the common foreign and security policy of the Union.

17. Regulation EC. No 45/2001 of the European Parliament and of the Council 6. applies to the processing of personal data by the Union institutions, bodies, offices and agencies. Regulation EC. No 45/2001 and other Union legal acts applicable to such processing of personal data should be adapted to the principles and rules established in this Regulation and applied in the light of this Regulation. In order to provide a strong and coherent data protection framework in the Union, the necessary adaptations of Regulation EC. No 45/2001 should

successivamente all'adozione del presente regolamento, ai necessari adeguamenti del regolamento CE. n. 45/2001, al fine di consentirne l'applicazione contemporaneamente al presente regolamento.

18. Il presente regolamento non si applica al trattamento di dati personali effettuato da una persona fisica nell'ambito di attività a carattere esclusivamente personale o domestico e quindi senza una connessione con un'attività commerciale o professionale. Le attività a carattere personale o domestico potrebbero comprendere la corrispondenza e gli indirizzari, o l'uso dei social network e attività online intraprese nel quadro di tali attività. Tuttavia, il presente regolamento si applica ai titolari del trattamento o ai responsabili del trattamento che forniscono i mezzi per trattare dati personali nell'ambito di tali attività a carattere personale o domestico.

19. La protezione delle persone fisiche con riguardo al trattamento dei dati personali da parte delle autorità competenti a fini di prevenzione, indagine, accertamento e perseguimento di reati o esecuzione di sanzioni penali, incluse la salvaguardia contro, e la prevenzione di, minacce alla sicurezza pubblica, e la libera circolazione di tali dati sono oggetto di uno specifico atto dell'Unione. Il presente regolamento non dovrebbe pertanto applicarsi ai trattamenti effettuati per tali finalità. I dati personali trattati dalle autorità pubbliche in forza del presente regolamento, quando utilizzati per tali finalità, dovrebbero invece essere disciplinati da un più specifico atto dell'Unione, segnatamente la direttiva UE. 2016/680 del Parlamento europeo e del Consiglio 7. Gli Stati membri possono conferire alle autorità competenti ai sensi della direttiva UE. 2016/680 altri compiti che non siano

follow after the adoption of this Regulation, in order to allow application at the same time as this Regulation.

18. This Regulation does not apply to the processing of personal data by a natural person in the course of a purely personal or household activity and thus with no connection to a professional or commercial activity. Personal or household activities could include correspondence and the holding of addresses, or social networking and online activity undertaken within the context of such activities. However, this Regulation applies to controllers or processors which provide the means for processing personal data for such personal or household activities.

19. The protection of natural persons with regard to the processing of personal data by competent authorities for the purposes of the prevention, investigation, detection or prosecution of criminal offences or the execution of criminal penalties, including the safeguarding against and the prevention of threats to public security and the free movement of such data, is the subject of a specific Union legal act. This Regulation should not, therefore, apply to processing activities for those purposes. However, personal data processed by public authorities under this Regulation should, when used for those purposes, be governed by a more specific Union legal act, namely Directive EU. 2016/680 of the European Parliament and of the Council 7. Member States may entrust competent authorities within the meaning of Directive EU. 2016/680 with tasks which are not necessarily carried out for the purposes of the prevention, investigation, detection or prosecution

necessariamente svolti a fini di prevenzione, indagine, accertamento e perseguimento di reati o esecuzione di sanzioni penali, incluse la salvaguardia contro, e la prevenzione di, minacce alla sicurezza pubblica, affinché il trattamento di dati personali per tali altre finalità, nella misura in cui ricada nell'ambito di applicazione del diritto dell'Unione, rientri nell'ambito di applicazione del presente regolamento. Con riguardo al trattamento dei dati personali da parte di tali autorità competenti per finalità rientranti nell'ambito di applicazione del presente regolamento, gli Stati membri dovrebbero poter mantenere o introdurre disposizioni più specifiche per adattare l'applicazione delle disposizioni del presente regolamento. Tali disposizioni possono determinare con maggiore precisione requisiti specifici per il trattamento di dati personali da parte di dette autorità competenti per tali altre finalità, tenuto conto della struttura costituzionale, organizzativa e amministrativa dei rispettivi Stati membri. Quando il trattamento dei dati personali effettuato da organismi privati rientra nell'ambito di applicazione del presente regolamento, è opportuno che lo stesso preveda la facoltà per gli Stati membri, a determinate condizioni, di adottare disposizioni legislative intese a limitare determinati obblighi e diritti, qualora tale limitazione costituisca una misura necessaria e proporzionata in una società democratica per la salvaguardia di importanti interessi specifici, comprese la sicurezza pubblica e le attività di prevenzione, indagine, accertamento e perseguimento di reati o l'esecuzione di sanzioni penali, incluse la salvaguardia contro, e la prevenzione di, minacce alla sicurezza pubblica. Ciò riveste particolare importanza ad esempio nel

of criminal offences or the execution of criminal penalties, including the safeguarding against and prevention of threats to public security, so that the processing of personal data for those other purposes, in so far as it is within the scope of Union law, falls within the scope of this Regulation. With regard to the processing of personal data by those competent authorities for purposes falling within scope of this Regulation, Member States should be able to maintain or introduce more specific provisions to adapt the application of the rules of this Regulation. Such provisions may determine more precisely specific requirements for the processing of personal data by those competent authorities for those other purposes, taking into account the constitutional, organisational and administrative structure of the respective Member State. When the processing of personal data by private bodies falls within the scope of this Regulation, this Regulation should provide for the possibility for Member States under specific conditions to restrict by law certain obligations and rights when such a restriction constitutes a necessary and proportionate measure in a democratic society to safeguard specific important interests including public security and the prevention, investigation, detection or prosecution of criminal offences or the execution of criminal penalties, including the safeguarding against and the prevention of threats to public security. This is relevant for instance in the framework of anti-money laundering or the activities of forensic laboratories.

quadro del riciclaggio o di attività di medicina legale.

20. Sebbene il presente regolamento si applichi, tra l'altro, anche alle attività delle autorità giurisdizionali e di altre autorità giudiziarie, il diritto dell'Unione o degli Stati membri potrebbe specificare le operazioni e le procedure di trattamento relativamente al trattamento dei dati personali effettuato da autorità giurisdizionali e da altre autorità giudiziarie. Non è opportuno che rientri nella competenza delle autorità di controllo il trattamento di dati personali effettuato dalle autorità giurisdizionali nell'adempimento delle loro funzioni giurisdizionali, al fine di salvaguardare l'indipendenza della magistratura nell'adempimento dei suoi compiti giurisdizionali, compreso il processo decisionale. Si dovrebbe poter affidare il controllo su tali trattamenti di dati ad organismi specifici all'interno del sistema giudiziario dello Stato membro, che dovrebbero in particolare assicurare la conformità alle norme del presente regolamento, rafforzare la consapevolezza della magistratura con riguardo agli obblighi che alla stessa derivano dal presente regolamento ed esaminare i reclami in relazione a tali operazioni di trattamento dei dati.

20. While this Regulation applies, inter alia, to the activities of courts and other judicial authorities, Union or Member State law could specify the processing operations and processing procedures in relation to the processing of personal data by courts and other judicial authorities. The competence of the supervisory authorities should not cover the processing of personal data when courts are acting in their judicial capacity, in order to safeguard the independence of the judiciary in the performance of its judicial tasks, including decision-making. It should be possible to entrust supervision of such data processing operations to specific bodies within the judicial system of the Member State, which should, in particular ensure compliance with the rules of this Regulation, enhance awareness among members of the judiciary of their obligations under this Regulation and handle complaints in relation to such data processing operations.

21. Il presente regolamento non pregiudica l'applicazione della direttiva 2000/31/CE del Parlamento europeo e del Consiglio 8., in particolare delle norme relative alla responsabilità dei prestatori intermediari di servizi di cui agli articoli da 12 a 15 della medesima direttiva. Detta direttiva mira a contribuire al buon funzionamento del mercato interno garantendo la libera circolazione dei servizi della società dell'informazione tra Stati membri.

21. This Regulation is without prejudice to the application of Directive 2000/31/EC of the European Parliament and of the Council 8., in particular of the liability rules of intermediary service providers in Articles 12 to 15 of that Directive. That Directive seeks to contribute to the proper functioning of the internal market by ensuring the free movement of information society services between Member States.

22. Qualsiasi trattamento di dati personali effettuato nell'ambito delle attività di uno stabilimento di un

22. Any processing of personal data in the context of the activities of an establishment of a controller or a

titolare del trattamento o responsabile del trattamento nel territorio dell'Unione dovrebbe essere conforme al presente regolamento, indipendentemente dal fatto che il trattamento avvenga all'interno dell'Unione. Lo stabilimento implica l'effettivo e reale svolgimento di attività nel quadro di un'organizzazione stabile. A tale riguardo, non è determinante la forma giuridica assunta, sia essa una succursale o una filiale dotata di personalità giuridica.

23. Onde evitare che una persona fisica venga privata della protezione cui ha diritto in base al presente regolamento, è opportuno che questo disciplini il trattamento dei dati personali degli interessati che si trovano nell'Unione effettuato da un titolare del trattamento o da un responsabile del trattamento non stabilito nell'Unione, quando le attività di trattamento sono connesse all'offerta di beni o servizi a detti interessati indipendentemente dal fatto che vi sia un pagamento correlato. Per determinare se tale titolare o responsabile del trattamento stia offrendo beni o servizi agli interessati che si trovano nell'Unione, è opportuno verificare se risulta che il titolare o il responsabile del trattamento intenda fornire servizi agli interessati in uno o più Stati membri dell'Unione. Mentre la semplice accessibilità del sito web del titolare del trattamento, del responsabile del trattamento o di un intermediario nell'Unione, di un indirizzo di posta elettronica o di altre coordinate di contatto o l'impiego di una lingua abitualmente utilizzata nel paese terzo in cui il titolare del trattamento è stabilito sono insufficienti per accertare tale intenzione, fattori quali l'utilizzo di una lingua o di una moneta abitualmente utilizzata in uno o più Stati membri, con la possibilità di ordinare beni e servizi in tale altra lingua, o la menzione di clienti o utenti

processor in the Union should be carried out in accordance with this Regulation, regardless of whether the processing itself takes place within the Union. Establishment implies the effective and real exercise of activity through stable arrangements. The legal form of such arrangements, whether through a branch or a subsidiary with a legal personality, is not the determining factor in that respect.

23. In order to ensure that natural persons are not deprived of the protection to which they are entitled under this Regulation, the processing of personal data of data subjects who are in the Union by a controller or a processor not established in the Union should be subject to this Regulation where the processing activities are related to offering goods or services to such data subjects irrespective of whether connected to a payment. In order to determine whether such a controller or processor is offering goods or services to data subjects who are in the Union, it should be ascertained whether it is apparent that the controller or processor envisages offering services to data subjects in one or more Member States in the Union. Whereas the mere accessibility of the controller's, processor's or an intermediary's website in the Union, of an email address or of other contact details, or the use of a language generally used in the third country where the controller is established, is insufficient to ascertain such intention, factors such as the use of a language or a currency generally used in one or more Member States with the possibility of ordering goods and services in that other language, or the mentioning of customers or users who are in the Union, may make it apparent that the controller envisages offering goods or services to data subjects in the Union.

che si trovano nell'Unione possono evidenziare l'intenzione del titolare o del responsabile del trattamento di offrire beni o servizi agli interessati nell'Unione.

24. È opportuno che anche il trattamento dei dati personali degli interessati che si trovano nell'Unione ad opera di un titolare del trattamento o di un responsabile del trattamento non stabilito nell'Unione sia soggetto al presente regolamento quando è riferito al monitoraggio del comportamento di detti interessati, nella misura in cui tale comportamento ha luogo all'interno dell'Unione. Per stabilire se un'attività di trattamento sia assimilabile al controllo del comportamento dell'interessato, è opportuno verificare se le persone fisiche sono tracciate su internet, compreso l'eventuale ricorso successivo a tecniche di trattamento dei dati personali che consistono nella profilazione della persona fisica, in particolare per adottare decisioni che la riguardano o analizzarne o prevederne le preferenze, i comportamenti e le posizioni personali.

25. Laddove vige il diritto di uno Stato membro in virtù del diritto internazionale pubblico, ad esempio nella rappresentanza diplomatica o consolare di uno Stato membro, il presente regolamento dovrebbe applicarsi anche a un titolare del trattamento non stabilito nell'Unione.

26. È auspicabile applicare i principi di protezione dei dati a tutte le informazioni relative a una persona fisica identificata o identificabile. I dati personali sottoposti a pseudonimizzazione, i quali potrebbero essere attribuiti a una persona fisica mediante l'utilizzo di ulteriori informazioni, dovrebbero essere considerati informazioni su una persona fisica identificabile. Per stabilire l'identificabilità di una persona è opportuno considerare tutti i mezzi,

24. The processing of personal data of data subjects who are in the Union by a controller or processor not established in the Union should also be subject to this Regulation when it is related to the monitoring of the behaviour of such data subjects in so far as their behaviour takes place within the Union. In order to determine whether a processing activity can be considered to monitor the behaviour of data subjects, it should be ascertained whether natural persons are tracked on the internet including potential subsequent use of personal data processing techniques which consist of profiling a natural person, particularly in order to take decisions concerning her or him or for analysing or predicting her or his personal preferences, behaviours and attitudes.

25. Where Member State law applies by virtue of public international law, this Regulation should also apply to a controller not established in the Union, such as in a Member State's diplomatic mission or consular post.

26. The principles of data protection should apply to any information concerning an identified or identifiable natural person. Personal data which have undergone pseudonymisation, which could be attributed to a natural person by the use of additional information should be considered to be information on an identifiable natural person. To determine whether a natural person is identifiable, account should be taken of all the means reasonably likely to be used, such as singling out, either by the

come l'individuazione, di cui il titolare del trattamento o un terzo può ragionevolmente avvalersi per identificare detta persona fisica direttamente o indirettamente. Per accertare la ragionevole probabilità di utilizzo dei mezzi per identificare la persona fisica, si dovrebbe prendere in considerazione l'insieme dei fattori obiettivi, tra cui i costi e il tempo necessario per l'identificazione, tenendo conto sia delle tecnologie disponibili al momento del trattamento, sia degli sviluppi tecnologici. I principi di protezione dei dati non dovrebbero pertanto applicarsi a informazioni anonime, vale a dire informazioni che non si riferiscono a una persona fisica identificata o identificabile o a dati personali resi sufficientemente anonimi da impedire o da non consentire più l'identificazione dell'interessato. Il presente regolamento non si applica pertanto al trattamento di tali informazioni anonime, anche per finalità statistiche o di ricerca.

27. Il presente regolamento non si applica ai dati personali delle persone decedute. Gli Stati membri possono prevedere norme riguardanti il trattamento dei dati personali delle persone decedute.

28. L'applicazione della pseudonimizzazione ai dati personali può ridurre i rischi per gli interessati e aiutare i titolari del trattamento e i responsabili del trattamento a rispettare i loro obblighi di protezione dei dati. L'introduzione esplicita della «pseudonimizzazione» nel presente regolamento non è quindi intesa a precludere altre misure di protezione dei dati.

29. Al fine di creare incentivi per l'applicazione della pseudonimizzazione nel trattamento dei dati personali, dovrebbero essere possibili misure di pseudonimizzazione con possibilità di

controller or by another person to identify the natural person directly or indirectly. To ascertain whether means are reasonably likely to be used to identify the natural person, account should be taken of all objective factors, such as the costs of and the amount of time required for identification, taking into consideration the available technology at the time of the processing and technological developments. The principles of data protection should therefore not apply to anonymous information, namely information which does not relate to an identified or identifiable natural person or to personal data rendered anonymous in such a manner that the data subject is not or no longer identifiable. This Regulation does not therefore concern the processing of such anonymous information, including for statistical or research purposes.

27. This Regulation does not apply to the personal data of deceased persons. Member States may provide for rules regarding the processing of personal data of deceased persons.

28. The application of pseudonymisation to personal data can reduce the risks to the data subjects concerned and help controllers and processors to meet their data-protection obligations. The explicit introduction of 'pseudonymisation' in this Regulation is not intended to preclude any other measures of data protection.

29. In order to create incentives to apply pseudonymisation when processing personal data, measures of pseudonymisation should, whilst allowing general analysis, be possible within the

analisi generale all'interno dello stesso titolare del trattamento, qualora il titolare del trattamento abbia adottato le misure tecniche e organizzative necessarie ad assicurare, per il trattamento interessato, l'attuazione del presente regolamento, e che le informazioni aggiuntive per l'attribuzione dei dati personali a un interessato specifico siano conservate separatamente. Il titolare del trattamento che effettua il trattamento dei dati personali dovrebbe indicare le persone autorizzate all'interno dello stesso titolare del trattamento.

same controller when that controller has taken technical and organisational measures necessary to ensure, for the processing concerned, that this Regulation is implemented, and that additional information for attributing the personal data to a specific data subject is kept separately. The controller processing the personal data should indicate the authorised persons within the same controller.

30. Le persone fisiche possono essere associate a identificativi online prodotti dai dispositivi, dalle applicazioni, dagli strumenti e dai protocolli utilizzati, quali gli indirizzi IP, a marcatori temporanei cookies. o a identificativi di altro tipo, come i tag di identificazione a radiofrequenza. Tali identificativi possono lasciare tracce che, in particolare se combinate con identificativi univoci e altre informazioni ricevute dai server, possono essere utilizzate per creare profili delle persone fisiche e identificarle.

30. Natural persons may be associated with online identifiers provided by their devices, applications, tools and protocols, such as internet protocol addresses, cookie identifiers or other identifiers such as radio frequency identification tags. This may leave traces which, in particular when combined with unique identifiers and other information received by the servers, may be used to create profiles of the natural persons and identify them.

31. Le autorità pubbliche a cui i dati personali sono comunicati conformemente a un obbligo legale ai fini dell'esercizio della loro missione istituzionale, quali autorità fiscali e doganali, unità di indagine finanziaria, autorità amministrative indipendenti o autorità dei mercati finanziari, responsabili della regolamentazione e della vigilanza dei mercati dei valori mobiliari, non dovrebbero essere considerate destinatari qualora ricevano dati personali che sono necessari per svolgere una specifica indagine nell'interesse generale, conformemente al diritto dell'Unione o degli Stati membri. Le richieste di comunicazione inviate dalle autorità pubbliche dovrebbero sempre essere

31. Public authorities to which personal data are disclosed in accordance with a legal obligation for the exercise of their official mission, such as tax and customs authorities, financial investigation units, independent administrative authorities, or financial market authorities responsible for the regulation and supervision of securities markets should not be regarded as recipients if they receive personal data which are necessary to carry out a particular inquiry in the general interest, in accordance with Union or Member State law. The requests for disclosure sent by the public authorities should always be in writing, reasoned and occasional and should not concern the entirety of a filing system or lead to the interconnection of

scritte, motivate e occasionali e non dovrebbero riguardare un intero archivio o condurre all'interconnessione di archivi. Il trattamento di tali dati personali da parte delle autorità pubbliche dovrebbe essere conforme alle norme in materia di protezione dei dati applicabili secondo le finalità del trattamento.

32. Il consenso dovrebbe essere espresso mediante un atto positivo inequivocabile con il quale l'interessato manifesta l'intenzione libera, specifica, informata e inequivocabile di accettare il trattamento dei dati personali che lo riguardano, ad esempio mediante dichiarazione scritta, anche attraverso mezzi elettronici, o orale. Ciò potrebbe comprendere la selezione di un'apposita casella in un sito web, la scelta di impostazioni tecniche per servizi della società dell'informazione o qualsiasi altra dichiarazione o qualsiasi altro comportamento che indichi chiaramente in tale contesto che l'interessato accetta il trattamento proposto. Non dovrebbe pertanto configurare consenso il silenzio, l'inattività o la preselezione di caselle. Il consenso dovrebbe applicarsi a tutte le attività di trattamento svolte per la stessa o le stesse finalità. Qualora il trattamento abbia più finalità, il consenso dovrebbe essere prestato per tutte queste. Se il consenso dell'interessato è richiesto attraverso mezzi elettronici, la richiesta deve essere chiara, concisa e non interferire immotivatamente con il servizio per il quale il consenso è espresso.

33. In molti casi non è possibile individuare pienamente la finalità del trattamento dei dati personali a fini di ricerca scientifica al momento della raccolta dei dati. Pertanto, dovrebbe essere consentito agli interessati di prestare il proprio consenso a taluni settori della ricerca scientifica laddove vi sia rispetto delle norme

filing systems. The processing of personal data by those public authorities should comply with the applicable data-protection rules according to the purposes of the processing.

32. Consent should be given by a clear affirmative act establishing a freely given, specific, informed and unambiguous indication of the data subject's agreement to the processing of personal data relating to him or her, such as by a written statement, including by electronic means, or an oral statement. This could include ticking a box when visiting an internet website, choosing technical settings for information society services or another statement or conduct which clearly indicates in this context the data subject's acceptance of the proposed processing of his or her personal data. Silence, pre-ticked boxes or inactivity should not therefore constitute consent. Consent should cover all processing activities carried out for the same purpose or purposes. When the processing has multiple purposes, consent should be given for all of them. If the data subject's consent is to be given following a request by electronic means, the request must be clear, concise and not unnecessarily disruptive to the use of the service for which it is provided.

33. It is often not possible to fully identify the purpose of personal data processing for scientific research purposes at the time of data collection. Therefore, data subjects should be allowed to give their consent to certain areas of scientific research when in keeping with recognised ethical standards for scientific research. Data

deontologiche riconosciute per la ricerca scientifica. Gli interessati dovrebbero avere la possibilità di prestare il proprio consenso soltanto a determinati settori di ricerca o parti di progetti di ricerca nella misura consentita dalla finalità prevista.

34. È opportuno che per dati genetici si intendano i dati personali relativi alle caratteristiche genetiche, ereditarie o acquisite, di una persona fisica, che risultino dall'analisi di un campione biologico della persona fisica in questione, in particolare dall'analisi dei cromosomi, dell'acido desossiribonucleico DNA. o dell'acido ribonucleico RNA., ovvero dall'analisi di un altro elemento che consenta di ottenere informazioni equivalenti.

35. Nei dati personali relativi alla salute dovrebbero rientrare tutti i dati riguardanti lo stato di salute dell'interessato che rivelino informazioni connesse allo stato di salute fisica o mentale passata, presente o futura dello stesso. Questi comprendono informazioni sulla persona fisica raccolte nel corso della sua registrazione al fine di ricevere servizi di assistenza sanitaria o della relativa prestazione di cui alla direttiva 2011/24/UE del Parlamento europeo e del Consiglio 9.; un numero, un simbolo o un elemento specifico attribuito a una persona fisica per identificarla in modo univoco a fini sanitari; le informazioni risultanti da esami e controlli effettuati su una parte del corpo o una sostanza organica, compresi i dati genetici e i campioni biologici; e qualsiasi informazione riguardante, ad esempio, una malattia, una disabilità, il rischio di malattie, l'anamnesi medica, i trattamenti clinici o lo stato fisiologico o biomedico dell'interessato, indipendentemente dalla fonte, quale, ad esempio, un medico o altro operatore sanitario, un

subjects should have the opportunity to give their consent only to certain areas of research or parts of research projects to the extent allowed by the intended purpose.

34. Genetic data should be defined as personal data relating to the inherited or acquired genetic characteristics of a natural person which result from the analysis of a biological sample from the natural person in question, in particular chromosomal, deoxyribonucleic acid DNA. or ribonucleic acid RNA. analysis, or from the analysis of another element enabling equivalent information to be obtained.

35. Personal data concerning health should include all data pertaining to the health status of a data subject which reveal information relating to the past, current or future physical or mental health status of the data subject. This includes information about the natural person collected in the course of the registration for, or the provision of, health care services as referred to in Directive 2011/24/EU of the European Parliament and of the Council 9. to that natural person; a number, symbol or particular assigned to a natural person to uniquely identify the natural person for health purposes; information derived from the testing or examination of a body part or bodily substance, including from genetic data and biological samples; and any information on, for example, a disease, disability, disease risk, medical history, clinical treatment or the physiological or biomedical state of the data subject independent of its source, for example from a physician or other health professional, a hospital, a medical device or an in vitro diagnostic test.

ospedale, un dispositivo medico o un test diagnostico in vitro.

36. Lo stabilimento principale di un titolare del trattamento nell'Unione dovrebbe essere il luogo in cui ha sede la sua amministrazione centrale nell'Unione, a meno che le decisioni sulle finalità e i mezzi del trattamento di dati personali siano adottate in un altro stabilimento del titolare del trattamento nell'Unione, nel qual caso tale altro stabilimento dovrebbe essere considerato lo stabilimento principale. Lo stabilimento principale di un titolare del trattamento nell'Unione dovrebbe essere determinato in base a criteri obiettivi e implicare l'effettivo e reale svolgimento di attività di gestione finalizzate alle principali decisioni sulle finalità e sui mezzi del trattamento nel quadro di un'organizzazione stabile. Tale criterio non dovrebbe dipendere dal fatto che i dati personali siano trattati in quella sede. La presenza o l'uso di mezzi tecnici e tecnologie di trattamento di dati personali o di attività di trattamento non costituiscono di per sé lo stabilimento principale né sono quindi criteri determinanti della sua esistenza. Per quanto riguarda il responsabile del trattamento, per «stabilimento principale» dovrebbe intendersi il luogo in cui ha sede la sua amministrazione centrale nell'Unione o, se non dispone di un'amministrazione centrale nell'Unione, il luogo in cui sono condotte le principali attività di trattamento nell'Unione. In caso di coinvolgimento sia del titolare del trattamento sia del responsabile del trattamento, l'autorità di controllo competente capofila dovrebbe continuare a essere l'autorità di controllo dello Stato membro in cui il titolare del trattamento ha lo stabilimento principale, ma l'autorità di controllo del responsabile del trattamento dovrebbe essere considerata autorità di controllo

36. The main establishment of a controller in the Union should be the place of its central administration in the Union, unless the decisions on the purposes and means of the processing of personal data are taken in another establishment of the controller in the Union, in which case that other establishment should be considered to be the main establishment. The main establishment of a controller in the Union should be determined according to objective criteria and should imply the effective and real exercise of management activities determining the main decisions as to the purposes and means of processing through stable arrangements. That criterion should not depend on whether the processing of personal data is carried out at that location. The presence and use of technical means and technologies for processing personal data or processing activities do not, in themselves, constitute a main establishment and are therefore not determining criteria for a main establishment. The main establishment of the processor should be the place of its central administration in the Union or, if it has no central administration in the Union, the place where the main processing activities take place in the Union. In cases involving both the controller and the processor, the competent lead supervisory authority should remain the supervisory authority of the Member State where the controller has its main establishment, but the supervisory authority of the processor should be considered to be a supervisory authority concerned and that supervisory authority should participate in the cooperation procedure provided for by this Regulation. In any case, the supervisory authorities of the Member State or Member States where the processor has one or more

interessata e tale autorità di controllo dovrebbe partecipare alla procedura di cooperazione prevista dal presente regolamento. In ogni caso, le autorità di controllo dello Stato membro o degli Stati membri in cui il responsabile del trattamento ha uno o più stabilimenti non dovrebbero essere considerate autorità di controllo interessate quando il progetto di decisione riguarda soltanto il titolare del trattamento. Se il trattamento è effettuato da un gruppo imprenditoriale, lo stabilimento principale dell'impresa controllante dovrebbe essere considerato lo stabilimento principale del gruppo di imprese, tranne nei casi in cui le finalità e i mezzi del trattamento sono stabiliti da un'altra impresa.

establishments should not be considered to be supervisory authorities concerned where the draft decision concerns only the controller. Where the processing is carried out by a group of undertakings, the main establishment of the controlling undertaking should be considered to be the main establishment of the group of undertakings, except where the purposes and means of processing are determined by another undertaking.

37. Un gruppo imprenditoriale dovrebbe costituirsi di un'impresa controllante e delle sue controllate, là dove l'impresa controllante dovrebbe essere quella che può esercitare un'influenza dominante sulle controllate in forza, ad esempio, della proprietà, della partecipazione finanziaria o delle norme societarie o del potere di fare applicare le norme in materia di protezione dei dati personali. Un'impresa che controlla il trattamento dei dati personali in imprese a essa collegate dovrebbe essere considerata, unitamente a tali imprese, quale «gruppo imprenditoriale».

37. A group of undertakings should cover a controlling undertaking and its controlled undertakings, whereby the controlling undertaking should be the undertaking which can exert a dominant influence over the other undertakings by virtue, for example, of ownership, financial participation or the rules which govern it or the power to have personal data protection rules implemented. An undertaking which controls the processing of personal data in undertakings affiliated to it should be regarded, together with those undertakings, as a group of undertakings.

38. I minori meritano una specifica protezione relativamente ai loro dati personali, in quanto possono essere meno consapevoli dei rischi, delle conseguenze e delle misure di salvaguardia interessate nonché dei loro diritti in relazione al trattamento dei dati personali. Tale specifica protezione dovrebbe, in particolare, riguardare l'utilizzo dei dati personali dei minori a fini di marketing o di creazione di profili di personalità o di utente e la raccolta di dati personali relativi ai minori all'atto dell'utilizzo di servizi forniti

38. Children merit specific protection with regard to their personal data, as they may be less aware of the risks, consequences and safeguards concerned and their rights in relation to the processing of personal data. Such specific protection should, in particular, apply to the use of personal data of children for the purposes of marketing or creating personality or user profiles and the collection of personal data with regard to children when using services offered directly to a child. The consent of the holder of parental responsibility should

direttamente a un minore. Il consenso del titolare della responsabilità genitoriale non dovrebbe essere necessario nel quadro dei servizi di prevenzione o di consulenza forniti direttamente a un minore.

39. Qualsiasi trattamento di dati personali dovrebbe essere lecito e corretto. Dovrebbero essere trasparenti per le persone fisiche le modalità con cui sono raccolti, utilizzati, consultati o altrimenti trattati dati personali che li riguardano nonché la misura in cui i dati personali sono o saranno trattati. Il principio della trasparenza impone che le informazioni e le comunicazioni relative al trattamento di tali dati personali siano facilmente accessibili e comprensibili e che sia utilizzato un linguaggio semplice e chiaro. Tale principio riguarda, in particolare, l'informazione degli interessati sull'identità del titolare del trattamento e sulle finalità del trattamento e ulteriori informazioni per assicurare un trattamento corretto e trasparente con riguardo alle persone fisiche interessate e ai loro diritti di ottenere conferma e comunicazione di un trattamento di dati personali che li riguardano. È opportuno che le persone fisiche siano sensibilizzate ai rischi, alle norme, alle garanzie e ai diritti relativi al trattamento dei dati personali, nonché alle modalità di esercizio dei loro diritti relativi a tale trattamento. In particolare, le finalità specifiche del trattamento dei dati personali dovrebbero essere esplicite e legittime e precisate al momento della raccolta di detti dati personali. I dati personali dovrebbero essere adeguati, pertinenti e limitati a quanto necessario per le finalità del loro trattamento. Da qui l'obbligo, in particolare, di assicurare che il periodo di conservazione dei dati personali sia limitato al minimo necessario. I dati personali dovrebbero essere trattati solo se la finalità del

not be necessary in the context of preventive or counselling services offered directly to a child.

39. Any processing of personal data should be lawful and fair. It should be transparent to natural persons that personal data concerning them are collected, used, consulted or otherwise processed and to what extent the personal data are or will be processed. The principle of transparency requires that any information and communication relating to the processing of those personal data be easily accessible and easy to understand, and that clear and plain language be used. That principle concerns, in particular, information to the data subjects on the identity of the controller and the purposes of the processing and further information to ensure fair and transparent processing in respect of the natural persons concerned and their right to obtain confirmation and communication of personal data concerning them which are being processed. Natural persons should be made aware of risks, rules, safeguards and rights in relation to the processing of personal data and how to exercise their rights in relation to such processing. In particular, the specific purposes for which personal data are processed should be explicit and legitimate and determined at the time of the collection of the personal data. The personal data should be adequate, relevant and limited to what is necessary for the purposes for which they are processed. This requires, in particular, ensuring that the period for which the personal data are stored is limited to a strict minimum. Personal data should be processed only if the purpose of the processing could not reasonably be fulfilled by other means. In order to ensure that the personal data are not kept longer than necessary, time

trattamento non è ragionevolmente conseguibile con altri mezzi. Onde assicurare che i dati personali non siano conservati più a lungo del necessario, il titolare del trattamento dovrebbe stabilire un termine per la cancellazione o per la verifica periodica. È opportuno adottare tutte le misure ragionevoli affinché i dati personali inesatti siano rettificati o cancellati. I dati personali dovrebbero essere trattati in modo da garantirne un'adeguata sicurezza e riservatezza, anche per impedire l'accesso o l'utilizzo non autorizzato dei dati personali e delle attrezzature impiegate per il trattamento.

limits should be established by the controller for erasure or for a periodic review. Every reasonable step should be taken to ensure that personal data which are inaccurate are rectified or deleted. Personal data should be processed in a manner that ensures appropriate security and confidentiality of the personal data, including for preventing unauthorised access to or use of personal data and the equipment used for the processing.

40. Perché sia lecito, il trattamento di dati personali dovrebbe fondarsi sul consenso dell'interessato o su altra base legittima prevista per legge dal presente regolamento o dal diritto dell'Unione o degli Stati membri, come indicato nel presente regolamento, tenuto conto della necessità di ottemperare all'obbligo legale al quale il titolare del trattamento è soggetto o della necessità di esecuzione di un contratto di cui l'interessato è parte o di esecuzione di misure precontrattuali adottate su richiesta dello stesso.

40. In order for processing to be lawful, personal data should be processed on the basis of the consent of the data subject concerned or some other legitimate basis, laid down by law, either in this Regulation or in other Union or Member State law as referred to in this Regulation, including the necessity for compliance with the legal obligation to which the controller is subject or the necessity for the performance of a contract to which the data subject is party or in order to take steps at the request of the data subject prior to entering into a contract.

41. Qualora il presente regolamento faccia riferimento a una base giuridica o a una misura legislativa, ciò non richiede necessariamente l'adozione di un atto legislativo da parte di un parlamento, fatte salve le prescrizioni dell'ordinamento costituzionale dello Stato membro interessato. Tuttavia, tale base giuridica o misura legislativa dovrebbe essere chiara e precisa, e la sua applicazione prevedibile, per le persone che vi sono sottoposte, in conformità della giurisprudenza della Corte di giustizia dell'Unione europea la «Corte di giustizia». e della Corte europea dei diritti dell'uomo.

41. Where this Regulation refers to a legal basis or a legislative measure, this does not necessarily require a legislative act adopted by a parliament, without prejudice to requirements pursuant to the constitutional order of the Member State concerned. However, such a legal basis or legislative measure should be clear and precise and its application should be foreseeable to persons subject to it, in accordance with the case-law of the Court of Justice of the European Union the 'Court of Justice'. and European Court of Human Rights.

42. Per i trattamenti basati sul consenso dell'interessato, il titolare del

42. Where processing is based on the data subject's consent, the controller

20

trattamento dovrebbe essere in grado di dimostrare che l'interessato ha acconsentito al trattamento. In particolare, nel contesto di una dichiarazione scritta relativa a un'altra questione dovrebbero esistere garanzie che assicurino che l'interessato sia consapevole del fatto di esprimere un consenso e della misura in cui ciò avviene. In conformità della direttiva 93/13/CEE del Consiglio 10. è opportuno prevedere una dichiarazione di consenso predisposta dal titolare del trattamento in una forma comprensibile e facilmente accessibile, che usi un linguaggio semplice e chiaro e non contenga clausole abusive. Ai fini di un consenso informato, l'interessato dovrebbe essere posto a conoscenza almeno dell'identità del titolare del trattamento e delle finalità del trattamento cui sono destinati i dati personali. Il consenso non dovrebbe essere considerato liberamente espresso se l'interessato non è in grado di operare una scelta autenticamente libera o è nell'impossibilità di rifiutare o revocare il consenso senza subire pregiudizio.

43. Per assicurare la libertà di espressione del consenso, è opportuno che il consenso non costituisca un valido presupposto per il trattamento dei dati personali in un caso specifico, qualora esista un evidente squilibrio tra l'interessato e il titolare del trattamento, specie quando il titolare del trattamento è un'autorità pubblica e ciò rende pertanto improbabile che il consenso sia stato espresso liberamente in tutte le circostanze di tale situazione specifica. Si presume che il consenso non sia stato liberamente espresso se non è possibile esprimere un consenso separato a distinti trattamenti di dati personali, nonostante sia appropriato nel singolo caso, o se l'esecuzione di un contratto, compresa la prestazione di un servizio, è subordinata al consenso

should be able to demonstrate that the data subject has given consent to the processing operation. In particular in the context of a written declaration on another matter, safeguards should ensure that the data subject is aware of the fact that and the extent to which consent is given. In accordance with Council Directive 93/13/EEC 10. a declaration of consent pre-formulated by the controller should be provided in an intelligible and easily accessible form, using clear and plain language and it should not contain unfair terms. For consent to be informed, the data subject should be aware at least of the identity of the controller and the purposes of the processing for which the personal data are intended. Consent should not be regarded as freely given if the data subject has no genuine or free choice or is unable to refuse or withdraw consent without detriment.

43. In order to ensure that consent is freely given, consent should not provide a valid legal ground for the processing of personal data in a specific case where there is a clear imbalance between the data subject and the controller, in particular where the controller is a public authority and it is therefore unlikely that consent was freely given in all the circumstances of that specific situation. Consent is presumed not to be freely given if it does not allow separate consent to be given to different personal data processing operations despite it being appropriate in the individual case, or if the performance of a contract, including the provision of a service, is dependent on the consent despite such consent not being necessary for such performance.

sebbene esso non sia necessario per tale esecuzione.

44. Il trattamento dovrebbe essere considerato lecito se è necessario nell'ambito di un contratto o ai fini della conclusione di un contratto.

45. È opportuno che il trattamento effettuato in conformità a un obbligo legale al quale il titolare del trattamento è soggetto o necessario per l'esecuzione di un compito svolto nel pubblico interesse o per l'esercizio di pubblici poteri sia basato sul diritto dell'Unione o di uno Stato membro. Il presente regolamento non impone che vi sia un atto legislativo specifico per ogni singolo trattamento. Un atto legislativo può essere sufficiente come base per più trattamenti effettuati conformemente a un obbligo legale cui è soggetto il titolare del trattamento o se il trattamento è necessario per l'esecuzione di un compito svolto nel pubblico interesse o per l'esercizio di pubblici poteri. Dovrebbe altresì spettare al diritto dell'Unione o degli Stati membri stabilire la finalità del trattamento. Inoltre, tale atto legislativo potrebbe precisare le condizioni generali del presente regolamento che presiedono alla liceità del trattamento dei dati personali, prevedere le specificazioni per stabilire il titolare del trattamento, il tipo di dati personali oggetto del trattamento, gli interessati, i soggetti cui possono essere comunicati i dati personali, le limitazioni della finalità, il periodo di conservazione e altre misure per garantire un trattamento lecito e corretto. Dovrebbe altresì spettare al diritto dell'Unione o degli Stati membri stabilire se il titolare del trattamento che esegue un compito svolto nel pubblico interesse o per l'esercizio di pubblici poteri debba essere una pubblica autorità o altra persona fisica o giuridica di diritto pubblico o, qualora sia nel pubblico interesse, anche per

44. Processing should be lawful where it is necessary in the context of a contract or the intention to enter into a contract.

45. Where processing is carried out in accordance with a legal obligation to which the controller is subject or where processing is necessary for the performance of a task carried out in the public interest or in the exercise of official authority, the processing should have a basis in Union or Member State law. This Regulation does not require a specific law for each individual processing. A law as a basis for several processing operations based on a legal obligation to which the controller is subject or where processing is necessary for the performance of a task carried out in the public interest or in the exercise of an official authority may be sufficient. It should also be for Union or Member State law to determine the purpose of processing. Furthermore, that law could specify the general conditions of this Regulation governing the lawfulness of personal data processing, establish specifications for determining the controller, the type of personal data which are subject to the processing, the data subjects concerned, the entities to which the personal data may be disclosed, the purpose limitations, the storage period and other measures to ensure lawful and fair processing. It should also be for Union or Member State law to determine whether the controller performing a task carried out in the public interest or in the exercise of official authority should be a public authority or another natural or legal person governed by public law, or, where it is in the public interest to do so, including for health purposes such as public health and social protection and the management of health care services,

finalità inerenti alla salute, quali la sanità pubblica e la protezione sociale e la gestione dei servizi di assistenza sanitaria, di diritto privato, quale un'associazione professionale.

by private law, such as a professional association.

46. Il trattamento di dati personali dovrebbe essere altresì considerato lecito quando è necessario per proteggere un interesse essenziale per la vita dell'interessato o di un'altra persona fisica. Il trattamento di dati personali fondato sull'interesse vitale di un'altra persona fisica dovrebbe avere luogo in principio unicamente quando il trattamento non può essere manifestamente fondato su un'altra base giuridica. Alcuni tipi di trattamento dei dati personali possono rispondere sia a rilevanti motivi di interesse pubblico sia agli interessi vitali dell'interessato, per esempio se il trattamento è necessario a fini umanitari, tra l'altro per tenere sotto controllo l'evoluzione di epidemie e la loro diffusione o in casi di emergenze umanitarie, in particolare in casi di catastrofi di origine naturale e umana.

46. The processing of personal data should also be regarded to be lawful where it is necessary to protect an interest which is essential for the life of the data subject or that of another natural person. Processing of personal data based on the vital interest of another natural person should in principle take place only where the processing cannot be manifestly based on another legal basis. Some types of processing may serve both important grounds of public interest and the vital interests of the data subject as for instance when processing is necessary for humanitarian purposes, including for monitoring epidemics and their spread or in situations of humanitarian emergencies, in particular in situations of natural and man-made disasters.

47. I legittimi interessi di un titolare del trattamento, compresi quelli di un titolare del trattamento a cui i dati personali possono essere comunicati, o di terzi possono costituire una base giuridica del trattamento, a condizione che non prevalgano gli interessi o i diritti e le libertà fondamentali dell'interessato, tenuto conto delle ragionevoli aspettative nutrite dall'interessato in base alla sua relazione con il titolare del trattamento. Ad esempio, potrebbero sussistere tali legittimi interessi quando esista una relazione pertinente e appropriata tra l'interessato e il titolare del trattamento, ad esempio quando l'interessato è un cliente o è alle dipendenze del titolare del trattamento. In ogni caso, l'esistenza di legittimi interessi richiede un'attenta valutazione anche in merito

47. The legitimate interests of a controller, including those of a controller to which the personal data may be disclosed, or of a third party, may provide a legal basis for processing, provided that the interests or the fundamental rights and freedoms of the data subject are not overriding, taking into consideration the reasonable expectations of data subjects based on their relationship with the controller. Such legitimate interest could exist for example where there is a relevant and appropriate relationship between the data subject and the controller in situations such as where the data subject is a client or in the service of the controller. At any rate the existence of a legitimate interest would need careful assessment including whether a data subject can reasonably expect at the time and in the context of the collection

all'eventualità che l'interessato, al momento e nell'ambito della raccolta dei dati personali, possa ragionevolmente attendersi che abbia luogo un trattamento a tal fine. Gli interessi e i diritti fondamentali dell'interessato potrebbero in particolare prevalere sugli interessi del titolare del trattamento qualora i dati personali siano trattati in circostanze in cui gli interessati non possano ragionevolmente attendersi un ulteriore trattamento dei dati personali. Posto che spetta al legislatore prevedere per legge la base giuridica che autorizza le autorità pubbliche a trattare i dati personali, la base giuridica per un legittimo interesse del titolare del trattamento non dovrebbe valere per il trattamento effettuato dalle autorità pubbliche nell'esecuzione dei loro compiti. Costituisce parimenti legittimo interesse del titolare del trattamento interessato trattare dati personali strettamente necessari a fini di prevenzione delle frodi. Può essere considerato legittimo interesse trattare dati personali per finalità di marketing diretto.

48. I titolari del trattamento facenti parte di un gruppo imprenditoriale o di enti collegati a un organismo centrale possono avere un interesse legittimo a trasmettere dati personali all'interno del gruppo imprenditoriale a fini amministrativi interni, compreso il trattamento di dati personali dei clienti o dei dipendenti. Sono fatti salvi i principi generali per il trasferimento di dati personali, all'interno di un gruppo imprenditoriale, verso un'impresa situata in un paese terzo.

49. Costituisce legittimo interesse del titolare del trattamento interessato trattare dati personali relativi al traffico, in misura strettamente necessaria e proporzionata per garantire la sicurezza delle reti e dell'informazione, vale a dire la

of the personal data that processing for that purpose may take place. The interests and fundamental rights of the data subject could in particular override the interest of the data controller where personal data are processed in circumstances where data subjects do not reasonably expect further processing. Given that it is for the legislator to provide by law for the legal basis for public authorities to process personal data, that legal basis should not apply to the processing by public authorities in the performance of their tasks. The processing of personal data strictly necessary for the purposes of preventing fraud also constitutes a legitimate interest of the data controller concerned. The processing of personal data for direct marketing purposes may be regarded as carried out for a legitimate interest.

48. Controllers that are part of a group of undertakings or institutions affiliated to a central body may have a legitimate interest in transmitting personal data within the group of undertakings for internal administrative purposes, including the processing of clients' or employees' personal data. The general principles for the transfer of personal data, within a group of undertakings, to an undertaking located in a third country remain unaffected.

49. The processing of personal data to the extent strictly necessary and proportionate for the purposes of ensuring network and information security, i.e. the ability of a network or an information system to resist, at a given level of confidence, accidental

capacità di una rete o di un sistema d'informazione di resistere, a un dato livello di sicurezza, a eventi imprevisti o atti illeciti o dolosi che compromettano la disponibilità, l'autenticità, l'integrità e la riservatezza dei dati personali conservati o trasmessi e la sicurezza dei relativi servizi offerti o resi accessibili tramite tali reti e sistemi da autorità pubbliche, organismi di intervento in caso di emergenza informatica CERT., gruppi di intervento per la sicurezza informatica in caso di incidente CSIRT., fornitori di reti e servizi di comunicazione elettronica e fornitori di tecnologie e servizi di sicurezza. Ciò potrebbe, ad esempio, includere misure atte a impedire l'accesso non autorizzato a reti di comunicazioni elettroniche e la diffusione di codici maligni, e a porre termine agli attacchi da «blocco di servizio» e ai danni ai sistemi informatici e di comunicazione elettronica.

50. Il trattamento dei dati personali per finalità diverse da quelle per le quali i dati personali sono stati inizialmente raccolti dovrebbe essere consentito solo se compatibile con le finalità per le quali i dati personali sono stati inizialmente raccolti. In tal caso non è richiesta alcuna base giuridica separata oltre a quella che ha consentito la raccolta dei dati personali. Se il trattamento è necessario per l'esecuzione di un compito di interesse pubblico o per l'esercizio di pubblici poteri di cui è investito il titolare del trattamento, il diritto dell'Unione o degli Stati membri può stabilire e precisare le finalità e i compiti per i quali l'ulteriore trattamento è considerato lecito e compatibile. L'ulteriore trattamento a fini di archiviazione nel pubblico interesse, o di ricerca scientifica o storica o a fini statistici dovrebbe essere considerato un trattamento lecito e compatibile. La base giuridica fornita dal diritto

events or unlawful or malicious actions that compromise the availability, authenticity, integrity and confidentiality of stored or transmitted personal data, and the security of the related services offered by, or accessible via, those networks and systems, by public authorities, by computer emergency response teams CERTs., computer security incident response teams CSIRTs., by providers of electronic communications networks and services and by providers of security technologies and services, constitutes a legitimate interest of the data controller concerned. This could, for example, include preventing unauthorised access to electronic communications networks and malicious code distribution and stopping 'denial of service' attacks and damage to computer and electronic communication systems.

50. The processing of personal data for purposes other than those for which the personal data were initially collected should be allowed only where the processing is compatible with the purposes for which the personal data were initially collected. In such a case, no legal basis separate from that which allowed the collection of the personal data is required. If the processing is necessary for the performance of a task carried out in the public interest or in the exercise of official authority vested in the controller, Union or Member State law may determine and specify the tasks and purposes for which the further processing should be regarded as compatible and lawful. Further processing for archiving purposes in the public interest, scientific or historical research purposes or statistical purposes should be considered to be compatible lawful processing operations. The legal basis provided by Union or Member State law for the processing of personal data

dell'Unione o degli Stati membri per il trattamento dei dati personali può anche costituire una base giuridica per l'ulteriore trattamento. Per accertare se la finalità di un ulteriore trattamento sia compatibile con la finalità per la quale i dati personali sono stati inizialmente raccolti, il titolare del trattamento dovrebbe, dopo aver soddisfatto tutti i requisiti per la liceità del trattamento originario, tener conto tra l'altro di ogni nesso tra tali finalità e le finalità dell'ulteriore trattamento previsto, del contesto in cui i dati personali sono stati raccolti, in particolare le ragionevoli aspettative dell'interessato in base alla sua relazione con il titolare del trattamento con riguardo al loro ulteriore utilizzo; della natura dei dati personali; delle conseguenze dell'ulteriore trattamento previsto per gli interessati; e dell'esistenza di garanzie adeguate sia nel trattamento originario sia nell'ulteriore trattamento previsto. Ove l'interessato abbia prestato il suo consenso o il trattamento si basi sul diritto dell'Unione o degli Stati membri che costituisce una misura necessaria e proporzionata in una società democratica per salvaguardare, in particolare, importanti obiettivi di interesse pubblico generale, il titolare del trattamento dovrebbe poter sottoporre i dati personali a ulteriore trattamento a prescindere dalla compatibilità delle finalità. In ogni caso, dovrebbe essere garantita l'applicazione dei principi stabiliti dal presente regolamento, in particolare l'obbligo di informare l'interessato di tali altre finalità e dei suoi diritti, compreso il diritto di opporsi. L'indicazione da parte del titolare del trattamento di possibili reati o minacce alla sicurezza pubblica e la trasmissione dei dati personali pertinenti a un'autorità competente in singoli casi o in più casi riguardanti lo stesso reato o la stessa minaccia alla sicurezza pubblica

may also provide a legal basis for further processing. In order to ascertain whether a purpose of further processing is compatible with the purpose for which the personal data are initially collected, the controller, after having met all the requirements for the lawfulness of the original processing, should take into account, inter alia: any link between those purposes and the purposes of the intended further processing; the context in which the personal data have been collected, in particular the reasonable expectations of data subjects based on their relationship with the controller as to their further use; the nature of the personal data; the consequences of the intended further processing for data subjects; and the existence of appropriate safeguards in both the original and intended further processing operations. Where the data subject has given consent or the processing is based on Union or Member State law which constitutes a necessary and proportionate measure in a democratic society to safeguard, in particular, important objectives of general public interest, the controller should be allowed to further process the personal data irrespective of the compatibility of the purposes. In any case, the application of the principles set out in this Regulation and in particular the information of the data subject on those other purposes and on his or her rights including the right to object, should be ensured. Indicating possible criminal acts or threats to public security by the controller and transmitting the relevant personal data in individual cases or in several cases relating to the same criminal act or threats to public security to a competent authority should be regarded as being in the legitimate interest pursued by the controller. However, such transmission in the legitimate interest of the controller or further processing of personal data should be prohibited if the processing is

dovrebbero essere considerate nell'interesse legittimo perseguito dal titolare del trattamento. Tuttavia, tale trasmissione nell'interesse legittimo del titolare del trattamento o l'ulteriore trattamento dei dati personali dovrebbero essere vietati se il trattamento non è compatibile con un obbligo vincolante di segretezza, di natura giuridica, professionale o di altro genere.

51. Meritano una specifica protezione i dati personali che, per loro natura, sono particolarmente sensibili sotto il profilo dei diritti e delle libertà fondamentali, dal momento che il contesto del loro trattamento potrebbe creare rischi significativi per i diritti e le libertà fondamentali. Tra tali dati personali dovrebbero essere compresi anche i dati personali che rivelano l'origine razziale o etnica, essendo inteso che l'utilizzo dei termini «origine razziale» nel presente regolamento non implica l'accettazione da parte dell'Unione di teorie che tentano di dimostrare l'esistenza di razze umane distinte. Il trattamento di fotografie non dovrebbe costituire sistematicamente un trattamento di categorie particolari di dati personali, poiché esse rientrano nella definizione di dati biometrici soltanto quando saranno trattate attraverso un dispositivo tecnico specifico che consente l'identificazione univoca o l'autenticazione di una persona fisica. Tali dati personali non dovrebbero essere oggetto di trattamento, a meno che il trattamento non sia consentito nei casi specifici di cui al presente regolamento, tenendo conto del fatto che il diritto degli Stati membri può stabilire disposizioni specifiche sulla protezione dei dati per adeguare l'applicazione delle norme del presente regolamento ai fini della conformità a un obbligo legale o dell'esecuzione di un compito di interesse pubblico o per l'esercizio di

not compatible with a legal, professional or other binding obligation of secrecy.

51. Personal data which are, by their nature, particularly sensitive in relation to fundamental rights and freedoms merit specific protection as the context of their processing could create significant risks to the fundamental rights and freedoms. Those personal data should include personal data revealing racial or ethnic origin, whereby the use of the term 'racial origin' in this Regulation does not imply an acceptance by the Union of theories which attempt to determine the existence of separate human races. The processing of photographs should not systematically be considered to be processing of special categories of personal data as they are covered by the definition of biometric data only when processed through a specific technical means allowing the unique identification or authentication of a natural person. Such personal data should not be processed, unless processing is allowed in specific cases set out in this Regulation, taking into account that Member States law may lay down specific provisions on data protection in order to adapt the application of the rules of this Regulation for compliance with a legal obligation or for the performance of a task carried out in the public interest or in the exercise of official authority vested in the controller. In addition to the specific requirements for such processing, the general principles and other rules of this Regulation should apply, in particular as regards the conditions for lawful

pubblici poteri di cui è investito il titolare del trattamento. Oltre ai requisiti specifici per tale trattamento, dovrebbero applicarsi i principi generali e altre norme del presente regolamento, in particolare per quanto riguarda le condizioni per il trattamento lecito. È opportuno prevedere espressamente deroghe al divieto generale di trattare tali categorie particolari di dati personali, tra l'altro se l'interessato esprime un consenso esplicito o in relazione a esigenze specifiche, in particolare se il trattamento è eseguito nel corso di legittime attività di talune associazioni o fondazioni il cui scopo sia permettere l'esercizio delle libertà fondamentali.

processing. Derogations from the general prohibition for processing such special categories of personal data should be explicitly provided, inter alia, where the data subject gives his or her explicit consent or in respect of specific needs in particular where the processing is carried out in the course of legitimate activities by certain associations or foundations the purpose of which is to permit the exercise of fundamental freedoms.

52.   La deroga al divieto di trattare categorie particolari di dati personali dovrebbe essere consentita anche quando è prevista dal diritto dell'Unione o degli Stati membri, fatte salve adeguate garanzie, per proteggere i dati personali e altri diritti fondamentali, laddove ciò avvenga nell'interesse pubblico, in particolare il trattamento dei dati personali nel settore del diritto del lavoro e della protezione sociale, comprese le pensioni, e per finalità di sicurezza sanitaria, controllo e allerta, la prevenzione o il controllo di malattie trasmissibili e altre minacce gravi alla salute. Tale deroga può avere luogo per finalità inerenti alla salute, compresa la sanità pubblica e la gestione dei servizi di assistenza sanitaria, soprattutto al fine di assicurare la qualità e l'economicità delle procedure per soddisfare le richieste di prestazioni e servizi nell'ambito del regime di assicurazione sanitaria, o a fini di archiviazione nel pubblico interesse o di ricerca scientifica o storica o a fini statistici. La deroga dovrebbe anche consentire di trattare tali dati personali se necessario per accertare, esercitare o difendere un diritto, che sia in sede

52.   Derogating from the prohibition on processing special categories of personal data should also be allowed when provided for in Union or Member State law and subject to suitable safeguards, so as to protect personal data and other fundamental rights, where it is in the public interest to do so, in particular processing personal data in the field of employment law, social protection law including pensions and for health security, monitoring and alert purposes, the prevention or control of communicable diseases and other serious threats to health. Such a derogation may be made for health purposes, including public health and the management of health-care services, especially in order to ensure the quality and cost-effectiveness of the procedures used for settling claims for benefits and services in the health insurance system, or for archiving purposes in the public interest, scientific or historical research purposes or statistical purposes. A derogation should also allow the processing of such personal data where necessary for the establishment, exercise or defence of legal claims, whether in court proceedings or in an administrative or out-of-court procedure.

giudiziale, amministrativa o stragiudiziale.

53. Le categorie particolari di dati personali che meritano una maggiore protezione dovrebbero essere trattate soltanto per finalità connesse alla salute, ove necessario per conseguire tali finalità a beneficio delle persone e dell'intera società, in particolare nel contesto della gestione dei servizi e sistemi di assistenza sanitaria o sociale, compreso il trattamento di tali dati da parte della dirigenza e delle autorità sanitarie nazionali centrali a fini di controllo della qualità, informazione sulla gestione e supervisione nazionale e locale generale del sistema di assistenza sanitaria o sociale, nonché per garantire la continuità dell'assistenza sanitaria o sociale e dell'assistenza sanitaria transfrontaliera o per finalità di sicurezza sanitaria, controllo e allerta o a fini di archiviazione nel pubblico interesse, di ricerca scientifica o storica o a fini statistici in base al diritto dell'Unione o nazionale che deve perseguire un obiettivo di interesse pubblico, nonché per studi svolti nel pubblico interesse nell'ambito della sanità pubblica. Pertanto il presente regolamento dovrebbe prevedere condizioni armonizzate per il trattamento di categorie particolari di dati personali relativi alla salute in relazione a esigenze specifiche, in particolare qualora il trattamento di tali dati sia svolto da persone vincolate dal segreto professionale per talune finalità connesse alla salute. Il diritto dell'Unione o degli Stati membri dovrebbe prevedere misure specifiche e appropriate a protezione dei diritti fondamentali e dei dati personali delle persone fisiche. Gli Stati membri dovrebbero rimanere liberi di mantenere o introdurre ulteriori condizioni, fra cui limitazioni, con riguardo al trattamento di dati genetici, dati biometrici o dati relativi alla

53. Special categories of personal data which merit higher protection should be processed for health-related purposes only where necessary to achieve those purposes for the benefit of natural persons and society as a whole, in particular in the context of the management of health or social care services and systems, including processing by the management and central national health authorities of such data for the purpose of quality control, management information and the general national and local supervision of the health or social care system, and ensuring continuity of health or social care and cross-border healthcare or health security, monitoring and alert purposes, or for archiving purposes in the public interest, scientific or historical research purposes or statistical purposes, based on Union or Member State law which has to meet an objective of public interest, as well as for studies conducted in the public interest in the area of public health. Therefore, this Regulation should provide for harmonised conditions for the processing of special categories of personal data concerning health, in respect of specific needs, in particular where the processing of such data is carried out for certain health-related purposes by persons subject to a legal obligation of professional secrecy. Union or Member State law should provide for specific and suitable measures so as to protect the fundamental rights and the personal data of natural persons. Member States should be allowed to maintain or introduce further conditions, including limitations, with regard to the processing of genetic data, biometric data or data concerning health. However, this should not hamper the free flow of personal data within the Union when those conditions apply to cross-border processing of such data.

salute, senza tuttavia ostacolare la libera circolazione dei dati personali all'interno dell'Unione quando tali condizioni si applicano al trattamento transfrontaliero degli stessi.

54. Il trattamento di categorie particolari di dati personali può essere necessario per motivi di interesse pubblico nei settori della sanità pubblica, senza il consenso dell'interessato. Tale trattamento dovrebbe essere soggetto a misure appropriate e specifiche a tutela dei diritti e delle libertà delle persone fisiche. In tale contesto, la nozione di «sanità pubblica» dovrebbe essere interpretata secondo la definizione del regolamento CE. n. 1338/2008 del Parlamento europeo e del Consiglio 11.: tutti gli elementi relativi alla salute, ossia lo stato di salute, morbilità e disabilità incluse, i determinanti aventi un effetto su tale stato di salute, le necessità in materia di assistenza sanitaria, le risorse destinate all'assistenza sanitaria, la prestazione di assistenza sanitaria e l'accesso universale a essa, la spesa sanitaria e il relativo finanziamento e le cause di mortalità. Il trattamento dei dati relativi alla salute effettuato per motivi di interesse pubblico non dovrebbe comportare il trattamento dei dati personali per altre finalità da parte di terzi, quali datori di lavoro, compagnie di assicurazione e istituti di credito.

54. The processing of special categories of personal data may be necessary for reasons of public interest in the areas of public health without consent of the data subject. Such processing should be subject to suitable and specific measures so as to protect the rights and freedoms of natural persons. In that context, 'public health' should be interpreted as defined in Regulation EC. No 1338/2008 of the European Parliament and of the Council 11., namely all elements related to health, namely health status, including morbidity and disability, the determinants having an effect on that health status, health care needs, resources allocated to health care, the provision of, and universal access to, health care as well as health care expenditure and financing, and the causes of mortality. Such processing of data concerning health for reasons of public interest should not result in personal data being processed for other purposes by third parties such as employers or insurance and banking companies.

55. Inoltre, è effettuato per motivi di interesse pubblico il trattamento di dati personali a cura di autorità pubbliche allo scopo di realizzare fini, previsti dal diritto costituzionale o dal diritto internazionale pubblico, di associazioni religiose ufficialmente riconosciute.

55. Moreover, the processing of personal data by official authorities for the purpose of achieving the aims, laid down by constitutional law or by international public law, of officially recognised religious associations, is carried out on grounds of public interest.

56. Se, nel corso di attività elettorali, il funzionamento del sistema democratico presuppone, in uno Stato membro, che i partiti politici raccolgano dati personali sulle opinioni politiche delle persone, può esserne consentito il

56. Where in the course of electoral activities, the operation of the democratic system in a Member State requires that political parties compile personal data on people's political opinions, the processing of such data may

trattamento di tali dati per motivi di interesse pubblico, purché siano predisposte garanzie adeguate.

57. Se i dati personali che tratta non gli consentono di identificare una persona fisica, il titolare del trattamento non dovrebbe essere obbligato ad acquisire ulteriori informazioni per identificare l'interessato al solo fine di rispettare una disposizione del presente regolamento. Tuttavia, il titolare del trattamento non dovrebbe rifiutare le ulteriori informazioni fornite dall'interessato al fine di sostenere l'esercizio dei suoi diritti. L'identificazione dovrebbe includere l'identificazione digitale di un interessato, ad esempio mediante un meccanismo di autenticazione quali le stesse credenziali, utilizzate dall'interessato per l'accesso log in. al servizio on line offerto dal titolare del trattamento.

58. Il principio della trasparenza impone che le informazioni destinate al pubblico o all'interessato siano concise, facilmente accessibili e di facile comprensione e che sia usato un linguaggio semplice e chiaro, oltre che, se del caso, una visualizzazione. Tali informazioni potrebbero essere fornite in formato elettronico, ad esempio, se destinate al pubblico, attraverso un sito web. Ciò è particolarmente utile in situazioni in cui la molteplicità degli operatori coinvolti e la complessità tecnologica dell'operazione fanno sì che sia difficile per l'interessato comprendere se, da chi e per quali finalità sono raccolti dati personali che lo riguardano, quali la pubblicità online. Dato che i minori meritano una protezione specifica, quando il trattamento dati li riguarda, qualsiasi informazione e comunicazione dovrebbe utilizzare un linguaggio semplice e chiaro che un minore possa capire facilmente.

be permitted for reasons of public interest, provided that appropriate safeguards are established.

57. If the personal data processed by a controller do not permit the controller to identify a natural person, the data controller should not be obliged to acquire additional information in order to identify the data subject for the sole purpose of complying with any provision of this Regulation. However, the controller should not refuse to take additional information provided by the data subject in order to support the exercise of his or her rights. Identification should include the digital identification of a data subject, for example through authentication mechanism such as the same credentials, used by the data subject to log-in to the on-line service offered by the data controller.

58. The principle of transparency requires that any information addressed to the public or to the data subject be concise, easily accessible and easy to understand, and that clear and plain language and, additionally, where appropriate, visualisation be used. Such information could be provided in electronic form, for example, when addressed to the public, through a website. This is of particular relevance in situations where the proliferation of actors and the technological complexity of practice make it difficult for the data subject to know and understand whether, by whom and for what purpose personal data relating to him or her are being collected, such as in the case of online advertising. Given that children merit specific protection, any information and communication, where processing is addressed to a child, should be in such a clear and plain language that the child can easily understand.

59. È opportuno prevedere modalità volte ad agevolare l'esercizio, da parte dell'interessato, dei diritti di cui al presente regolamento, compresi i meccanismi per richiedere e, se del caso, ottenere gratuitamente, in particolare l'accesso ai dati, la loro rettifica e cancellazione e per esercitare il diritto di opposizione. Il titolare del trattamento dovrebbe predisporre anche i mezzi per inoltrare le richieste per via elettronica, in particolare qualora i dati personali siano trattati con mezzi elettronici. Il titolare del trattamento dovrebbe essere tenuto a rispondere alle richieste dell'interessato senza ingiustificato ritardo e al più tardi entro un mese e a motivare la sua eventuale intenzione di non accogliere tali richieste.

60. I principi di trattamento corretto e trasparente implicano che l'interessato sia informato dell'esistenza del trattamento e delle sue finalità. Il titolare del trattamento dovrebbe fornire all'interessato eventuali ulteriori informazioni necessarie ad assicurare un trattamento corretto e trasparente, prendendo in considerazione le circostanze e del contesto specifici in cui i dati personali sono trattati. Inoltre l'interessato dovrebbe essere informato dell'esistenza di una profilazione e delle conseguenze della stessa. In caso di dati personali raccolti direttamente presso l'interessato, questi dovrebbe inoltre essere informato dell'eventuale obbligo di fornire i dati personali e delle conseguenze in cui incorre se si rifiuta di fornirli. Tali informazioni possono essere fornite in combinazione con icone standardizzate per dare, in modo facilmente visibile, intelligibile e chiaramente leggibile, un quadro d'insieme del trattamento previsto. Se presentate elettronicamente, le icone dovrebbero essere leggibili da dispositivo automatico.

59. Modalities should be provided for facilitating the exercise of the data subject's rights under this Regulation, including mechanisms to request and, if applicable, obtain, free of charge, in particular, access to and rectification or erasure of personal data and the exercise of the right to object. The controller should also provide means for requests to be made electronically, especially where personal data are processed by electronic means. The controller should be obliged to respond to requests from the data subject without undue delay and at the latest within one month and to give reasons where the controller does not intend to comply with any such requests.

60. The principles of fair and transparent processing require that the data subject be informed of the existence of the processing operation and its purposes. The controller should provide the data subject with any further information necessary to ensure fair and transparent processing taking into account the specific circumstances and context in which the personal data are processed. Furthermore, the data subject should be informed of the existence of profiling and the consequences of such profiling. Where the personal data are collected from the data subject, the data subject should also be informed whether he or she is obliged to provide the personal data and of the consequences, where he or she does not provide such data. That information may be provided in combination with standardised icons in order to give in an easily visible, intelligible and clearly legible manner, a meaningful overview of the intended processing. Where the icons are presented electronically, they should be machine-readable.

61. L'interessato dovrebbe ricevere le informazioni relative al trattamento di dati personali che lo riguardano al momento della raccolta presso l'interessato o, se i dati sono ottenuti da altra fonte, entro un termine ragionevole, in funzione delle circostanze del caso. Se i dati personali possono essere legittimamente comunicati a un altro destinatario, l'interessato dovrebbe esserne informato nel momento in cui il destinatario riceve la prima comunicazione dei dati personali. Il titolare del trattamento, qualora intenda trattare i dati personali per una finalità diversa da quella per cui essi sono stati raccolti, dovrebbe fornire all'interessato, prima di tale ulteriore trattamento, informazioni in merito a tale finalità diversa e altre informazioni necessarie. Qualora non sia possibile comunicare all'interessato l'origine dei dati personali, perché sono state utilizzate varie fonti, dovrebbe essere fornita un'informazione di carattere generale.

62. Per contro, non è necessario imporre l'obbligo di fornire l'informazione se l'interessato dispone già dell'informazione, se la registrazione o la comunicazione dei dati personali sono previste per legge o se informare l'interessato si rivela impossibile o richiederebbe uno sforzo sproporzionato. Quest'ultima eventualità potrebbe verificarsi, ad esempio, nei trattamenti eseguiti a fini di archiviazione nel pubblico interesse, di ricerca scientifica o storica o a fini statistici. In tali casi si può tener conto del numero di interessati, dell'antichità dei dati e di eventuali garanzie adeguate in essere.

63. Un interessato dovrebbe avere il diritto di accedere ai dati personali raccolti che la riguardano e di esercitare

61. The information in relation to the processing of personal data relating to the data subject should be given to him or her at the time of collection from the data subject, or, where the personal data are obtained from another source, within a reasonable period, depending on the circumstances of the case. Where personal data can be legitimately disclosed to another recipient, the data subject should be informed when the personal data are first disclosed to the recipient. Where the controller intends to process the personal data for a purpose other than that for which they were collected, the controller should provide the data subject prior to that further processing with information on that other purpose and other necessary information. Where the origin of the personal data cannot be provided to the data subject because various sources have been used, general information should be provided.

62. However, it is not necessary to impose the obligation to provide information where the data subject already possesses the information, where the recording or disclosure of the personal data is expressly laid down by law or where the provision of information to the data subject proves to be impossible or would involve a disproportionate effort. The latter could in particular be the case where processing is carried out for archiving purposes in the public interest, scientific or historical research purposes or statistical purposes. In that regard, the number of data subjects, the age of the data and any appropriate safeguards adopted should be taken into consideration.

63. A data subject should have the right of access to personal data which have been collected concerning him or her,

tale diritto facilmente e a intervalli ragionevoli, per essere consapevole del trattamento e verificarne la liceità. Ciò include il diritto di accedere ai dati relativi alla salute, ad esempio le cartelle mediche contenenti informazioni quali diagnosi, risultati di esami, pareri di medici curanti o eventuali terapie o interventi praticati. Ogni interessato dovrebbe pertanto avere il diritto di conoscere e ottenere comunicazioni in particolare in relazione alla finalità per cui i dati personali sono trattati, ove possibile al periodo in cui i dati personali sono trattati, ai destinatari dei dati personali, alla logica cui risponde qualsiasi trattamento automatizzato dei dati e, almeno quando è basato sulla profilazione, alle possibili conseguenze di tale trattamento. Ove possibile, il titolare del trattamento dovrebbe poter fornire l'accesso remoto a un sistema sicuro che consenta all'interessato di consultare direttamente i propri dati personali. Tale diritto non dovrebbe ledere i diritti e le libertà altrui, compreso il segreto industriale e aziendale e la proprietà intellettuale, segnatamente i diritti d'autore che tutelano il software. Tuttavia, tali considerazioni non dovrebbero condurre a un diniego a fornire all'interessato tutte le informazioni. Se il titolare del trattamento tratta una notevole quantità d'informazioni riguardanti l'interessato, il titolare in questione dovrebbe poter richiedere che l'interessato precisi, prima che siano fornite le informazioni, l'informazione o le attività di trattamento cui la richiesta si riferisce.

64. Il titolare del trattamento dovrebbe adottare tutte le misure ragionevoli per verificare l'identità di un interessato che chieda l'accesso, in particolare nel contesto di servizi online e di identificativi online. Il titolare del trattamento non dovrebbe conservare

and to exercise that right easily and at reasonable intervals, in order to be aware of, and verify, the lawfulness of the processing. This includes the right for data subjects to have access to data concerning their health, for example the data in their medical records containing information such as diagnoses, examination results, assessments by treating physicians and any treatment or interventions provided. Every data subject should therefore have the right to know and obtain communication in particular with regard to the purposes for which the personal data are processed, where possible the period for which the personal data are processed, the recipients of the personal data, the logic involved in any automatic personal data processing and, at least when based on profiling, the consequences of such processing. Where possible, the controller should be able to provide remote access to a secure system which would provide the data subject with direct access to his or her personal data. That right should not adversely affect the rights or freedoms of others, including trade secrets or intellectual property and in particular the copyright protecting the software. However, the result of those considerations should not be a refusal to provide all information to the data subject. Where the controller processes a large quantity of information concerning the data subject, the controller should be able to request that, before the information is delivered, the data subject specify the information or processing activities to which the request relates.

64. The controller should use all reasonable measures to verify the identity of a data subject who requests access, in particular in the context of online services and online identifiers. A controller should not retain personal

dati personali al solo scopo di poter rispondere a potenziali richieste.

65. Un interessato dovrebbe avere il diritto di ottenere la rettifica dei dati personali che la riguardano e il «diritto all'oblio» se la conservazione di tali dati violi il presente regolamento o il diritto dell'Unione o degli Stati membri cui è soggetto il titolare del trattamento. In particolare, l'interessato dovrebbe avere il diritto di chiedere che siano cancellati e non più sottoposti a trattamento i propri dati personali che non siano più necessari per le finalità per le quali sono stati raccolti o altrimenti trattati, quando abbia ritirato il proprio consenso o si sia opposto al trattamento dei dati personali che lo riguardano o quando il trattamento dei suoi dati personali non sia altrimenti conforme al presente regolamento. Tale diritto è in particolare rilevante se l'interessato ha prestato il proprio consenso quando era minore, e quindi non pienamente consapevole dei rischi derivanti dal trattamento, e vuole successivamente eliminare tale tipo di dati personali, in particolare da internet. L'interessato dovrebbe poter esercitare tale diritto indipendentemente dal fatto che non sia più un minore. Tuttavia, dovrebbe essere lecita l'ulteriore conservazione dei dati personali qualora sia necessaria per esercitare il diritto alla libertà di espressione e di informazione, per adempiere un obbligo legale, per eseguire un compito di interesse pubblico o nell'esercizio di pubblici poteri di cui è investito il titolare del trattamento, per motivi di interesse pubblico nel settore della sanità pubblica, a fini di archiviazione nel pubblico interesse, di ricerca scientifica o storica o a fini statistici, ovvero per accertare, esercitare o difendere un diritto in sede giudiziaria.

66. Per rafforzare il «diritto all'oblio» nell'ambiente online, è opportuno che il

data for the sole purpose of being able to react to potential requests.

65. A data subject should have the right to have personal data concerning him or her rectified and a 'right to be forgotten' where the retention of such data infringes this Regulation or Union or Member State law to which the controller is subject. In particular, a data subject should have the right to have his or her personal data erased and no longer processed where the personal data are no longer necessary in relation to the purposes for which they are collected or otherwise processed, where a data subject has withdrawn his or her consent or objects to the processing of personal data concerning him or her, or where the processing of his or her personal data does not otherwise comply with this Regulation. That right is relevant in particular where the data subject has given his or her consent as a child and is not fully aware of the risks involved by the processing, and later wants to remove such personal data, especially on the internet. The data subject should be able to exercise that right notwithstanding the fact that he or she is no longer a child. However, the further retention of the personal data should be lawful where it is necessary, for exercising the right of freedom of expression and information, for compliance with a legal obligation, for the performance of a task carried out in the public interest or in the exercise of official authority vested in the controller, on the grounds of public interest in the area of public health, for archiving purposes in the public interest, scientific or historical research purposes or statistical purposes, or for the establishment, exercise or defence of legal claims.

66. To strengthen the right to be forgotten in the online environment, the

diritto di cancellazione sia esteso in modo tale da obbligare il titolare del trattamento che ha pubblicato dati personali a informare i titolari del trattamento che trattano tali dati personali di cancellare qualsiasi link verso tali dati personali o copia o riproduzione di detti dati personali. Nel fare ciò, è opportuno che il titolare del trattamento adotti misure ragionevoli tenendo conto della tecnologia disponibile e dei mezzi a disposizione del titolare del trattamento, comprese misure tecniche, per informare della richiesta dell'interessato i titolari del trattamento che trattano i dati personali.

67. Le modalità per limitare il trattamento dei dati personali potrebbero consistere, tra l'altro, nel trasferire temporaneamente i dati selezionati verso un altro sistema di trattamento, nel rendere i dati personali selezionati inaccessibili agli utenti o nel rimuovere temporaneamente i dati pubblicati da un sito web. Negli archivi automatizzati, la limitazione del trattamento dei dati personali dovrebbe in linea di massima essere assicurata mediante dispositivi tecnici in modo tale che i dati personali non siano sottoposti a ulteriori trattamenti e non possano più essere modificati. Il sistema dovrebbe indicare chiaramente che il trattamento dei dati personali è stato limitato.

68. Per rafforzare ulteriormente il controllo sui propri dati è opportuno anche che l'interessato abbia il diritto, qualora i dati personali siano trattati con mezzi automatizzati, di ricevere in un formato strutturato, di uso comune, leggibile da dispositivo automatico e interoperabile i dati personali che lo riguardano che abbia fornito a un titolare del trattamento e di trasmetterli a un altro titolare del trattamento. È opportuno incoraggiare i titolari del trattamento a sviluppare

right to erasure should also be extended in such a way that a controller who has made the personal data public should be obliged to inform the controllers which are processing such personal data to erase any links to, or copies or replications of those personal data. In doing so, that controller should take reasonable steps, taking into account available technology and the means available to the controller, including technical measures, to inform the controllers which are processing the personal data of the data subject's request.

67. Methods by which to restrict the processing of personal data could include, inter alia, temporarily moving the selected data to another processing system, making the selected personal data unavailable to users, or temporarily removing published data from a website. In automated filing systems, the restriction of processing should in principle be ensured by technical means in such a manner that the personal data are not subject to further processing operations and cannot be changed. The fact that the processing of personal data is restricted should be clearly indicated in the system.

68. To further strengthen the control over his or her own data, where the processing of personal data is carried out by automated means, the data subject should also be allowed to receive personal data concerning him or her which he or she has provided to a controller in a structured, commonly used, machine-readable and interoperable format, and to transmit it to another controller. Data controllers should be encouraged to develop interoperable formats that enable data

formati interoperabili che consentano la portabilità dei dati. Tale diritto dovrebbe applicarsi qualora l'interessato abbia fornito i dati personali sulla base del proprio consenso o se il trattamento è necessario per l'esecuzione di un contratto. Non dovrebbe applicarsi qualora il trattamento si basi su un fondamento giuridico diverso dal consenso o contratto. Per sua stessa natura, tale diritto non dovrebbe essere esercitato nei confronti dei titolari del trattamento che trattano dati personali nell'esercizio delle loro funzioni pubbliche. Non dovrebbe pertanto applicarsi quando il trattamento dei dati personali è necessario per l'adempimento di un obbligo legale cui è soggetto il titolare del trattamento o per l'esecuzione di un compito svolto nel pubblico interesse oppure nell'esercizio di pubblici poteri di cui è investito il titolare del trattamento. Il diritto dell'interessato di trasmettere o ricevere dati personali che lo riguardano non dovrebbe comportare l'obbligo per i titolari del trattamento di adottare o mantenere sistemi di trattamento tecnicamente compatibili. Qualora un certo insieme di dati personali riguardi più di un interessato, il diritto di ricevere i dati personali non dovrebbe pregiudicare i diritti e le libertà degli altri interessati in ottemperanza del presente regolamento. Inoltre tale diritto non dovrebbe pregiudicare il diritto dell'interessato di ottenere la cancellazione dei dati personali e le limitazioni di tale diritto di cui al presente regolamento e non dovrebbe segnatamente implicare la cancellazione dei dati personali riguardanti l'interessato forniti da quest'ultimo per l'esecuzione di un contratto, nella misura in cui e fintantoché i dati personali siano necessari all'esecuzione di tale contratto. Ove tecnicamente fattibile, portability. That right should apply where the data subject provided the personal data on the basis of his or her consent or the processing is necessary for the performance of a contract. It should not apply where processing is based on a legal ground other than consent or contract. By its very nature, that right should not be exercised against controllers processing personal data in the exercise of their public duties. It should therefore not apply where the processing of the personal data is necessary for compliance with a legal obligation to which the controller is subject or for the performance of a task carried out in the public interest or in the exercise of an official authority vested in the controller. The data subject's right to transmit or receive personal data concerning him or her should not create an obligation for the controllers to adopt or maintain processing systems which are technically compatible. Where, in a certain set of personal data, more than one data subject is concerned, the right to receive the personal data should be without prejudice to the rights and freedoms of other data subjects in accordance with this Regulation. Furthermore, that right should not prejudice the right of the data subject to obtain the erasure of personal data and the limitations of that right as set out in this Regulation and should, in particular, not imply the erasure of personal data concerning the data subject which have been provided by him or her for the performance of a contract to the extent that and for as long as the personal data are necessary for the performance of that contract. Where technically feasible, the data subject should have the right to have the personal data transmitted directly from one controller to another.

l'interessato dovrebbe avere il diritto di ottenere che i dati personali siano trasmessi direttamente da un titolare del trattamento a un altro.

69. Qualora i dati personali possano essere lecitamente trattati, essendo il trattamento necessario per l'esecuzione di un compito svolto nel pubblico interesse oppure nell'esercizio di pubblici poteri di cui è investito il titolare del trattamento, ovvero per i legittimi interessi di un titolare del trattamento o di terzi, l'interessato dovrebbe comunque avere il diritto di opporsi al trattamento dei dati personali che riguardano la sua situazione particolare. È opportuno che incomba al titolare del trattamento dimostrare che i suoi interessi legittimi cogenti prevalgono sugli interessi o sui diritti e sulle libertà fondamentali dell'interessato.

69. Where personal data might lawfully be processed because processing is necessary for the performance of a task carried out in the public interest or in the exercise of official authority vested in the controller, or on grounds of the legitimate interests of a controller or a third party, a data subject should, nevertheless, be entitled to object to the processing of any personal data relating to his or her particular situation. It should be for the controller to demonstrate that its compelling legitimate interest overrides the interests or the fundamental rights and freedoms of the data subject.

70. Qualora i dati personali siano trattati per finalità di marketing diretto, l'interessato dovrebbe avere il diritto, in qualsiasi momento e gratuitamente, di opporsi a tale trattamento, sia con riguardo a quello iniziale o ulteriore, compresa la profilazione nella misura in cui sia connessa a tale marketing diretto. Tale diritto dovrebbe essere esplicitamente portato all'attenzione dell'interessato e presentato chiaramente e separatamente da qualsiasi altra informazione.

70. Where personal data are processed for the purposes of direct marketing, the data subject should have the right to object to such processing, including profiling to the extent that it is related to such direct marketing, whether with regard to initial or further processing, at any time and free of charge. That right should be explicitly brought to the attention of the data subject and presented clearly and separately from any other information.

71. L'interessato dovrebbe avere il diritto di non essere sottoposto a una decisione, che possa includere una misura, che valuti aspetti personali che lo riguardano, che sia basata unicamente su un trattamento automatizzato e che produca effetti giuridici che lo riguardano o incida in modo analogo significativamente sulla sua persona, quali il rifiuto automatico di una domanda di credito online o pratiche di assunzione elettronica senza interventi umani. Tale trattamento

71. The data subject should have the right not to be subject to a decision, which may include a measure, evaluating personal aspects relating to him or her which is based solely on automated processing and which produces legal effects concerning him or her or similarly significantly affects him or her, such as automatic refusal of an online credit application or e-recruiting practices without any human intervention. Such processing includes 'profiling' that consists of any form of automated

comprende la «profilazione», che consiste in una forma di trattamento automatizzato dei dati personali che valuta aspetti personali concernenti una persona fisica, in particolare al fine di analizzare o prevedere aspetti riguardanti il rendimento professionale, la situazione economica, la salute, le preferenze o gli interessi personali, l'affidabilità o il comportamento, l'ubicazione o gli spostamenti dell'interessato, ove ciò produca effetti giuridici che la riguardano o incida in modo analogo significativamente sulla sua persona. Tuttavia, è opportuno che sia consentito adottare decisioni sulla base di tale trattamento, compresa la profilazione, se ciò è espressamente previsto dal diritto dell'Unione o degli Stati membri cui è soggetto il titolare del trattamento, anche a fini di monitoraggio e prevenzione delle frodi e dell'evasione fiscale secondo i regolamenti, le norme e le raccomandazioni delle istituzioni dell'Unione o degli organismi nazionali di vigilanza e a garanzia della sicurezza e dell'affidabilità di un servizio fornito dal titolare del trattamento, o se è necessario per la conclusione o l'esecuzione di un contratto tra l'interessato e un titolare del trattamento, o se l'interessato ha espresso il proprio consenso esplicito. In ogni caso, tale trattamento dovrebbe essere subordinato a garanzie adeguate, che dovrebbero comprendere la specifica informazione all'interessato e il diritto di ottenere l'intervento umano, di esprimere la propria opinione, di ottenere una spiegazione della decisione conseguita dopo tale valutazione e di contestare la decisione. Tale misura non dovrebbe riguardare un minore. Al fine di garantire un trattamento corretto e trasparente nel rispetto dell'interessato, tenendo in considerazione le circostanze e il contesto specifici in cui i dati personali

processing of personal data evaluating the personal aspects relating to a natural person, in particular to analyse or predict aspects concerning the data subject's performance at work, economic situation, health, personal preferences or interests, reliability or behaviour, location or movements, where it produces legal effects concerning him or her or similarly significantly affects him or her. However, decision-making based on such processing, including profiling, should be allowed where expressly authorised by Union or Member State law to which the controller is subject, including for fraud and tax-evasion monitoring and prevention purposes conducted in accordance with the regulations, standards and recommendations of Union institutions or national oversight bodies and to ensure the security and reliability of a service provided by the controller, or necessary for the entering or performance of a contract between the data subject and a controller, or when the data subject has given his or her explicit consent. In any case, such processing should be subject to suitable safeguards, which should include specific information to the data subject and the right to obtain human intervention, to express his or her point of view, to obtain an explanation of the decision reached after such assessment and to challenge the decision. Such measure should not concern a child. In order to ensure fair and transparent processing in respect of the data subject, taking into account the specific circumstances and context in which the personal data are processed, the controller should use appropriate mathematical or statistical procedures for the profiling, implement technical and organisational measures appropriate to ensure, in particular, that factors which result in inaccuracies in personal data are corrected and the risk of errors is minimised, secure personal data in a

sono trattati, è opportuno che il titolare del trattamento utilizzi procedure matematiche o statistiche appropriate per la profilazione, metta in atto misure tecniche e organizzative adeguate al fine di garantire, in particolare, che siano rettificati i fattori che comportano inesattezze dei dati e sia minimizzato il rischio di errori e al fine di garantire la sicurezza dei dati personali secondo una modalità che tenga conto dei potenziali rischi esistenti per gli interessi e i diritti dell'interessato e che impedisca tra l'altro effetti discriminatori nei confronti di persone fisiche sulla base della razza o dell'origine etnica, delle opinioni politiche, della religione o delle convinzioni personali, dell'appartenenza sindacale, dello status genetico, dello stato di salute o dell'orientamento sessuale, ovvero che comportano misure aventi tali effetti. Il processo decisionale automatizzato e la profilazione basati su categorie particolari di dati personali dovrebbero essere consentiti solo a determinate condizioni.

manner that takes account of the potential risks involved for the interests and rights of the data subject and that prevents, inter alia, discriminatory effects on natural persons on the basis of racial or ethnic origin, political opinion, religion or beliefs, trade union membership, genetic or health status or sexual orientation, or that result in measures having such an effect. Automated decision-making and profiling based on special categories of personal data should be allowed only under specific conditions.

72. La profilazione è soggetta alle norme del presente regolamento che disciplinano il trattamento dei dati personali, quali le basi giuridiche del trattamento o i principi di protezione dei dati. Il comitato europeo per la protezione dei dati istituito dal presente regolamento «comitato». dovrebbe poter emanare orientamenti in tale contesto.

72. Profiling is subject to the rules of this Regulation governing the processing of personal data, such as the legal grounds for processing or data protection principles. The European Data Protection Board established by this Regulation the 'Board'. should be able to issue guidance in that context.

73. Il diritto dell'Unione o degli Stati membri può imporre limitazioni a specifici principi e ai diritti di informazione, accesso, rettifica e cancellazione di dati, al diritto alla portabilità dei dati, al diritto di opporsi, alle decisioni basate sulla profilazione, nonché alla comunicazione di una violazione di dati personali all'interessato e ad alcuni obblighi connessi in capo ai titolari del trattamento, ove ciò sia necessario e

73. Restrictions concerning specific principles and the rights of information, access to and rectification or erasure of personal data, the right to data portability, the right to object, decisions based on profiling, as well as the communication of a personal data breach to a data subject and certain related obligations of the controllers may be imposed by Union or Member State law, as far as necessary and proportionate in a democratic society to safeguard public

proporzionato in una società democratica per la salvaguardia della sicurezza pubblica, ivi comprese la tutela della vita umana, in particolare in risposta a catastrofi di origine naturale o umana, le attività di prevenzione, indagine e perseguimento di reati o l'esecuzione di sanzioni penali, incluse la salvaguardia contro e la prevenzione di minacce alla sicurezza pubblica, o di violazioni della deontologia professionale, per la tutela di altri importanti obiettivi di interesse pubblico generale dell'Unione o di uno Stato membro, tra cui un interesse economico o finanziario rilevante dell'Unione o di uno Stato membro, per la tenuta di registri pubblici per ragioni di interesse pubblico generale, per l'ulteriore trattamento di dati personali archiviati al fine di fornire informazioni specifiche connesse al comportamento politico sotto precedenti regimi statali totalitari o per la tutela dell'interessato o dei diritti e delle libertà altrui, compresi la protezione sociale, la sanità pubblica e gli scopi umanitari. Tali limitazioni dovrebbero essere conformi alla Carta e alla Convenzione europea per la salvaguardia dei diritti dell'uomo e delle libertà fondamentali.

74. È opportuno stabilire la responsabilità generale del titolare del trattamento per qualsiasi trattamento di dati personali che quest'ultimo abbia effettuato direttamente o che altri abbiano effettuato per suo conto. In particolare, il titolare del trattamento dovrebbe essere tenuto a mettere in atto misure adeguate ed efficaci ed essere in grado di dimostrare la conformità delle attività di trattamento con il presente regolamento, compresa l'efficacia delle misure. Tali misure dovrebbero tener conto della natura, dell'ambito di applicazione, del contesto e delle finalità del trattamento, nonché del rischio per i diritti e le libertà delle persone fisiche.

security, including the protection of human life especially in response to natural or manmade disasters, the prevention, investigation and prosecution of criminal offences or the execution of criminal penalties, including the safeguarding against and the prevention of threats to public security, or of breaches of ethics for regulated professions, other important objectives of general public interest of the Union or of a Member State, in particular an important economic or financial interest of the Union or of a Member State, the keeping of public registers kept for reasons of general public interest, further processing of archived personal data to provide specific information related to the political behaviour under former totalitarian state regimes or the protection of the data subject or the rights and freedoms of others, including social protection, public health and humanitarian purposes. Those restrictions should be in accordance with the requirements set out in the Charter and in the European Convention for the Protection of Human Rights and Fundamental Freedoms.

74. The responsibility and liability of the controller for any processing of personal data carried out by the controller or on the controller's behalf should be established. In particular, the controller should be obliged to implement appropriate and effective measures and be able to demonstrate the compliance of processing activities with this Regulation, including the effectiveness of the measures. Those measures should take into account the nature, scope, context and purposes of the processing and the risk to the rights and freedoms of natural persons.

75. I rischi per i diritti e le libertà delle persone fisiche, aventi probabilità e gravità diverse, possono derivare da trattamenti di dati personali suscettibili di cagionare un danno fisico, materiale o immateriale, in particolare: se il trattamento può comportare discriminazioni, furto o usurpazione d'identità, perdite finanziarie, pregiudizio alla reputazione, perdita di riservatezza dei dati personali protetti da segreto professionale, decifratura non autorizzata della pseudonimizzazione, o qualsiasi altro danno economico o sociale significativo; se gli interessati rischiano di essere privati dei loro diritti e delle loro libertà o venga loro impedito l'esercizio del controllo sui dati personali che li riguardano; se sono trattati dati personali che rivelano l'origine razziale o etnica, le opinioni politiche, le convinzioni religiose o filosofiche, l'appartenenza sindacale, nonché dati genetici, dati relativi alla salute o i dati relativi alla vita sessuale o a condanne penali e a reati o alle relative misure di sicurezza; in caso di valutazione di aspetti personali, in particolare mediante l'analisi o la previsione di aspetti riguardanti il rendimento professionale, la situazione economica, la salute, le preferenze o gli interessi personali, l'affidabilità o il comportamento, l'ubicazione o gli spostamenti, al fine di creare o utilizzare profili personali; se sono trattati dati personali di persone fisiche vulnerabili, in particolare minori; se il trattamento riguarda una notevole quantità di dati personali e un vasto numero di interessati.

76. La probabilità e la gravità del rischio per i diritti e le libertà dell'interessato dovrebbero essere determinate con riguardo alla natura, all'ambito di applicazione, al contesto e alle finalità del trattamento. Il rischio dovrebbe essere considerato in base a

75. The risk to the rights and freedoms of natural persons, of varying likelihood and severity, may result from personal data processing which could lead to physical, material or non-material damage, in particular: where the processing may give rise to discrimination, identity theft or fraud, financial loss, damage to the reputation, loss of confidentiality of personal data protected by professional secrecy, unauthorised reversal of pseudonymisation, or any other significant economic or social disadvantage; where data subjects might be deprived of their rights and freedoms or prevented from exercising control over their personal data; where personal data are processed which reveal racial or ethnic origin, political opinions, religion or philosophical beliefs, trade union membership, and the processing of genetic data, data concerning health or data concerning sex life or criminal convictions and offences or related security measures; where personal aspects are evaluated, in particular analysing or predicting aspects concerning performance at work, economic situation, health, personal preferences or interests, reliability or behaviour, location or movements, in order to create or use personal profiles; where personal data of vulnerable natural persons, in particular of children, are processed; or where processing involves a large amount of personal data and affects a large number of data subjects.

76. The likelihood and severity of the risk to the rights and freedoms of the data subject should be determined by reference to the nature, scope, context and purposes of the processing. Risk should be evaluated on the basis of an objective assessment, by which it is

una valutazione oggettiva mediante cui si stabilisce se i trattamenti di dati comportano un rischio o un rischio elevato.

77. Gli orientamenti per la messa in atto di opportune misure e per dimostrare la conformità da parte del titolare del trattamento o dal responsabile del trattamento in particolare per quanto riguarda l'individuazione del rischio connesso al trattamento, la sua valutazione in termini di origine, natura, probabilità e gravità, e l'individuazione di migliori prassi per attenuare il rischio, potrebbero essere forniti in particolare mediante codici di condotta approvati, certificazioni approvate, linee guida fornite dal comitato o indicazioni fornite da un responsabile della protezione dei dati. Il comitato può inoltre pubblicare linee guida sui trattamenti che si ritiene improbabile possano presentare un rischio elevato per i diritti e le libertà delle persone fisiche e indicare quali misure possono essere sufficienti in tali casi per far fronte a tale rischio.

78. La tutela dei diritti e delle libertà delle persone fisiche relativamente al trattamento dei dati personali richiede l'adozione di misure tecniche e organizzative adeguate per garantire il rispetto delle disposizioni del presente regolamento. Al fine di poter dimostrare la conformità con il presente regolamento, il titolare del trattamento dovrebbe adottare politiche interne e attuare misure che soddisfino in particolare i principi della protezione dei dati fin dalla progettazione e della protezione dei dati di default. Tali misure potrebbero consistere, tra l'altro, nel ridurre al minimo il trattamento dei dati personali, pseudonimizzare i dati personali il più presto possibile, offrire trasparenza per quanto riguarda le funzioni e il trattamento di dati personali,

established whether data processing operations involve a risk or a high risk.

77. Guidance on the implementation of appropriate measures and on the demonstration of compliance by the controller or the processor, especially as regards the identification of the risk related to the processing, their assessment in terms of origin, nature, likelihood and severity, and the identification of best practices to mitigate the risk, could be provided in particular by means of approved codes of conduct, approved certifications, guidelines provided by the Board or indications provided by a data protection officer. The Board may also issue guidelines on processing operations that are considered to be unlikely to result in a high risk to the rights and freedoms of natural persons and indicate what measures may be sufficient in such cases to address such risk.

78. The protection of the rights and freedoms of natural persons with regard to the processing of personal data require that appropriate technical and organisational measures be taken to ensure that the requirements of this Regulation are met. In order to be able to demonstrate compliance with this Regulation, the controller should adopt internal policies and implement measures which meet in particular the principles of data protection by design and data protection by default. Such measures could consist, inter alia, of minimising the processing of personal data, pseudonymising personal data as soon as possible, transparency with regard to the functions and processing of personal data, enabling the data subject to monitor the data processing, enabling the controller to create and improve

consentire all'interessato di controllare il trattamento dei dati e consentire al titolare del trattamento di creare e migliorare caratteristiche di sicurezza. In fase di sviluppo, progettazione, selezione e utilizzo di applicazioni, servizi e prodotti basati sul trattamento di dati personali o che trattano dati personali per svolgere le loro funzioni, i produttori dei prodotti, dei servizi e delle applicazioni dovrebbero essere incoraggiati a tenere conto del diritto alla protezione dei dati allorché sviluppano e progettano tali prodotti, servizi e applicazioni e, tenuto debito conto dello stato dell'arte, a far sì che i titolari del trattamento e i responsabili del trattamento possano adempiere ai loro obblighi di protezione dei dati. I principi della protezione dei dati fin dalla progettazione e di default dovrebbero essere presi in considerazione anche nell'ambito degli appalti pubblici.

79. La protezione dei diritti e delle libertà degli interessati così come la responsabilità generale dei titolari del trattamento e dei responsabili del trattamento, anche in relazione al monitoraggio e alle misure delle autorità di controllo, esigono una chiara ripartizione delle responsabilità ai sensi del presente regolamento, compresi i casi in cui un titolare del trattamento stabilisca le finalità e i mezzi del trattamento congiuntamente con altri titolari del trattamento o quando l'operazione di trattamento viene eseguita per conto del titolare del trattamento.

80. Quando un titolare del trattamento o un responsabile del trattamento non stabilito nell'Unione tratta dati personali di interessati che si trovano nell'Unione e le sue attività di trattamento sono connesse all'offerta di beni o alla prestazione di servizi a tali interessati nell'Unione, indipendentemente dall'obbligatorietà

security features. When developing, designing, selecting and using applications, services and products that are based on the processing of personal data or process personal data to fulfil their task, producers of the products, services and applications should be encouraged to take into account the right to data protection when developing and designing such products, services and applications and, with due regard to the state of the art, to make sure that controllers and processors are able to fulfil their data protection obligations. The principles of data protection by design and by default should also be taken into consideration in the context of public tenders.

79. The protection of the rights and freedoms of data subjects as well as the responsibility and liability of controllers and processors, also in relation to the monitoring by and measures of supervisory authorities, requires a clear allocation of the responsibilities under this Regulation, including where a controller determines the purposes and means of the processing jointly with other controllers or where a processing operation is carried out on behalf of a controller.

80. Where a controller or a processor not established in the Union is processing personal data of data subjects who are in the Union whose processing activities are related to the offering of goods or services, irrespective of whether a payment of the data subject is required, to such data subjects in the Union, or to the monitoring of their behaviour as far

di un pagamento dell'interessato, o al controllo del loro comportamento, nella misura in cui tale comportamento ha luogo all'interno dell'Unione, è opportuno che tale titolare del trattamento o responsabile del trattamento designi un rappresentante, tranne se il trattamento è occasionale, non include il trattamento, su larga scala, di categorie particolari di dati personali o il trattamento di dati personali relativi alle condanne penali e ai reati, ed è improbabile che presenti un rischio per i diritti e le libertà delle persone fisiche, tenuto conto della natura, del contesto, dell'ambito di applicazione e delle finalità del trattamento, o se il titolare del trattamento è un'autorità pubblica o un organismo pubblico. Il rappresentante dovrebbe agire per conto del titolare del trattamento o del responsabile del trattamento e può essere interpellato da qualsiasi autorità di controllo. Il rappresentante dovrebbe essere esplicitamente designato mediante mandato scritto del titolare del trattamento o del responsabile del trattamento ad agire per conto di questi ultimi con riguardo agli obblighi che a questi derivano dal presente regolamento. La designazione di tale rappresentante non incide sulla responsabilità generale del titolare del trattamento o del responsabile del trattamento ai sensi del presente regolamento. Tale rappresentante dovrebbe svolgere i suoi compiti nel rispetto del mandato conferitogli dal titolare del trattamento o dal responsabile del trattamento, anche per quanto riguarda la cooperazione con le autorità di controllo competenti per qualsiasi misura adottata al fine di garantire il rispetto del presente regolamento. Il rappresentante designato dovrebbe essere oggetto di misure attuative in caso di inadempienza da parte del titolare del

as their behaviour takes place within the Union, the controller or the processor should designate a representative, unless the processing is occasional, does not include processing, on a large scale, of special categories of personal data or the processing of personal data relating to criminal convictions and offences, and is unlikely to result in a risk to the rights and freedoms of natural persons, taking into account the nature, context, scope and purposes of the processing or if the controller is a public authority or body. The representative should act on behalf of the controller or the processor and may be addressed by any supervisory authority. The representative should be explicitly designated by a written mandate of the controller or of the processor to act on its behalf with regard to its obligations under this Regulation. The designation of such a representative does not affect the responsibility or liability of the controller or of the processor under this Regulation. Such a representative should perform its tasks according to the mandate received from the controller or processor, including cooperating with the competent supervisory authorities with regard to any action taken to ensure compliance with this Regulation. The designated representative should be subject to enforcement proceedings in the event of non-compliance by the controller or processor.

trattamento o del responsabile del trattamento.

81. Per garantire che siano rispettate le prescrizioni del presente regolamento riguardo al trattamento che il responsabile del trattamento deve eseguire per conto del titolare del trattamento, quando affida delle attività di trattamento a un responsabile del trattamento il titolare del trattamento dovrebbe ricorrere unicamente a responsabili del trattamento che presentino garanzie sufficienti, in particolare in termini di conoscenza specialistica, affidabilità e risorse, per mettere in atto misure tecniche e organizzative che soddisfino i requisiti del presente regolamento, anche per la sicurezza del trattamento. L'applicazione da parte del responsabile del trattamento di un codice di condotta approvato o di un meccanismo di certificazione approvato può essere utilizzata come elemento per dimostrare il rispetto degli obblighi da parte del titolare del trattamento. L'esecuzione dei trattamenti da parte di un responsabile del trattamento dovrebbe essere disciplinata da un contratto o da altro atto giuridico a norma del diritto dell'Unione o degli Stati membri che vincoli il responsabile del trattamento al titolare del trattamento, in cui siano stipulati la materia disciplinata e la durata del trattamento, la natura e le finalità del trattamento, il tipo di dati personali e le categorie di interessati, tenendo conto dei compiti e responsabilità specifici del responsabile del trattamento nel contesto del trattamento da eseguire e del rischio in relazione ai diritti e alle libertà dell'interessato. Il titolare del trattamento e il responsabile del trattamento possono scegliere di usare un contratto individuale o clausole contrattuali tipo che sono adottate direttamente dalla Commissione oppure

81. To ensure compliance with the requirements of this Regulation in respect of the processing to be carried out by the processor on behalf of the controller, when entrusting a processor with processing activities, the controller should use only processors providing sufficient guarantees, in particular in terms of expert knowledge, reliability and resources, to implement technical and organisational measures which will meet the requirements of this Regulation, including for the security of processing. The adherence of the processor to an approved code of conduct or an approved certification mechanism may be used as an element to demonstrate compliance with the obligations of the controller. The carrying-out of processing by a processor should be governed by a contract or other legal act under Union or Member State law, binding the processor to the controller, setting out the subject-matter and duration of the processing, the nature and purposes of the processing, the type of personal data and categories of data subjects, taking into account the specific tasks and responsibilities of the processor in the context of the processing to be carried out and the risk to the rights and freedoms of the data subject. The controller and processor may choose to use an individual contract or standard contractual clauses which are adopted either directly by the Commission or by a supervisory authority in accordance with the consistency mechanism and then adopted by the Commission. After the completion of the processing on behalf of the controller, the processor should, at the choice of the controller, return or delete the personal data, unless there is a requirement to store the personal data under Union or Member State law to which the processor is subject.

da un'autorità di controllo in conformità del meccanismo di coerenza e successivamente dalla Commissione. Dopo il completamento del trattamento per conto del titolare del trattamento, il responsabile del trattamento dovrebbe, a scelta del titolare del trattamento, restituire o cancellare i dati personali salvo che il diritto dell'Unione o degli Stati membri cui è soggetto il responsabile del trattamento prescriva la conservazione dei dati personali.

82. Per dimostrare che si conforma al presente regolamento, il titolare del trattamento o il responsabile del trattamento dovrebbe tenere un registro delle attività di trattamento effettuate sotto la sua responsabilità. Sarebbe necessario obbligare tutti i titolari del trattamento e i responsabili del trattamento a cooperare con l'autorità di controllo e a mettere, su richiesta, detti registri a sua disposizione affinché possano servire per monitorare detti trattamenti.

83. Per mantenere la sicurezza e prevenire trattamenti in violazione al presente regolamento, il titolare del trattamento o il responsabile del trattamento dovrebbe valutare i rischi inerenti al trattamento e attuare misure per limitare tali rischi, quali la cifratura. Tali misure dovrebbero assicurare un adeguato livello di sicurezza, inclusa la riservatezza, tenuto conto dello stato dell'arte e dei costi di attuazione rispetto ai rischi che presentano i trattamenti e alla natura dei dati personali da proteggere. Nella valutazione del rischio per la sicurezza dei dati è opportuno tenere in considerazione i rischi presentati dal trattamento dei dati personali, come la distruzione accidentale o illegale, la perdita, la modifica, la rivelazione o l'accesso non autorizzati a dati personali trasmessi, conservati o comunque elaborati, che potrebbero cagionare in

82. In order to demonstrate compliance with this Regulation, the controller or processor should maintain records of processing activities under its responsibility. Each controller and processor should be obliged to cooperate with the supervisory authority and make those records, on request, available to it, so that it might serve for monitoring those processing operations.

83. In order to maintain security and to prevent processing in infringement of this Regulation, the controller or processor should evaluate the risks inherent in the processing and implement measures to mitigate those risks, such as encryption. Those measures should ensure an appropriate level of security, including confidentiality, taking into account the state of the art and the costs of implementation in relation to the risks and the nature of the personal data to be protected. In assessing data security risk, consideration should be given to the risks that are presented by personal data processing, such as accidental or unlawful destruction, loss, alteration, unauthorised disclosure of, or access to, personal data transmitted, stored or otherwise processed which may in particular lead to physical, material or non-material damage.

particolare un danno fisico, materiale o immateriale.

84. Per potenziare il rispetto del presente regolamento qualora i trattamenti possano presentare un rischio elevato per i diritti e le libertà delle persone fisiche, il titolare del trattamento dovrebbe essere responsabile dello svolgimento di una valutazione d'impatto sulla protezione dei dati per determinare, in particolare, l'origine, la natura, la particolarità e la gravità di tale rischio. L'esito della valutazione dovrebbe essere preso in considerazione nella determinazione delle opportune misure da adottare per dimostrare che il trattamento dei dati personali rispetta il presente regolamento. Laddove la valutazione d'impatto sulla protezione dei dati indichi che i trattamenti presentano un rischio elevato che il titolare del trattamento non può attenuare mediante misure opportune in termini di tecnologia disponibile e costi di attuazione, prima del trattamento si dovrebbe consultare l'autorità di controllo.

84. In order to enhance compliance with this Regulation where processing operations are likely to result in a high risk to the rights and freedoms of natural persons, the controller should be responsible for the carrying-out of a data protection impact assessment to evaluate, in particular, the origin, nature, particularity and severity of that risk. The outcome of the assessment should be taken into account when determining the appropriate measures to be taken in order to demonstrate that the processing of personal data complies with this Regulation. Where a data-protection impact assessment indicates that processing operations involve a high risk which the controller cannot mitigate by appropriate measures in terms of available technology and costs of implementation, a consultation of the supervisory authority should take place prior to the processing.

85. Una violazione dei dati personali può, se non affrontata in modo adeguato e tempestivo, provocare danni fisici, materiali o immateriali alle persone fisiche, ad esempio perdita del controllo dei dati personali che li riguardano o limitazione dei loro diritti, discriminazione, furto o usurpazione d'identità, perdite finanziarie, decifratura non autorizzata della pseudonimizzazione, pregiudizio alla reputazione, perdita di riservatezza dei dati personali protetti da segreto professionale o qualsiasi altro danno economico o sociale significativo alla persona fisica interessata. Pertanto, non appena viene a conoscenza di un'avvenuta violazione dei dati personali, il titolare del trattamento dovrebbe notificare la violazione dei dati personali all'autorità di controllo

85. A personal data breach may, if not addressed in an appropriate and timely manner, result in physical, material or non-material damage to natural persons such as loss of control over their personal data or limitation of their rights, discrimination, identity theft or fraud, financial loss, unauthorised reversal of pseudonymisation, damage to reputation, loss of confidentiality of personal data protected by professional secrecy or any other significant economic or social disadvantage to the natural person concerned. Therefore, as soon as the controller becomes aware that a personal data breach has occurred, the controller should notify the personal data breach to the supervisory authority without undue delay and, where feasible, not later than 72 hours after having become aware of it, unless the

competente, senza ingiustificato ritardo e, ove possibile, entro 72 ore dal momento in cui ne è venuto a conoscenza, a meno che il titolare del trattamento non sia in grado di dimostrare che, conformemente al principio di responsabilizzazione, è improbabile che la violazione dei dati personali presenti un rischio per i diritti e le libertà delle persone fisiche. Oltre il termine di 72 ore, tale notifica dovrebbe essere corredata delle ragioni del ritardo e le informazioni potrebbero essere fornite in fasi successive senza ulteriore ingiustificato ritardo.

86. Il titolare del trattamento dovrebbe comunicare all'interessato la violazione dei dati personali senza indebito ritardo, qualora questa violazione dei dati personali sia suscettibile di presentare un rischio elevato per i diritti e le libertà della persona fisica, al fine di consentirgli di prendere le precauzioni necessarie. La comunicazione dovrebbe descrivere la natura della violazione dei dati personali e formulare raccomandazioni per la persona fisica interessata intese ad attenuare i potenziali effetti negativi. Tali comunicazioni agli interessati dovrebbero essere effettuate non appena ragionevolmente possibile e in stretta collaborazione con l'autorità di controllo e nel rispetto degli orientamenti impartiti da questa o da altre autorità competenti quali le autorità incaricate dell'applicazione della legge. Ad esempio, la necessità di attenuare un rischio immediato di danno richiederebbe che la comunicazione agli interessati fosse tempestiva, ma la necessità di attuare opportune misure per contrastare violazioni di dati personali ripetute o analoghe potrebbe giustificare tempi più lunghi per la comunicazione.

87. È opportuno verificare se siano state messe in atto tutte le misure tecnologiche e organizzative adeguate

controller is able to demonstrate, in accordance with the accountability principle, that the personal data breach is unlikely to result in a risk to the rights and freedoms of natural persons. Where such notification cannot be achieved within 72 hours, the reasons for the delay should accompany the notification and information may be provided in phases without undue further delay.

86. The controller should communicate to the data subject a personal data breach, without undue delay, where that personal data breach is likely to result in a high risk to the rights and freedoms of the natural person in order to allow him or her to take the necessary precautions. The communication should describe the nature of the personal data breach as well as recommendations for the natural person concerned to mitigate potential adverse effects. Such communications to data subjects should be made as soon as reasonably feasible and in close cooperation with the supervisory authority, respecting guidance provided by it or by other relevant authorities such as law-enforcement authorities. For example, the need to mitigate an immediate risk of damage would call for prompt communication with data subjects whereas the need to implement appropriate measures against continuing or similar personal data breaches may justify more time for communication.

87. It should be ascertained whether all appropriate technological protection and organisational measures have been

di protezione per stabilire immediatamente se c'è stata violazione dei dati personali e informare tempestivamente l'autorità di controllo e l'interessato. È opportuno stabilire il fatto che la notifica sia stata trasmessa senza ingiustificato ritardo, tenendo conto in particolare della natura e della gravità della violazione dei dati personali e delle sue conseguenze e effetti negativi per l'interessato. Siffatta notifica può dar luogo a un intervento dell'autorità di controllo nell'ambito dei suoi compiti e poteri previsti dal presente regolamento.

88. Nel definire modalità dettagliate relative al formato e alle procedure applicabili alla notifica delle violazioni di dati personali, è opportuno tenere debitamente conto delle circostanze di tale violazione, ad esempio stabilire se i dati personali fossero o meno protetti con misure tecniche adeguate di protezione atte a limitare efficacemente il rischio di furto d'identità o altre forme di abuso. Inoltre, è opportuno che tali modalità e procedure tengano conto dei legittimi interessi delle autorità incaricate dell'applicazione della legge, qualora una divulgazione prematura possa ostacolare inutilmente l'indagine sulle circostanze di una violazione di dati personali.

89. La direttiva 95/46/CE ha introdotto un obbligo generale di notificare alle autorità di controllo il trattamento dei dati personali. Mentre tale obbligo comporta oneri amministrativi e finanziari, non ha sempre contribuito a migliorare la protezione dei dati personali. È pertanto opportuno abolire tali obblighi generali e indiscriminati di notifica e sostituirli con meccanismi e procedure efficaci che si concentrino piuttosto su quei tipi di trattamento che potenzialmente presentano un rischio elevato per i diritti e le libertà delle persone fisiche, per loro natura, ambito

implemented to establish immediately whether a personal data breach has taken place and to inform promptly the supervisory authority and the data subject. The fact that the notification was made without undue delay should be established taking into account in particular the nature and gravity of the personal data breach and its consequences and adverse effects for the data subject. Such notification may result in an intervention of the supervisory authority in accordance with its tasks and powers laid down in this Regulation.

88. In setting detailed rules concerning the format and procedures applicable to the notification of personal data breaches, due consideration should be given to the circumstances of that breach, including whether or not personal data had been protected by appropriate technical protection measures, effectively limiting the likelihood of identity fraud or other forms of misuse. Moreover, such rules and procedures should take into account the legitimate interests of law-enforcement authorities where early disclosure could unnecessarily hamper the investigation of the circumstances of a personal data breach.

89. Directive 95/46/EC provided for a general obligation to notify the processing of personal data to the supervisory authorities. While that obligation produces administrative and financial burdens, it did not in all cases contribute to improving the protection of personal data. Such indiscriminate general notification obligations should therefore be abolished, and replaced by effective procedures and mechanisms which focus instead on those types of processing operations which are likely to result in a high risk to the rights and freedoms of natural persons by virtue of

di applicazione, contesto e finalità. Tali tipi di trattamenti includono, in particolare, quelli che comportano l'utilizzo di nuove tecnologie o quelli che sono di nuovo tipo e in relazione ai quali il titolare del trattamento non ha ancora effettuato una valutazione d'impatto sulla protezione dei dati, o la valutazione d'impatto sulla protezione dei dati si riveli necessaria alla luce del tempo trascorso dal trattamento iniziale.

90. In tali casi, è opportuno che il titolare del trattamento effettui una valutazione d'impatto sulla protezione dei dati prima del trattamento, per valutare la particolare probabilità e gravità del rischio, tenuto conto della natura, dell'ambito di applicazione, del contesto e delle finalità del trattamento e delle fonti di rischio. La valutazione di impatto dovrebbe vertere, in particolare, anche sulle misure, sulle garanzie e sui meccanismi previsti per attenuare tale rischio assicurando la protezione dei dati personali e dimostrando la conformità al presente regolamento.

91. Ciò dovrebbe applicarsi in particolare ai trattamenti su larga scala, che mirano al trattamento di una notevole quantità di dati personali a livello regionale, nazionale o sovranazionale e che potrebbero incidere su un vasto numero di interessati e che potenzialmente presentano un rischio elevato, ad esempio, data la loro sensibilità, laddove, in conformità con il grado di conoscenze tecnologiche raggiunto, si utilizzi una nuova tecnologia su larga scala, nonché ad altri trattamenti che presentano un rischio elevato per i diritti e le libertà degli interessati, specialmente qualora tali trattamenti rendano più difficoltoso, per gli interessati, l'esercizio dei propri diritti. È opportuno altresì effettuare una valutazione d'impatto sulla protezione

their nature, scope, context and purposes. Such types of processing operations may be those which in, particular, involve using new technologies, or are of a new kind and where no data protection impact assessment has been carried out before by the controller, or where they become necessary in the light of the time that has elapsed since the initial processing.

90. In such cases, a data protection impact assessment should be carried out by the controller prior to the processing in order to assess the particular likelihood and severity of the high risk, taking into account the nature, scope, context and purposes of the processing and the sources of the risk. That impact assessment should include, in particular, the measures, safeguards and mechanisms envisaged for mitigating that risk, ensuring the protection of personal data and demonstrating compliance with this Regulation.

91. This should in particular apply to large-scale processing operations which aim to process a considerable amount of personal data at regional, national or supranational level and which could affect a large number of data subjects and which are likely to result in a high risk, for example, on account of their sensitivity, where in accordance with the achieved state of technological knowledge a new technology is used on a large scale as well as to other processing operations which result in a high risk to the rights and freedoms of data subjects, in particular where those operations render it more difficult for data subjects to exercise their rights. A data protection impact assessment should also be made where personal data are processed for taking decisions regarding specific natural persons following any systematic

dei dati nei casi in cui i dati personali sono trattati per adottare decisioni riguardanti determinate persone fisiche in seguito a una valutazione sistematica e globale di aspetti personali relativi alle persone fisiche, basata sulla profilazione di tali dati, o in seguito al trattamento di categorie particolari di dati personali, dati biometrici o dati relativi a condanne penali e reati o a connesse misure di sicurezza. Una valutazione d'impatto sulla protezione dei dati è altresì richiesta per la sorveglianza di zone accessibili al pubblico su larga scala, in particolare se effettuata mediante dispositivi optoelettronici, o per altri trattamenti che l'autorità di controllo competente ritiene possano presentare un rischio elevato per i diritti e le libertà degli interessati, specialmente perché impediscono a questi ultimi di esercitare un diritto o di avvalersi di un servizio o di un contratto, oppure perché sono effettuati sistematicamente su larga scala. Il trattamento di dati personali non dovrebbe essere considerato un trattamento su larga scala qualora riguardi dati personali di pazienti o clienti da parte di un singolo medico, operatore sanitario o avvocato. In tali casi non dovrebbe essere obbligatorio procedere a una valutazione d'impatto sulla protezione dei dati.

92. Vi sono circostanze in cui può essere ragionevole ed economico effettuare una valutazione d'impatto sulla protezione dei dati che verta su un oggetto più ampio di un unico progetto, per esempio quando autorità pubbliche o enti pubblici intendono istituire un'applicazione o una piattaforma di trattamento comuni o quando diversi titolari del trattamento progettano di introdurre un'applicazione o un ambiente di trattamento comuni in un settore o segmento industriale o per una

and extensive evaluation of personal aspects relating to natural persons based on profiling those data or following the processing of special categories of personal data, biometric data, or data on criminal convictions and offences or related security measures. A data protection impact assessment is equally required for monitoring publicly accessible areas on a large scale, especially when using optic-electronic devices or for any other operations where the competent supervisory authority considers that the processing is likely to result in a high risk to the rights and freedoms of data subjects, in particular because they prevent data subjects from exercising a right or using a service or a contract, or because they are carried out systematically on a large scale. The processing of personal data should not be considered to be on a large scale if the processing concerns personal data from patients or clients by an individual physician, other health care professional or lawyer. In such cases, a data protection impact assessment should not be mandatory.

92. There are circumstances under which it may be reasonable and economical for the subject of a data protection impact assessment to be broader than a single project, for example where public authorities or bodies intend to establish a common application or processing platform or where several controllers plan to introduce a common application or processing environment across an industry sector or segment or for a widely used horizontal activity.

attività trasversale ampiamente utilizzata.

93. In vista dell'adozione della legge degli Stati membri che disciplina i compiti dell'autorità pubblica o dell'organismo pubblico e lo specifico trattamento o insieme di trattamenti, gli Stati membri possono ritenere necessario effettuare tale valutazione prima di procedere alle attività di trattamento.

94. Se dalla valutazione d'impatto sulla protezione dei dati risulta che il trattamento, in mancanza delle garanzie, delle misure di sicurezza e dei meccanismi per attenuare il rischio, presenterebbe un rischio elevato per i diritti e le libertà delle persone fisiche e il titolare del trattamento è del parere che il rischio non possa essere ragionevolmente attenuato in termini di tecnologie disponibili e costi di attuazione, è opportuno consultare l'autorità di controllo prima dell'inizio delle attività di trattamento. Tale rischio elevato potrebbe scaturire da certi tipi di trattamento e dall'estensione e frequenza del trattamento, da cui potrebbe derivare altresì un danno o un'interferenza con i diritti e le libertà della persona fisica. L'autorità di controllo che riceve una richiesta di consultazione dovrebbe darvi seguito entro un termine determinato. Tuttavia, la mancanza di reazione dell'autorità di controllo entro tale termine dovrebbe far salvo ogni intervento della stessa nell'ambito dei suoi compiti e poteri previsti dal presente regolamento, compreso il potere di vietare i trattamenti. Nell'ambito di tale processo di consultazione, può essere presentato all'autorità di controllo il risultato di una valutazione d'impatto sulla protezione dei dati effettuata riguardo al trattamento in questione, in particolare le misure previste per attenuare il

93. In the context of the adoption of the Member State law on which the performance of the tasks of the public authority or public body is based and which regulates the specific processing operation or set of operations in question, Member States may deem it necessary to carry out such assessment prior to the processing activities.

94. Where a data protection impact assessment indicates that the processing would, in the absence of safeguards, security measures and mechanisms to mitigate the risk, result in a high risk to the rights and freedoms of natural persons and the controller is of the opinion that the risk cannot be mitigated by reasonable means in terms of available technologies and costs of implementation, the supervisory authority should be consulted prior to the start of processing activities. Such high risk is likely to result from certain types of processing and the extent and frequency of processing, which may result also in a realisation of damage or interference with the rights and freedoms of the natural person. The supervisory authority should respond to the request for consultation within a specified period. However, the absence of a reaction of the supervisory authority within that period should be without prejudice to any intervention of the supervisory authority in accordance with its tasks and powers laid down in this Regulation, including the power to prohibit processing operations. As part of that consultation process, the outcome of a data protection impact assessment carried out with regard to the processing at issue may be submitted to the supervisory authority, in particular the measures envisaged to mitigate the risk to the rights and freedoms of natural persons.

rischio per i diritti e le libertà delle persone fisiche.

95. Il responsabile del trattamento, se necessario e su richiesta, dovrebbe assistere il titolare del trattamento nel garantire il rispetto degli obblighi derivanti dallo svolgimento di una valutazione d'impatto sulla protezione dei dati e dalla previa consultazione dell'autorità di controllo.

96. L'autorità di controllo dovrebbe essere altresì consultata durante l'elaborazione di una misura legislativa o regolamentare che prevede il trattamento di dati personali al fine di garantire che il trattamento previsto rispetti il presente regolamento e, in particolare, che si attenui il rischio per l'interessato.

97. Per i trattamenti effettuati da un'autorità pubblica, eccettuate le autorità giurisdizionali o autorità giudiziarie indipendenti quando esercitano le loro funzioni giurisdizionali, o per i trattamenti effettuati nel settore privato da un titolare del trattamento le cui attività principali consistano in trattamenti che richiedono un monitoraggio regolare e sistematico degli interessati su larga scala, o ove le attività principali del titolare del trattamento o del responsabile del trattamento consistano nel trattamento su larga scala di categorie particolari di dati personali e di dati relativi alle condanne penali e ai reati, il titolare del trattamento o il responsabile del trattamento dovrebbe essere assistito da una persona che abbia una conoscenza specialistica della normativa e delle pratiche in materia di protezione dei dati nel controllo del rispetto a livello interno del presente regolamento. Nel settore privato le attività principali del titolare del trattamento riguardano le sue attività primarie ed esulano dal trattamento dei dati personali come attività accessoria. Il livello necessario di conoscenza

95. The processor should assist the controller, where necessary and upon request, in ensuring compliance with the obligations deriving from the carrying out of data protection impact assessments and from prior consultation of the supervisory authority.

96. A consultation of the supervisory authority should also take place in the course of the preparation of a legislative or regulatory measure which provides for the processing of personal data, in order to ensure compliance of the intended processing with this Regulation and in particular to mitigate the risk involved for the data subject.

97. Where the processing is carried out by a public authority, except for courts or independent judicial authorities when acting in their judicial capacity, where, in the private sector, processing is carried out by a controller whose core activities consist of processing operations that require regular and systematic monitoring of the data subjects on a large scale, or where the core activities of the controller or the processor consist of processing on a large scale of special categories of personal data and data relating to criminal convictions and offences, a person with expert knowledge of data protection law and practices should assist the controller or processor to monitor internal compliance with this Regulation. In the private sector, the core activities of a controller relate to its primary activities and do not relate to the processing of personal data as ancillary activities. The necessary level of expert knowledge should be determined in particular according to the data processing operations carried out and the protection required for the personal data processed by the controller or the processor. Such data protection officers, whether or not they are an

specialistica dovrebbe essere determinato in particolare in base ai trattamenti di dati effettuati e alla protezione richiesta per i dati personali trattati dal titolare del trattamento o dal responsabile del trattamento. Tali responsabili della protezione dei dati, dipendenti o meno del titolare del trattamento, dovrebbero poter adempiere alle funzioni e ai compiti loro incombenti in maniera indipendente.

98. Le associazioni o altre organizzazioni rappresentanti le categorie di titolari del trattamento o di responsabili del trattamento dovrebbero essere incoraggiate a elaborare codici di condotta, nei limiti del presente regolamento, in modo da facilitarne l'effettiva applicazione, tenendo conto delle caratteristiche specifiche dei trattamenti effettuati in alcuni settori e delle esigenze specifiche delle microimprese e delle piccole e medie imprese. In particolare, tali codici di condotta potrebbero calibrare gli obblighi dei titolari del trattamento e dei responsabili del trattamento, tenuto conto del potenziale rischio del trattamento per i diritti e le libertà delle persone fisiche.

99. Nell'elaborare un codice di condotta, o nel modificare o prorogare tale codice, le associazioni e gli altri organismi rappresentanti le categorie di titolari del trattamento o di responsabili del trattamento dovrebbero consultare le parti interessate pertinenti, compresi, quando possibile, gli interessati, e tener conto delle osservazioni ricevute e delle opinioni espresse in riscontro a tali consultazioni.

100. Al fine di migliorare la trasparenza e il rispetto del presente regolamento dovrebbe essere incoraggiata l'istituzione di meccanismi di certificazione e sigilli nonché marchi di protezione dei dati che consentano agli

employee of the controller, should be in a position to perform their duties and tasks in an independent manner.

98. Associations or other bodies representing categories of controllers or processors should be encouraged to draw up codes of conduct, within the limits of this Regulation, so as to facilitate the effective application of this Regulation, taking account of the specific characteristics of the processing carried out in certain sectors and the specific needs of micro, small and medium enterprises. In particular, such codes of conduct could calibrate the obligations of controllers and processors, taking into account the risk likely to result from the processing for the rights and freedoms of natural persons.

99. When drawing up a code of conduct, or when amending or extending such a code, associations and other bodies representing categories of controllers or processors should consult relevant stakeholders, including data subjects where feasible, and have regard to submissions received and views expressed in response to such consultations.

100. In order to enhance transparency and compliance with this Regulation, the establishment of certification mechanisms and data protection seals and marks should be encouraged, allowing data subjects to quickly assess

interessati di valutare rapidamente il livello di protezione dei dati dei relativi prodotti e servizi.

101. I flussi di dati personali verso e da paesi al di fuori dell'Unione e organizzazioni internazionali sono necessari per l'espansione del commercio internazionale e della cooperazione internazionale. L'aumento di tali flussi ha posto nuove sfide e problemi riguardanti la protezione dei dati personali. È opportuno però che, quando i dati personali sono trasferiti dall'Unione a titolari del trattamento e responsabili del trattamento o altri destinatari in paesi terzi o a organizzazioni internazionali, il livello di tutela delle persone fisiche assicurato nell'Unione dal presente regolamento non sia compromesso, anche nei casi di trasferimenti successivi dei dati personali dal paese terzo o dall'organizzazione internazionale verso titolari del trattamento e responsabili del trattamento nello stesso o in un altro paese terzo o presso un'altra organizzazione internazionale. In ogni caso, i trasferimenti verso paesi terzi e organizzazioni internazionali potrebbero essere effettuati soltanto nel pieno rispetto del presente regolamento. Il trasferimento potrebbe aver luogo soltanto se, fatte salve le altre disposizioni del presente regolamento, il titolare del trattamento o il responsabile del trattamento rispetta le condizioni stabilite dalle disposizioni del presente regolamento in relazione al trasferimento di dati personali verso paesi terzi o organizzazioni internazionali.

102. Il presente regolamento lascia impregiudicate le disposizioni degli accordi internazionali conclusi tra l'Unione e i paesi terzi che disciplinano il trasferimento di dati personali, comprese adeguate garanzie per gli interessati. Gli Stati membri possono concludere accordi internazionali che

the level of data protection of relevant products and services.

101. Flows of personal data to and from countries outside the Union and international organisations are necessary for the expansion of international trade and international cooperation. The increase in such flows has raised new challenges and concerns with regard to the protection of personal data. However, when personal data are transferred from the Union to controllers, processors or other recipients in third countries or to international organisations, the level of protection of natural persons ensured in the Union by this Regulation should not be undermined, including in cases of onward transfers of personal data from the third country or international organisation to controllers, processors in the same or another third country or international organisation. In any event, transfers to third countries and international organisations may only be carried out in full compliance with this Regulation. A transfer could take place only if, subject to the other provisions of this Regulation, the conditions laid down in the provisions of this Regulation relating to the transfer of personal data to third countries or international organisations are complied with by the controller or processor.

102. This Regulation is without prejudice to international agreements concluded between the Union and third countries regulating the transfer of personal data including appropriate safeguards for the data subjects. Member States may conclude international agreements which involve the transfer of

implicano il trasferimento di dati personali verso paesi terzi o organizzazioni internazionali, purché tali accordi non incidano sul presente regolamento o su qualsiasi altra disposizione del diritto dell'Unione e includano un adeguato livello di protezione per i diritti fondamentali degli interessati.

103. La Commissione può decidere, con effetto nell'intera Unione, che un paese terzo, un territorio o un settore specifico all'interno di un paese terzo, o un'organizzazione internazionale offrono un livello adeguato di protezione dei dati, garantendo in tal modo la certezza del diritto e l'uniformità in tutta l'Unione nei confronti del paese terzo o dell'organizzazione internazionale che si ritiene offra tale livello di protezione. In tali casi, i trasferimenti di dati personali verso tale paese terzo od organizzazione internazionale possono avere luogo senza ulteriori autorizzazioni. La Commissione può inoltre decidere, dopo aver fornito una dichiarazione completa che illustra le motivazioni al paese terzo o all'organizzazione internazionale, di revocare una tale decisione.

104. In linea con i valori fondamentali su cui è fondata l'Unione, in particolare la tutela dei diritti dell'uomo, è opportuno che la Commissione, nella sua valutazione del paese terzo, o di un territorio o di un settore specifico all'interno di un paese terzo, tenga conto del modo in cui tale paese rispetta lo stato di diritto, l'accesso alla giustizia e le norme e gli standard internazionali in materia di diritti dell'uomo, nonché la legislazione generale e settoriale riguardante segnatamente la sicurezza pubblica, la difesa e la sicurezza nazionale, come pure l'ordine pubblico e il diritto penale. L'adozione di una decisione di adeguatezza nei confronti di un territorio o di un settore specifico

personal data to third countries or international organisations, as far as such agreements do not affect this Regulation or any other provisions of Union law and include an appropriate level of protection for the fundamental rights of the data subjects.

103. The Commission may decide with effect for the entire Union that a third country, a territory or specified sector within a third country, or an international organisation, offers an adequate level of data protection, thus providing legal certainty and uniformity throughout the Union as regards the third country or international organisation which is considered to provide such level of protection. In such cases, transfers of personal data to that third country or international organisation may take place without the need to obtain any further authorisation. The Commission may also decide, having given notice and a full statement setting out the reasons to the third country or international organisation, to revoke such a decision.

104. In line with the fundamental values on which the Union is founded, in particular the protection of human rights, the Commission should, in its assessment of the third country, or of a territory or specified sector within a third country, take into account how a particular third country respects the rule of law, access to justice as well as international human rights norms and standards and its general and sectoral law, including legislation concerning public security, defence and national security as well as public order and criminal law. The adoption of an adequacy decision with regard to a territory or a specified sector in a third country should take into account clear and objective criteria, such as specific

all'interno di un paese terzo dovrebbe prendere in considerazione criteri chiari e obiettivi come specifiche attività di trattamento e l'ambito di applicazione delle norme giuridiche e degli atti legislativi applicabili in vigore nel paese terzo. Il paese terzo dovrebbe offrire garanzie di un adeguato livello di protezione sostanzialmente equivalente a quello assicurato all'interno dell'Unione, segnatamente quando i dati personali sono trattati in uno o più settori specifici. In particolare, il paese terzo dovrebbe assicurare un effettivo controllo indipendente della protezione dei dati e dovrebbe prevedere meccanismi di cooperazione con autorità di protezione dei dati degli Stati membri e agli interessati dovrebbero essere riconosciuti diritti effettivi e azionabili e un mezzo di ricorso effettivo in sede amministrativa e giudiziale.

105. Al di là degli impegni internazionali che il paese terzo o l'organizzazione internazionale hanno assunto, la Commissione dovrebbe tenere in considerazione gli obblighi derivanti dalla partecipazione del paese terzo o dell'organizzazione internazionale a sistemi multilaterali o regionali, soprattutto in relazione alla protezione dei dati personali, nonché all'attuazione di tali obblighi. In particolare si dovrebbe tenere in considerazione l'adesione dei paesi terzi alla convenzione del Consiglio d'Europa, del 28 gennaio 1981, sulla protezione delle persone rispetto al trattamento automatizzato di dati di carattere personale e relativo protocollo addizionale. La Commissione, nel valutare l'adeguatezza del livello di protezione nei paesi terzi o nelle organizzazioni internazionali, dovrebbe consultare il comitato.

106. È opportuno che la Commissione controlli il funzionamento delle decisioni sul livello di protezione in un

processing activities and the scope of applicable legal standards and legislation in force in the third country. The third country should offer guarantees ensuring an adequate level of protection essentially equivalent to that ensured within the Union, in particular where personal data are processed in one or several specific sectors. In particular, the third country should ensure effective independent data protection supervision and should provide for cooperation mechanisms with the Member States' data protection authorities, and the data subjects should be provided with effective and enforceable rights and effective administrative and judicial redress.

105. Apart from the international commitments the third country or international organisation has entered into, the Commission should take account of obligations arising from the third country's or international organisation's participation in multilateral or regional systems in particular in relation to the protection of personal data, as well as the implementation of such obligations. In particular, the third country's accession to the Council of Europe Convention of 28 January 1981 for the Protection of Individuals with regard to the Automatic Processing of Personal Data and its Additional Protocol should be taken into account. The Commission should consult the Board when assessing the level of protection in third countries or international organisations.

106. The Commission should monitor the functioning of decisions on the level of protection in a third country, a territory

paese terzo, in un territorio o settore specifico all'interno di un paese terzo, o un'organizzazione internazionale, e monitorare il funzionamento delle decisioni adottate sulla base dell'articolo 25, paragrafo 6, o dell'articolo 26, paragrafo 4, della direttiva 95/46/CE. Nella sua decisione di adeguatezza, la Commissione dovrebbe prevedere un meccanismo di riesame periodico del loro funzionamento. Tale riesame periodico dovrebbe essere effettuato in consultazione con il paese terzo o l'organizzazione internazionale in questione e tenere conto di tutti gli sviluppi pertinenti nel paese terzo o nell'organizzazione internazionale. Ai fini del controllo e dello svolgimento dei riesami periodici, la Commissione dovrebbe tener conto delle posizioni e delle conclusioni del Parlamento europeo e del Consiglio, nonché di altri organismi e fonti pertinenti. La Commissione dovrebbe valutare, entro un termine ragionevole, il funzionamento di tali ultime decisioni e riferire eventuali riscontri pertinenti al comitato ai sensi del regolamento UE. n. 182/2011 del Parlamento europeo e del Consiglio 12., come stabilito a norma del presente regolamento, al Parlamento europeo e al Consiglio.

107.	La Commissione può riconoscere che un paese terzo, un territorio o un settore specifico all'interno di un paese terzo, o un'organizzazione internazionale non garantiscono più un livello adeguato di protezione dei dati. Di conseguenza il trasferimento di dati personali verso tale paese terzo od organizzazione internazionale dovrebbe essere vietato, a meno che non siano soddisfatti i requisiti di cui al presente regolamento relativamente ai trasferimenti sottoposti a garanzie adeguate, comprese norme vincolanti d'impresa, e a deroghe per situazioni particolari. In tal caso è opportuno

or specified sector within a third country, or an international organisation, and monitor the functioning of decisions adopted on the basis of Article 256. or Article 264. of Directive 95/46/EC. In its adequacy decisions, the Commission should provide for a periodic review mechanism of their functioning. That periodic review should be conducted in consultation with the third country or international organisation in question and take into account all relevant developments in the third country or international organisation. For the purposes of monitoring and of carrying out the periodic reviews, the Commission should take into consideration the views and findings of the European Parliament and of the Council as well as of other relevant bodies and sources. The Commission should evaluate, within a reasonable time, the functioning of the latter decisions and report any relevant findings to the Committee within the meaning of Regulation EU. No 182/2011 of the European Parliament and of the Council 12. as established under this Regulation, to the European Parliament and to the Council.

107.	The Commission may recognise that a third country, a territory or a specified sector within a third country, or an international organisation no longer ensures an adequate level of data protection. Consequently the transfer of personal data to that third country or international organisation should be prohibited, unless the requirements in this Regulation relating to transfers subject to appropriate safeguards, including binding corporate rules, and derogations for specific situations are fulfilled. In that case, provision should be made for consultations between the Commission and such third countries or

prevedere consultazioni tra la Commissione e detti paesi terzi o organizzazioni internazionali. La Commissione dovrebbe informare tempestivamente il paese terzo o l'organizzazione internazionale dei motivi e avviare consultazioni con questi al fine di risolvere la situazione.

108. In mancanza di una decisione di adeguatezza, il titolare del trattamento o il responsabile del trattamento dovrebbe provvedere a compensare la carenza di protezione dei dati in un paese terzo con adeguate garanzie a tutela dell'interessato. Tali adeguate garanzie possono consistere nell'applicazione di norme vincolanti d'impresa, clausole tipo di protezione dei dati adottate dalla Commissione, clausole tipo di protezione dei dati adottate da un'autorità di controllo o clausole contrattuali autorizzate da un'autorità di controllo. Tali garanzie dovrebbero assicurare un rispetto dei requisiti in materia di protezione dei dati e dei diritti degli interessati adeguato ai trattamenti all'interno dell'Unione, compresa la disponibilità di diritti azionabili degli interessati e di mezzi di ricorso effettivi, fra cui il ricorso effettivo in sede amministrativa o giudiziale e la richiesta di risarcimento, nell'Unione o in un paese terzo. Esse dovrebbero riguardare, in particolare, la conformità rispetto ai principi generali in materia di trattamento dei dati personali e ai principi di protezione dei dati fin dalla progettazione e di protezione dei dati di default. I trasferimenti possono essere effettuati anche da autorità pubbliche o organismi pubblici ad autorità pubbliche o organismi pubblici di paesi terzi, o organizzazioni internazionali con analoghi compiti o funzioni, anche sulla base di disposizioni da inserire in accordi amministrativi, quali un memorandum d'intesa, che prevedano per gli interessati diritti effettivi e

international organisations. The Commission should, in a timely manner, inform the third country or international organisation of the reasons and enter into consultations with it in order to remedy the situation.

108. In the absence of an adequacy decision, the controller or processor should take measures to compensate for the lack of data protection in a third country by way of appropriate safeguards for the data subject. Such appropriate safeguards may consist of making use of binding corporate rules, standard data protection clauses adopted by the Commission, standard data protection clauses adopted by a supervisory authority or contractual clauses authorised by a supervisory authority. Those safeguards should ensure compliance with data protection requirements and the rights of the data subjects appropriate to processing within the Union, including the availability of enforceable data subject rights and of effective legal remedies, including to obtain effective administrative or judicial redress and to claim compensation, in the Union or in a third country. They should relate in particular to compliance with the general principles relating to personal data processing, the principles of data protection by design and by default. Transfers may also be carried out by public authorities or bodies with public authorities or bodies in third countries or with international organisations with corresponding duties or functions, including on the basis of provisions to be inserted into administrative arrangements, such as a memorandum of understanding, providing for enforceable and effective rights for data subjects. Authorisation by the competent supervisory authority should be obtained when the safeguards are provided for in administrative

60

azionabili. L'autorizzazione dell'autorità di controllo competente dovrebbe essere ottenuta quando le garanzie sono offerte nell'ambito di accordi amministrativi giuridicamente non vincolanti.

arrangements that are not legally binding.

109. La possibilità che il titolare del trattamento o il responsabile del trattamento utilizzi clausole tipo di protezione dei dati adottate dalla Commissione o da un'autorità di controllo non dovrebbe precludere ai titolari del trattamento o ai responsabili del trattamento la possibilità di includere tali clausole tipo in un contratto più ampio, anche in un contratto tra il responsabile del trattamento e un altro responsabile del trattamento, né di aggiungere altre clausole o garanzie supplementari, purché non contraddicano, direttamente o indirettamente, le clausole contrattuali tipo adottate dalla Commissione o da un'autorità di controllo o ledano i diritti o le libertà fondamentali degli interessati. I titolari del trattamento e i responsabili del trattamento dovrebbero essere incoraggiati a fornire garanzie supplementari attraverso impegni contrattuali che integrino le clausole tipo di protezione.

109. The possibility for the controller or processor to use standard data-protection clauses adopted by the Commission or by a supervisory authority should prevent controllers or processors neither from including the standard data-protection clauses in a wider contract, such as a contract between the processor and another processor, nor from adding other clauses or additional safeguards provided that they do not contradict, directly or indirectly, the standard contractual clauses adopted by the Commission or by a supervisory authority or prejudice the fundamental rights or freedoms of the data subjects. Controllers and processors should be encouraged to provide additional safeguards via contractual commitments that supplement standard protection clauses.

110. Un gruppo imprenditoriale o un gruppo di imprese che svolge un'attività economica comune dovrebbe poter applicare le norme vincolanti d'impresa approvate per i trasferimenti internazionali dall'Unione agli organismi dello stesso gruppo imprenditoriale o gruppo d'imprese che svolge un'attività economica comune, purché tali norme contemplino tutti i principi fondamentali e diritti azionabili che costituiscano adeguate garanzie per i trasferimenti o categorie di trasferimenti di dati personali.

110. A group of undertakings, or a group of enterprises engaged in a joint economic activity, should be able to make use of approved binding corporate rules for its international transfers from the Union to organisations within the same group of undertakings, or group of enterprises engaged in a joint economic activity, provided that such corporate rules include all essential principles and enforceable rights to ensure appropriate safeguards for transfers or categories of transfers of personal data.

111. È opportuno prevedere la possibilità di trasferire dati in alcune

111. Provisions should be made for the possibility for transfers in certain

circostanze se l'interessato ha esplicitamente acconsentito, se il trasferimento è occasionale e necessario in relazione a un contratto o un'azione legale, che sia in sede giudiziale, amministrativa o stragiudiziale, compresi i procedimenti dinanzi alle autorità di regolamentazione. È altresì opportuno prevedere la possibilità di trasferire dati se sussistono motivi di rilevante interesse pubblico previsti dal diritto dell'Unione o degli Stati membri o se i dati sono trasferiti da un registro stabilito per legge e destinato a essere consultato dal pubblico o dalle persone aventi un legittimo interesse. In quest'ultimo caso, il trasferimento non dovrebbe riguardare la totalità dei dati personali o delle categorie di dati contenuti nel registro; inoltre, quando il registro è destinato a essere consultato dalle persone aventi un legittimo interesse, i dati possono essere trasferiti soltanto se tali persone lo richiedono o ne sono destinatarie, tenendo pienamente conto degli interessi e dei diritti fondamentali dell'interessato.

112. Tali deroghe dovrebbero in particolare valere per i trasferimenti di dati richiesti e necessari per importanti motivi di interesse pubblico, ad esempio nel caso di scambio internazionale di dati tra autorità garanti della concorrenza, amministrazioni fiscali o doganali, autorità di controllo finanziario, servizi competenti in materia di sicurezza sociale o sanità pubblica, ad esempio in caso di ricerca di contatti per malattie contagiose o al fine di ridurre e/o eliminare il doping nello sport. Il trasferimento di dati personali dovrebbe essere altresì considerato lecito quando è necessario per salvaguardare un interesse che è essenziale per gli interessi vitali dell'interessato o di un'altra persona, comprese la vita o l'integrità fisica,

circumstances where the data subject has given his or her explicit consent, where the transfer is occasional and necessary in relation to a contract or a legal claim, regardless of whether in a judicial procedure or whether in an administrative or any out-of-court procedure, including procedures before regulatory bodies. Provision should also be made for the possibility for transfers where important grounds of public interest laid down by Union or Member State law so require or where the transfer is made from a register established by law and intended for consultation by the public or persons having a legitimate interest. In the latter case, such a transfer should not involve the entirety of the personal data or entire categories of the data contained in the register and, when the register is intended for consultation by persons having a legitimate interest, the transfer should be made only at the request of those persons or, if they are to be the recipients, taking into full account the interests and fundamental rights of the data subject.

112. Those derogations should in particular apply to data transfers required and necessary for important reasons of public interest, for example in cases of international data exchange between competition authorities, tax or customs administrations, between financial supervisory authorities, between services competent for social security matters, or for public health, for example in the case of contact tracing for contagious diseases or in order to reduce and/or eliminate doping in sport. A transfer of personal data should also be regarded as lawful where it is necessary to protect an interest which is essential for the data subject's or another person's vital interests, including physical integrity or life, if the data subject is incapable of giving consent. In the

qualora l'interessato si trovi nell'incapacità di prestare il proprio consenso. In mancanza di una decisione di adeguatezza, il diritto dell'Unione o degli Stati membri può, per importanti motivi di interesse pubblico, fissare espressamente limiti al trasferimento di categorie specifiche di dati verso un paese terzo o un'organizzazione internazionale. Gli Stati membri dovrebbero notificare tali disposizioni alla Commissione. Qualunque trasferimento a un'organizzazione internazionale umanitaria di dati personali di un interessato che si trovi nell'incapacità fisica o giuridica di prestare il proprio consenso ai fini dell'esecuzione di un compito derivante dalle convenzioni di Ginevra o al fine di rispettare il diritto internazionale umanitario applicabile nei conflitti armati potrebbe essere considerato necessario per importanti motivi di interesse pubblico o nell'interesse vitale dell'interessato.

absence of an adequacy decision, Union or Member State law may, for important reasons of public interest, expressly set limits to the transfer of specific categories of data to a third country or an international organisation. Member States should notify such provisions to the Commission. Any transfer to an international humanitarian organisation of personal data of a data subject who is physically or legally incapable of giving consent, with a view to accomplishing a task incumbent under the Geneva Conventions or to complying with international humanitarian law applicable in armed conflicts, could be considered to be necessary for an important reason of public interest or because it is in the vital interest of the data subject.

113. Potrebbero altresì essere autorizzati i trasferimenti qualificabili come non ripetitivi e riguardanti soltanto un numero limitato di interessati ai fini del perseguimento degli interessi legittimi cogenti del titolare del trattamento, a meno che non prevalgano gli interessi o i diritti e le libertà dell'interessato e qualora il titolare del trattamento abbia valutato tutte le circostanze relative al trasferimento. Il titolare del trattamento dovrebbe considerare con particolare attenzione la natura dei dati personali, la finalità e la durata del trattamento o dei trattamenti proposti, nonché la situazione nel paese d'origine, nel paese terzo e nel paese di destinazione finale, e dovrebbe offrire garanzie adeguate per la tutela dei diritti e delle libertà fondamentali delle persone fisiche con riguardo al trattamento dei loro dati personali. Tali trasferimenti dovrebbero essere

113. Transfers which can be qualified as not repetitive and that only concern a limited number of data subjects, could also be possible for the purposes of the compelling legitimate interests pursued by the controller, when those interests are not overridden by the interests or rights and freedoms of the data subject and when the controller has assessed all the circumstances surrounding the data transfer. The controller should give particular consideration to the nature of the personal data, the purpose and duration of the proposed processing operation or operations, as well as the situation in the country of origin, the third country and the country of final destination, and should provide suitable safeguards to protect fundamental rights and freedoms of natural persons with regard to the processing of their personal data. Such transfers should be possible only in residual cases where none of the other grounds for transfer are applicable.

ammessi soltanto nei casi residui in cui nessuno degli altri presupposti per il trasferimento è applicabile. Per finalità di ricerca scientifica o storica o a fini statistici, è opportuno tener conto delle legittime aspettative della società nei confronti di un miglioramento delle conoscenze. Il titolare del trattamento dovrebbe informare l'autorità di controllo e l'interessato in merito al trasferimento.

For scientific or historical research purposes or statistical purposes, the legitimate expectations of society for an increase of knowledge should be taken into consideration. The controller should inform the supervisory authority and the data subject about the transfer.

114. In ogni caso, se la Commissione non ha adottato alcuna decisione circa il livello adeguato di protezione dei dati di un paese terzo, il titolare del trattamento o il responsabile del trattamento dovrebbe ricorrere a soluzioni che diano all'interessato diritti effettivi e azionabili in relazione al trattamento dei suoi dati personali nell'Unione, dopo il trasferimento, così da continuare a beneficiare dei diritti fondamentali e delle garanzie.

114. In any case, where the Commission has taken no decision on the adequate level of data protection in a third country, the controller or processor should make use of solutions that provide data subjects with enforceable and effective rights as regards the processing of their data in the Union once those data have been transferred so that that they will continue to benefit from fundamental rights and safeguards.

115. Alcuni paesi terzi adottano leggi, regolamenti e altri atti normativi finalizzati a disciplinare direttamente le attività di trattamento di persone fisiche e giuridiche poste sotto la giurisdizione degli Stati membri. Essi possono includere le sentenze di autorità giurisdizionali o le decisioni di autorità amministrative di paesi terzi che dispongono il trasferimento o la comunicazione di dati personali da parte di un titolare del trattamento o di un responsabile del trattamento e non sono basate su un accordo internazionale in vigore tra il paese terzo richiedente e l'Unione o un suo Stato membro, ad esempio un trattato di mutua assistenza giudiziaria. L'applicazione extraterritoriale di tali leggi, regolamenti e altri atti normativi potrebbe essere contraria al diritto internazionale e ostacolare il conseguimento della protezione delle persone fisiche assicurata nell'Unione con il presente regolamento. I trasferimenti dovrebbero quindi essere

115. Some third countries adopt laws, regulations and other legal acts which purport to directly regulate the processing activities of natural and legal persons under the jurisdiction of the Member States. This may include judgments of courts or tribunals or decisions of administrative authorities in third countries requiring a controller or processor to transfer or disclose personal data, and which are not based on an international agreement, such as a mutual legal assistance treaty, in force between the requesting third country and the Union or a Member State. The extraterritorial application of those laws, regulations and other legal acts may be in breach of international law and may impede the attainment of the protection of natural persons ensured in the Union by this Regulation. Transfers should only be allowed where the conditions of this Regulation for a transfer to third countries are met. This may be the case, inter alia, where disclosure is necessary for an important ground of public

consentiti solo se ricorrono le condizioni previste dal presente regolamento per i trasferimenti a paesi terzi. Ciò vale, tra l'altro, quando la comunicazione è necessaria per un rilevante motivo di interesse pubblico riconosciuto dal diritto dell'Unione o degli Stati membri cui è soggetto il titolare del trattamento.

116.   Con i trasferimenti transfrontalieri di dati personali al di fuori dell'Unione potrebbe aumentare il rischio che la persona fisica non possa esercitare il proprio diritto alla protezione dei dati, in particolare per tutelarsi da usi o comunicazioni illeciti di tali informazioni. Allo stesso tempo, le autorità di controllo possono concludere di non essere in grado di dar corso ai reclami o svolgere indagini relative ad attività condotte oltre frontiera. I loro sforzi di collaborazione nel contesto transfrontaliero possono anche essere ostacolati dall'insufficienza di poteri per prevenire e correggere, da regimi giuridici incoerenti e da difficoltà pratiche quali la limitatezza delle risorse disponibili. Pertanto vi è la necessità di promuovere una più stretta cooperazione tra le autorità di controllo della protezione dei dati affinché possano scambiare informazioni e condurre indagini di concerto con le loro controparti internazionali. Al fine di sviluppare meccanismi di cooperazione internazionale per agevolare e prestare mutua assistenza a livello internazionale nell'applicazione della legislazione sulla protezione dei dati personali, la Commissione e le autorità di controllo dovrebbero scambiare informazioni e cooperare, nell'ambito di attività connesse con l'esercizio dei loro poteri, con le autorità competenti in paesi terzi, sulla base della reciprocità e in conformità del presente regolamento.

interest recognised in Union or Member State law to which the controller is subject.

116.   When personal data moves across borders outside the Union it may put at increased risk the ability of natural persons to exercise data protection rights in particular to protect themselves from the unlawful use or disclosure of that information. At the same time, supervisory authorities may find that they are unable to pursue complaints or conduct investigations relating to the activities outside their borders. Their efforts to work together in the cross-border context may also be hampered by insufficient preventative or remedial powers, inconsistent legal regimes, and practical obstacles like resource constraints. Therefore, there is a need to promote closer cooperation among data protection supervisory authorities to help them exchange information and carry out investigations with their international counterparts. For the purposes of developing international cooperation mechanisms to facilitate and provide international mutual assistance for the enforcement of legislation for the protection of personal data, the Commission and the supervisory authorities should exchange information and cooperate in activities related to the exercise of their powers with competent authorities in third countries, based on reciprocity and in accordance with this Regulation.

117. L'istituzione di autorità di controllo a cui è conferito il potere di eseguire i loro compiti ed esercitare i loro poteri in totale indipendenza in ciascuno Stato membro è un elemento essenziale della protezione delle persone fisiche con riguardo al trattamento dei loro dati personali. Gli Stati membri dovrebbero poter istituire più di una autorità di controllo, al fine di rispecchiare la loro struttura costituzionale, organizzativa e amministrativa.

118. L'indipendenza delle autorità di controllo non dovrebbe significare che tali autorità non possano essere assoggettate a meccanismi di controllo o monitoraggio con riguardo alle loro spese o a controllo giurisdizionale.

119. Laddove siano istituite più autorità di controllo, lo Stato membro dovrebbe stabilire per legge meccanismi atti ad assicurare la partecipazione effettiva di dette autorità al meccanismo di coerenza. Lo Stato membro dovrebbe in particolare designare l'autorità di controllo che funge da punto di contatto unico per l'effettiva partecipazione di tutte le autorità al meccanismo, onde garantire la rapida e agevole cooperazione con altre autorità di controllo, il comitato e la Commissione.

120. Ciascuna autorità di controllo dovrebbe disporre delle risorse umane e finanziarie, dei locali e delle infrastrutture necessari per l'effettivo adempimento dei propri compiti, compresi quelli di assistenza reciproca e cooperazione con altre autorità di controllo in tutta l'Unione. Ciascuna autorità di controllo dovrebbe disporre di un bilancio annuale, separato e pubblico, che può far parte del bilancio generale statale o nazionale.

121. Le condizioni generali applicabili al membro o ai membri dell'autorità di controllo dovrebbero essere stabilite

117. The establishment of supervisory authorities in Member States, empowered to perform their tasks and exercise their powers with complete independence, is an essential component of the protection of natural persons with regard to the processing of their personal data. Member States should be able to establish more than one supervisory authority, to reflect their constitutional, organisational and administrative structure.

118. The independence of supervisory authorities should not mean that the supervisory authorities cannot be subject to control or monitoring mechanisms regarding their financial expenditure or to judicial review.

119. Where a Member State establishes several supervisory authorities, it should establish by law mechanisms for ensuring the effective participation of those supervisory authorities in the consistency mechanism. That Member State should in particular designate the supervisory authority which functions as a single contact point for the effective participation of those authorities in the mechanism, to ensure swift and smooth cooperation with other supervisory authorities, the Board and the Commission.

120. Each supervisory authority should be provided with the financial and human resources, premises and infrastructure necessary for the effective performance of their tasks, including those related to mutual assistance and cooperation with other supervisory authorities throughout the Union. Each supervisory authority should have a separate, public annual budget, which may be part of the overall state or national budget.

121. The general conditions for the member or members of the supervisory authority should be laid down by law in

per legge da ciascuno Stato membro e dovrebbero in particolare prevedere che tali membri devono essere nominati, attraverso una procedura trasparente, dal parlamento, dal governo o dal capo di Stato dello Stato membro, sulla base di una proposta del governo, di un membro del governo, del parlamento o di una sua camera, o da un organismo indipendente incaricato ai sensi del diritto degli Stati membri. Al fine di assicurare l'indipendenza dell'autorità di controllo, è opportuno che il membro o i membri di tale autorità agiscano con integrità, si astengano da qualunque azione incompatibile con le loro funzioni e, per tutta la durata del mandato, non esercitino alcuna altra attività incompatibile, remunerata o meno. L'autorità di controllo dovrebbe disporre di proprio personale, scelto dalla stessa autorità di controllo o da un organismo indipendente istituito ai sensi del diritto degli Stati membri, che dovrebbe essere soggetto alla direzione esclusiva del membro o dei membri dell'autorità di controllo.

122. Ogni autorità di controllo dovrebbe avere la competenza, nel territorio del proprio Stato membro, a esercitare i poteri e ad assolvere i compiti a essa attribuiti a norma del presente regolamento. Ciò dovrebbe comprendere in particolare il trattamento nell'ambito delle attività di uno stabilimento del titolare del trattamento o del responsabile del trattamento sul territorio del proprio Stato membro, il trattamento di dati personali effettuato dalle pubbliche autorità o dagli organismi privati che agiscono nel pubblico interesse, il trattamento riguardante gli interessati nel suo territorio o il trattamento effettuato da un titolare del trattamento o da un responsabile del trattamento non stabilito nell'Unione europea riguardante interessati non residenti nel suo territorio. Ciò

each Member State and should in particular provide that those members are to be appointed, by means of a transparent procedure, either by the parliament, government or the head of State of the Member State on the basis of a proposal from the government, a member of the government, the parliament or a chamber of the parliament, or by an independent body entrusted under Member State law. In order to ensure the independence of the supervisory authority, the member or members should act with integrity, refrain from any action that is incompatible with their duties and should not, during their term of office, engage in any incompatible occupation, whether gainful or not. The supervisory authority should have its own staff, chosen by the supervisory authority or an independent body established by Member State law, which should be subject to the exclusive direction of the member or members of the supervisory authority.

122. Each supervisory authority should be competent on the territory of its own Member State to exercise the powers and to perform the tasks conferred on it in accordance with this Regulation. This should cover in particular the processing in the context of the activities of an establishment of the controller or processor on the territory of its own Member State, the processing of personal data carried out by public authorities or private bodies acting in the public interest, processing affecting data subjects on its territory or processing carried out by a controller or processor not established in the Union when targeting data subjects residing on its territory. This should include handling complaints lodged by a data subject, conducting investigations on the application of this Regulation and promoting public awareness of the risks,

dovrebbe includere l'esame dei reclami proposti dall'interessato, lo svolgimento di indagini sull'applicazione del regolamento e la promozione della sensibilizzazione del pubblico riguardo ai rischi, alle norme, alle garanzie e ai diritti relativi al trattamento dei dati personali.

123. Le autorità di controllo dovrebbero controllare l'applicazione delle disposizioni del presente regolamento e contribuire alla sua coerente applicazione in tutta l'Unione, così da tutelare le persone fisiche in relazione al trattamento dei loro dati personali e facilitare la libera circolazione di tali dati nel mercato interno. A tal fine, le autorità di controllo dovrebbero cooperare tra loro e con la Commissione, senza che siano necessari accordi tra gli Stati membri sulla mutua assistenza o su tale tipo di cooperazione.

124. Qualora il trattamento dei dati personali abbia luogo nell'ambito delle attività di uno stabilimento di un titolare del trattamento o di un responsabile del trattamento nell'Unione e il titolare del trattamento o il responsabile del trattamento sia stabilito in più di uno Stato membro o qualora il trattamento effettuato nell'ambito delle attività dello stabilimento unico di un titolare del trattamento o responsabile del trattamento nell'Unione incida o possa verosimilmente incidere in modo sostanziale su interessati in più di uno Stato membro, l'autorità di controllo dello stabilimento principale del titolare del trattamento o del responsabile del trattamento o dello stabilimento unico del titolare del trattamento o del responsabile del trattamento dovrebbe fungere da autorità capofila. Essa dovrebbe cooperare con le altre autorità interessate perché il titolare del

rules, safeguards and rights in relation to the processing of personal data.

123. The supervisory authorities should monitor the application of the provisions pursuant to this Regulation and contribute to its consistent application throughout the Union, in order to protect natural persons in relation to the processing of their personal data and to facilitate the free flow of personal data within the internal market. For that purpose, the supervisory authorities should cooperate with each other and with the Commission, without the need for any agreement between Member States on the provision of mutual assistance or on such cooperation.

124. Where the processing of personal data takes place in the context of the activities of an establishment of a controller or a processor in the Union and the controller or processor is established in more than one Member State, or where processing taking place in the context of the activities of a single establishment of a controller or processor in the Union substantially affects or is likely to substantially affect data subjects in more than one Member State, the supervisory authority for the main establishment of the controller or processor or for the single establishment of the controller or processor should act as lead authority. It should cooperate with the other authorities concerned, because the controller or processor has an establishment on the territory of their Member State, because data subjects residing on their territory are substantially affected, or because a complaint has been lodged with them. Also where a data subject not residing in

trattamento o il responsabile del trattamento ha uno stabilimento nel territorio dei loro Stati membri, perché il trattamento incide in modo sostanziale sugli interessati residenti nel loro territorio o perché è stato proposto loro un reclamo. Anche in caso di reclamo proposto da un interessato non residente in tale Stato membro, l'autorità di controllo cui è stato proposto detto reclamo dovrebbe essere considerata un'autorità di controllo interessata. Nell'ambito del suo compito di rilascio di linee guida su qualsiasi questione relativa all'applicazione del presente regolamento, il comitato dovrebbe essere in grado di pubblicare linee guida in particolare sui criteri da prendere in considerazione per accertare se il trattamento in questione incida in modo sostanziale su interessati in più di uno Stato membro e su cosa costituisca obiezione pertinente e motivata.

125. L'autorità capofila dovrebbe essere competente per l'adozione di decisioni vincolanti riguardanti misure di applicazione dei poteri di cui gode a norma del presente regolamento. Nella sua qualità di autorità capofila, l'autorità di controllo dovrebbe coinvolgere e coordinare strettamente le autorità di controllo interessate nel processo decisionale. In caso di decisione di rigetto del reclamo dell'interessato, in tutto o in parte, tale decisione dovrebbe essere adottata dall'autorità di controllo a cui il reclamo è stato proposto.

126. La decisione dovrebbe essere adottata congiuntamente dall'autorità di controllo capofila e dalle autorità di controllo interessate e dovrebbe essere rivolta allo stabilimento principale o unico del titolare del trattamento o del responsabile del trattamento ed essere vincolante per il titolare del trattamento e il responsabile del trattamento. Il titolare del trattamento

that Member State has lodged a complaint, the supervisory authority with which such complaint has been lodged should also be a supervisory authority concerned. Within its tasks to issue guidelines on any question covering the application of this Regulation, the Board should be able to issue guidelines in particular on the criteria to be taken into account in order to ascertain whether the processing in question substantially affects data subjects in more than one Member State and on what constitutes a relevant and reasoned objection.

125. The lead authority should be competent to adopt binding decisions regarding measures applying the powers conferred on it in accordance with this Regulation. In its capacity as lead authority, the supervisory authority should closely involve and coordinate the supervisory authorities concerned in the decision-making process. Where the decision is to reject the complaint by the data subject in whole or in part, that decision should be adopted by the supervisory authority with which complaint has been lodged.

126. The decision should be agreed jointly by the lead supervisory authority and the supervisory authorities concerned and should be directed towards the main or single establishment of the controller or processor and be binding on the controller and processor. The controller or processor should take the necessary measures to ensure compliance with this Regulation and the

o il responsabile del trattamento dovrebbe adottare le misure necessarie per garantire la conformità al presente regolamento e l'attuazione della decisione notificata dall'autorità di controllo capofila allo stabilimento principale del titolare del trattamento o del responsabile del trattamento per quanto riguarda le attività di trattamento nell'Unione.

127. Ogni autorità di controllo che non agisce in qualità di autorità di controllo capofila dovrebbe essere competente a trattare casi locali qualora il titolare del trattamento o il responsabile del trattamento sia stabilito in più di uno Stato membro, ma l'oggetto dello specifico trattamento riguardi unicamente il trattamento effettuato in un singolo Stato membro e coinvolga soltanto interessati in tale singolo Stato membro, ad esempio quando l'oggetto riguardi il trattamento di dati personali di dipendenti nell'ambito di specifici rapporti di lavoro in uno Stato membro. In tali casi, l'autorità di controllo dovrebbe informare senza indugio l'autorità di controllo capofila sulla questione. Dopo essere stata informata, l'autorità di controllo capofila dovrebbe decidere se intende trattare il caso a norma della disposizione sulla cooperazione tra l'autorità di controllo capofila e altre autorità di controllo interessate «meccanismo dello sportello unico»., ovvero se l'autorità di controllo che l'ha informata debba trattarlo a livello locale. Al momento di decidere se intende trattare il caso, l'autorità di controllo capofila dovrebbe tenere conto dell'eventuale esistenza, nello Stato membro dell'autorità di controllo che l'ha informata, di uno stabilimento del titolare del trattamento o del responsabile del trattamento, al fine di garantire l'effettiva applicazione di una decisione nei confronti del titolare del trattamento o del responsabile del trattamento. Qualora l'autorità di

implementation of the decision notified by the lead supervisory authority to the main establishment of the controller or processor as regards the processing activities in the Union.

127. Each supervisory authority not acting as the lead supervisory authority should be competent to handle local cases where the controller or processor is established in more than one Member State, but the subject matter of the specific processing concerns only processing carried out in a single Member State and involves only data subjects in that single Member State, for example, where the subject matter concerns the processing of employees' personal data in the specific employment context of a Member State. In such cases, the supervisory authority should inform the lead supervisory authority without delay about the matter. After being informed, the lead supervisory authority should decide, whether it will handle the case pursuant to the provision on cooperation between the lead supervisory authority and other supervisory authorities concerned 'one-stop-shop mechanism'., or whether the supervisory authority which informed it should handle the case at local level. When deciding whether it will handle the case, the lead supervisory authority should take into account whether there is an establishment of the controller or processor in the Member State of the supervisory authority which informed it in order to ensure effective enforcement of a decision vis-à-vis the controller or processor. Where the lead supervisory authority decides to handle the case, the supervisory authority which informed it should have the possibility to submit a draft for a decision, of which the lead

70

controllo capofila decida di trattare il caso, l'autorità di controllo che l'ha informata dovrebbe avere la possibilità di presentare un progetto di decisione, che l'autorità di controllo capofila dovrebbe tenere nella massima considerazione nella preparazione del proprio progetto di decisione nell'ambito di tale meccanismo di sportello unico.

supervisory authority should take utmost account when preparing its draft decision in that one-stop-shop mechanism.

128. Le norme sull'autorità di controllo capofila e sul meccanismo di sportello unico non dovrebbero applicarsi quando il trattamento è effettuato da autorità pubbliche o da organismi privati nell'interesse pubblico. In tali casi l'unica autorità di controllo competente a esercitare i poteri a essa conferiti a norma del presente regolamento dovrebbe essere l'autorità di controllo dello Stato membro in cui l'autorità pubblica o l'organismo privato sono stabiliti.

128. The rules on the lead supervisory authority and the one-stop-shop mechanism should not apply where the processing is carried out by public authorities or private bodies in the public interest. In such cases the only supervisory authority competent to exercise the powers conferred to it in accordance with this Regulation should be the supervisory authority of the Member State where the public authority or private body is established.

129. Al fine di garantire un monitoraggio e un'applicazione coerenti del presente regolamento in tutta l'Unione, le autorità di controllo dovrebbero avere in ciascuno Stato membro gli stessi compiti e poteri effettivi, fra cui poteri di indagine, poteri correttivi e sanzionatori, e poteri autorizzativi e consultivi, segnatamente in caso di reclamo proposto da persone fisiche, e fatti salvi i poteri delle autorità preposte all'esercizio dell'azione penale ai sensi del diritto degli Stati membri, il potere di intentare un'azione e di agire in sede giudiziale o stragiudiziale in caso di violazione del presente regolamento. Tali poteri dovrebbero includere anche il potere di imporre una limitazione provvisoria o definitiva al trattamento, incluso il divieto di trattamento. Gli Stati membri possono precisare altri compiti connessi alla protezione dei dati personali ai sensi del presente regolamento. È opportuno che i poteri delle autorità di controllo siano

129. In order to ensure consistent monitoring and enforcement of this Regulation throughout the Union, the supervisory authorities should have in each Member State the same tasks and effective powers, including powers of investigation, corrective powers and sanctions, and authorisation and advisory powers, in particular in cases of complaints from natural persons, and without prejudice to the powers of prosecutorial authorities under Member State law, to bring infringements of this Regulation to the attention of the judicial authorities and engage in legal proceedings. Such powers should also include the power to impose a temporary or definitive limitation, including a ban, on processing. Member States may specify other tasks related to the protection of personal data under this Regulation. The powers of supervisory authorities should be exercised in accordance with appropriate procedural safeguards set out in Union and Member State law, impartially, fairly

esercitati nel rispetto di garanzie procedurali adeguate previste dal diritto dell'Unione e degli Stati membri, in modo imparziale ed equo ed entro un termine ragionevole. In particolare ogni misura dovrebbe essere appropriata, necessaria e proporzionata al fine di assicurare la conformità al presente regolamento, tenuto conto delle circostanze di ciascun singolo caso, rispettare il diritto di ogni persona di essere ascoltata prima che nei suoi confronti sia adottato un provvedimento individuale che le rechi pregiudizio ed evitare costi superflui ed eccessivi disagi per le persone interessate. I poteri di indagine per quanto riguarda l'accesso ai locali dovrebbero essere esercitati nel rispetto dei requisiti specifici previsti dal diritto processuale degli Stati membri, quale l'obbligo di ottenere un'autorizzazione giudiziaria preliminare. Ogni misura giuridicamente vincolante dell'autorità di controllo dovrebbe avere forma scritta, essere chiara e univoca, riportare l'autorità di controllo che ha adottato la misura e la relativa data di adozione, recare la firma del responsabile o di un membro dell'autorità di controllo da lui autorizzata, precisare i motivi della misura e fare riferimento al diritto a un ricorso effettivo. Ciò non dovrebbe precludere requisiti supplementari ai sensi del diritto processuale degli Stati membri. L'adozione di una decisione giuridicamente vincolante implica che essa può essere soggetta a controllo giurisdizionale nello Stato membro dell'autorità di controllo che ha adottato la decisione.

130. Qualora l'autorità di controllo cui sia stato proposto il reclamo non sia l'autorità di controllo capofila, l'autorità di controllo capofila dovrebbe cooperare strettamente con l'autorità di controllo cui è stato proposto il reclamo in conformità delle disposizioni sulla

and within a reasonable time. In particular each measure should be appropriate, necessary and proportionate in view of ensuring compliance with this Regulation, taking into account the circumstances of each individual case, respect the right of every person to be heard before any individual measure which would affect him or her adversely is taken and avoid superfluous costs and excessive inconveniences for the persons concerned. Investigatory powers as regards access to premises should be exercised in accordance with specific requirements in Member State procedural law, such as the requirement to obtain a prior judicial authorisation. Each legally binding measure of the supervisory authority should be in writing, be clear and unambiguous, indicate the supervisory authority which has issued the measure, the date of issue of the measure, bear the signature of the head, or a member of the supervisory authority authorised by him or her, give the reasons for the measure, and refer to the right of an effective remedy. This should not preclude additional requirements pursuant to Member State procedural law. The adoption of a legally binding decision implies that it may give rise to judicial review in the Member State of the supervisory authority that adopted the decision.

130. Where the supervisory authority with which the complaint has been lodged is not the lead supervisory authority, the lead supervisory authority should closely cooperate with the supervisory authority with which the complaint has been lodged in accordance

cooperazione e la coerenza previste dal presente regolamento. In tali casi, l'autorità di controllo capofila, nell'adottare le misure intese a produrre effetti giuridici, compresa l'imposizione di sanzioni amministrative pecuniarie, dovrebbe tenere nella massima considerazione il parere dell'autorità di controllo cui è stato proposto il reclamo e che dovrebbe rimanere competente per svolgere indagini nel territorio del proprio Stato membro in collegamento con l'autorità di controllo capofila.

131.   Qualora un'altra autorità di controllo agisca in qualità di autorità di controllo capofila per le attività di trattamento del titolare del trattamento o del responsabile del trattamento, ma il concreto oggetto di un reclamo o la possibile violazione riguardi solo attività di trattamento del titolare del trattamento o del responsabile del trattamento nello Stato membro di presentazione del reclamo o di accertamento della possibile violazione e la questione non incida in modo sostanziale o è improbabile che incida in modo sostanziale su interessati in altri Stati membri, l'autorità di controllo che riceva un reclamo o che accerti o sia altrimenti informata di situazioni che implicano possibili violazioni del regolamento dovrebbe tentare una composizione amichevole con il titolare del trattamento e, qualora ciò non abbia esito, esercitare l'intera sua gamma di poteri. Ciò dovrebbe includere: il trattamento specifico effettuato nel territorio dello Stato membro dell'autorità di controllo o con riguardo agli interessati nel territorio di tale Stato membro; il trattamento effettuato nell'ambito di un'offerta di beni o prestazione di servizi specificamente riguardante gli interessati nel territorio dello Stato membro dell'autorità di controllo; o il trattamento che deve essere oggetto di

with the provisions on cooperation and consistency laid down in this Regulation. In such cases, the lead supervisory authority should, when taking measures intended to produce legal effects, including the imposition of administrative fines, take utmost account of the view of the supervisory authority with which the complaint has been lodged and which should remain competent to carry out any investigation on the territory of its own Member State in liaison with the competent supervisory authority.

131.   Where another supervisory authority should act as a lead supervisory authority for the processing activities of the controller or processor but the concrete subject matter of a complaint or the possible infringement concerns only processing activities of the controller or processor in the Member State where the complaint has been lodged or the possible infringement detected and the matter does not substantially affect or is not likely to substantially affect data subjects in other Member States, the supervisory authority receiving a complaint or detecting or being informed otherwise of situations that entail possible infringements of this Regulation should seek an amicable settlement with the controller and, if this proves unsuccessful, exercise its full range of powers. This should include: specific processing carried out in the territory of the Member State of the supervisory authority or with regard to data subjects on the territory of that Member State; processing that is carried out in the context of an offer of goods or services specifically aimed at data subjects in the territory of the Member State of the supervisory authority; or processing that has to be assessed taking into account relevant legal obligations under Member State law.

valutazione tenuto conto dei pertinenti obblighi giuridici ai sensi della legislazione degli Stati membri.

132. Le attività di sensibilizzazione delle autorità di controllo nei confronti del pubblico dovrebbero comprendere misure specifiche per i titolari del trattamento e i responsabili del trattamento, comprese le micro, piccole e medie imprese, e le persone fisiche in particolare nel contesto educativo.

133. Le autorità di controllo dovrebbero prestarsi assistenza reciproca nell'adempimento dei loro compiti, in modo da garantire la coerente applicazione e attuazione del presente regolamento nel mercato interno. L'autorità di controllo che chiede assistenza reciproca può adottare una misura provvisoria in caso di mancato riscontro a una richiesta di assistenza reciproca entro un mese dal ricevimento di tale richiesta da parte dell'altra autorità di controllo.

134. Ciascuna autorità di controllo dovrebbe, se del caso, partecipare alle operazioni congiunte con altre autorità di controllo. L'autorità di controllo che riceve una richiesta dovrebbe darvi seguito entro un termine determinato.

135. È opportuno istituire un meccanismo di coerenza per la cooperazione tra le autorità di controllo, al fine di assicurare un'applicazione coerente del presente regolamento in tutta l'Unione. Tale meccanismo dovrebbe applicarsi in particolare quando un'autorità di controllo intenda adottare una misura intesa a produrre effetti giuridici con riguardo ad attività di trattamento che incidono in modo sostanziale su un numero significativo di interessati in vari Stati membri. È opportuno che il meccanismo si attivi anche quando un'autorità di controllo interessata o la

132. Awareness-raising activities by supervisory authorities addressed to the public should include specific measures directed at controllers and processors, including micro, small and medium-sized enterprises, as well as natural persons in particular in the educational context.

133. The supervisory authorities should assist each other in performing their tasks and provide mutual assistance, so as to ensure the consistent application and enforcement of this Regulation in the internal market. A supervisory authority requesting mutual assistance may adopt a provisional measure if it receives no response to a request for mutual assistance within one month of the receipt of that request by the other supervisory authority.

134. Each supervisory authority should, where appropriate, participate in joint operations with other supervisory authorities. The requested supervisory authority should be obliged to respond to the request within a specified time period.

135. In order to ensure the consistent application of this Regulation throughout the Union, a consistency mechanism for cooperation between the supervisory authorities should be established. That mechanism should in particular apply where a supervisory authority intends to adopt a measure intended to produce legal effects as regards processing operations which substantially affect a significant number of data subjects in several Member States. It should also apply where any supervisory authority concerned or the Commission requests that such matter should be handled in the consistency mechanism. That

Commissione chiede che tale questione sia trattata nell'ambito del meccanismo di coerenza. Tale meccanismo non dovrebbe pregiudicare le misure che la Commissione può adottare nell'esercizio dei suoi poteri a norma dei trattati.

136. In applicazione del meccanismo di coerenza il comitato dovrebbe emettere un parere entro un termine determinato, se i suoi membri lo decidono a maggioranza o se a richiederlo è un'autorità di controllo interessata o la Commissione. Il comitato dovrebbe altresì avere il potere di adottare decisioni giuridicamente vincolanti qualora insorgano controversie tra autorità di controllo. A tal fine, dovrebbe adottare, in linea di principio a maggioranza dei due terzi dei suoi membri, decisioni giuridicamente vincolanti in casi chiaramente determinati in cui vi siano pareri divergenti tra le autorità di controllo segnatamente nell'ambito del meccanismo di cooperazione tra l'autorità di controllo capofila e le autorità di controllo interessate sul merito del caso, in particolare sulla sussistenza di una violazione del presente regolamento.

137. Potrebbe essere necessario intervenire urgentemente per tutelare i diritti e le libertà degli interessati, in particolare quando sussiste il pericolo che l'esercizio di un diritto possa essere gravemente ostacolato. Un'autorità di controllo potrebbe pertanto essere in grado di adottare misure provvisorie debitamente giustificate nel proprio territorio, con un periodo di validità determinato che non dovrebbe superare tre mesi.

138. L'applicazione di tale meccanismo dovrebbe essere un presupposto di liceità di una misura intesa a produrre effetti giuridici adottata dall'autorità di controllo nei casi in cui la sua applicazione è obbligatoria. In altri casi

mechanism should be without prejudice to any measures that the Commission may take in the exercise of its powers under the Treaties.

136. In applying the consistency mechanism, the Board should, within a determined period of time, issue an opinion, if a majority of its members so decides or if so requested by any supervisory authority concerned or the Commission. The Board should also be empowered to adopt legally binding decisions where there are disputes between supervisory authorities. For that purpose, it should issue, in principle by a two-thirds majority of its members, legally binding decisions in clearly specified cases where there are conflicting views among supervisory authorities, in particular in the cooperation mechanism between the lead supervisory authority and supervisory authorities concerned on the merits of the case, in particular whether there is an infringement of this Regulation.

137. There may be an urgent need to act in order to protect the rights and freedoms of data subjects, in particular when the danger exists that the enforcement of a right of a data subject could be considerably impeded. A supervisory authority should therefore be able to adopt duly justified provisional measures on its territory with a specified period of validity which should not exceed three months.

138. The application of such mechanism should be a condition for the lawfulness of a measure intended to produce legal effects by a supervisory authority in those cases where its application is mandatory. In other cases of cross-border

di rilevanza transfrontaliera, si dovrebbe applicare il meccanismo di cooperazione tra autorità di controllo capofila e autorità di controllo interessate e le autorità di controllo interessate potrebbero prestarsi assistenza reciproca ed effettuare operazioni congiunte, su base bilaterale o multilaterale, senza attivare il meccanismo di coerenza.

139. Per promuovere l'applicazione coerente del presente regolamento, il comitato dovrebbe essere istituito come un organismo indipendente dell'Unione. Per conseguire i suoi obiettivi, il comitato dovrebbe essere dotato di personalità giuridica. Il comitato dovrebbe essere rappresentato dal suo presidente. Esso dovrebbe sostituire il gruppo per la tutela delle persone con riguardo al trattamento dei dati personali istituito con direttiva 95/46/CE. Il comitato dovrebbe essere composto dalla figura di vertice dell'autorità di controllo di ciascuno Stato membro e dal garante europeo della protezione dei dati, o dai rispettivi rappresentanti. È opportuno che la Commissione partecipi alle attività del comitato senza diritto di voto e che il garante europeo della protezione dei dati abbia diritti di voto specifici. Il comitato dovrebbe contribuire all'applicazione coerente del presente regolamento in tutta l'Unione, anche fornendo consulenza alla Commissione, in particolare sul livello di protezione garantito dai paesi terzi o dalle organizzazioni internazionali, e promuovendo la cooperazione delle autorità di controllo in tutta l'Unione. Esso dovrebbe assolvere i suoi compiti in piena indipendenza.

140. Il comitato dovrebbe essere assistito da un segretariato messo a disposizione dal garante europeo della protezione dei dati. Il personale del garante europeo della protezione dei dati impegnato nell'assolvimento dei

relevance, the cooperation mechanism between the lead supervisory authority and supervisory authorities concerned should be applied and mutual assistance and joint operations might be carried out between the supervisory authorities concerned on a bilateral or multilateral basis without triggering the consistency mechanism.

139. In order to promote the consistent application of this Regulation, the Board should be set up as an independent body of the Union. To fulfil its objectives, the Board should have legal personality. The Board should be represented by its Chair. It should replace the Working Party on the Protection of Individuals with Regard to the Processing of Personal Data established by Directive 95/46/EC. It should consist of the head of a supervisory authority of each Member State and the European Data Protection Supervisor or their respective representatives. The Commission should participate in the Board's activities without voting rights and the European Data Protection Supervisor should have specific voting rights. The Board should contribute to the consistent application of this Regulation throughout the Union, including by advising the Commission, in particular on the level of protection in third countries or international organisations, and promoting cooperation of the supervisory authorities throughout the Union. The Board should act independently when performing its tasks.

140. The Board should be assisted by a secretariat provided by the European Data Protection Supervisor. The staff of the European Data Protection Supervisor involved in carrying out the tasks conferred on the Board by this Regulation

compiti attribuiti al comitato dal presente regolamento dovrebbe svolgere i suoi compiti esclusivamente secondo le istruzioni del presidente del comitato e riferire a quest'ultimo.

141. Ciascun interessato dovrebbe avere il diritto di proporre reclamo a un'unica autorità di controllo, in particolare nello Stato membro in cui risiede abitualmente, e il diritto a un ricorso giurisdizionale effettivo a norma dell'articolo 47 della Carta qualora ritenga che siano stati violati i diritti di cui gode a norma del presente regolamento o se l'autorità di controllo non dà seguito a un reclamo, lo respinge in tutto o in parte o lo archivia o non agisce quando è necessario intervenire per proteggere i diritti dell'interessato. Successivamente al reclamo si dovrebbe condurre un'indagine, soggetta a controllo giurisdizionale, nella misura in cui ciò sia opportuno nel caso specifico. È opportuno che l'autorità di controllo informi gli interessati dello stato e dell'esito del reclamo entro un termine ragionevole. Se il caso richiede un'ulteriore indagine o il coordinamento con un'altra autorità di controllo, l'interessato dovrebbe ricevere informazioni interlocutorie. Per agevolare la proposizione di reclami, ogni autorità di controllo dovrebbe adottare misure quali la messa a disposizione di un modulo per la proposizione dei reclami compilabile anche elettronicamente, senza escludere altri mezzi di comunicazione.

142. Qualora l'interessato ritenga che siano stati violati i diritti di cui gode a norma del presente regolamento, dovrebbe avere il diritto di dare mandato a un organismo, un'organizzazione o un'associazione che non abbiano scopo di lucro, costituiti in conformità del diritto di uno Stato membro, con obiettivi statutari di pubblico interesse, e che siano attivi nel settore della protezione dei dati

should perform its tasks exclusively under the instructions of, and report to, the Chair of the Board.

141. Every data subject should have the right to lodge a complaint with a single supervisory authority, in particular in the Member State of his or her habitual residence, and the right to an effective judicial remedy in accordance with Article 47 of the Charter if the data subject considers that his or her rights under this Regulation are infringed or where the supervisory authority does not act on a complaint, partially or wholly rejects or dismisses a complaint or does not act where such action is necessary to protect the rights of the data subject. The investigation following a complaint should be carried out, subject to judicial review, to the extent that is appropriate in the specific case. The supervisory authority should inform the data subject of the progress and the outcome of the complaint within a reasonable period. If the case requires further investigation or coordination with another supervisory authority, intermediate information should be given to the data subject. In order to facilitate the submission of complaints, each supervisory authority should take measures such as providing a complaint submission form which can also be completed electronically, without excluding other means of communication.

142. Where a data subject considers that his or her rights under this Regulation are infringed, he or she should have the right to mandate a not-for-profit body, organisation or association which is constituted in accordance with the law of a Member State, has statutory objectives which are in the public interest and is active in the field of the protection of personal data to lodge a complaint on his or her behalf with a

personali, per proporre reclamo per suo conto a un'autorità di controllo, esercitare il diritto a un ricorso giurisdizionale per conto degli interessati o esercitare il diritto di ottenere il risarcimento del danno per conto degli interessati se quest'ultimo è previsto dal diritto degli Stati membri. Gli Stati membri possono prescrivere che tale organismo, organizzazione o associazione abbia il diritto di proporre reclamo in tale Stato membro, indipendentemente dall'eventuale mandato dell'interessato, e il diritto di proporre un ricorso giurisdizionale effettivo qualora abbia motivo di ritenere che i diritti di un interessato siano stati violati in conseguenza di un trattamento dei dati personali che violi il presente regolamento. tale organismo, organizzazione o associazione può non essere autorizzato a chiedere il risarcimento del danno per conto di un interessato indipendentemente dal mandato dell'interessato.

supervisory authority, exercise the right to a judicial remedy on behalf of data subjects or, if provided for in Member State law, exercise the right to receive compensation on behalf of data subjects. A Member State may provide for such a body, organisation or association to have the right to lodge a complaint in that Member State, independently of a data subject's mandate, and the right to an effective judicial remedy where it has reasons to consider that the rights of a data subject have been infringed as a result of the processing of personal data which infringes this Regulation. That body, organisation or association may not be allowed to claim compensation on a data subject's behalf independently of the data subject's mandate.

143. Qualsiasi persona fisica o giuridica ha diritto di proporre un ricorso per l'annullamento delle decisioni del comitato dinanzi alla Corte di giustizia, alle condizioni previste all'articolo 263 TFUE. In quanto destinatari di tali decisioni, le autorità di controllo interessate che intendono impugnarle, devono proporre ricorso entro due mesi dalla loro notifica, conformemente all'articolo 263 TFUE. Ove le decisioni del comitato si riferiscano direttamente e individualmente a un titolare del trattamento, a un responsabile del trattamento o al reclamante, quest'ultimo può proporre un ricorso per l'annullamento di tali decisioni e dovrebbe farlo entro due mesi dalla loro pubblicazione sul sito web del comitato, conformemente all'articolo 263 TFUE. Fatto salvo tale diritto ai sensi dell'articolo 263 TFUE, ogni persona fisica o giuridica dovrebbe poter

143. Any natural or legal person has the right to bring an action for annulment of decisions of the Board before the Court of Justice under the conditions provided for in Article 263 TFEU. As addressees of such decisions, the supervisory authorities concerned which wish to challenge them have to bring action within two months of being notified of them, in accordance with Article 263 TFEU. Where decisions of the Board are of direct and individual concern to a controller, processor or complainant, the latter may bring an action for annulment against those decisions within two months of their publication on the website of the Board, in accordance with Article 263 TFEU. Without prejudice to this right under Article 263 TFEU, each natural or legal person should have an effective judicial remedy before the competent national court against a decision of a supervisory authority which

proporre un ricorso giurisdizionale effettivo dinanzi alle competenti autorità giurisdizionali nazionali contro una decisione dell'autorità di controllo che produce effetti giuridici nei confronti di detta persona. Tale decisione riguarda in particolare l'esercizio di poteri di indagine, correttivi e autorizzativi da parte dell'autorità di controllo o l'archiviazione o il rigetto dei reclami. Tuttavia, tale diritto a un ricorso giurisdizionale effettivo non comprende altre misure adottate dalle autorità di controllo che non sono giuridicamente vincolanti, come pareri o consulenza forniti dall'autorità di controllo. Le azioni contro l'autorità di controllo dovrebbero essere promosse dinanzi alle autorità giurisdizionali dello Stato membro in cui l'autorità di controllo è stabilita e dovrebbero essere effettuate in conformità del diritto processuale dello Stato membro in questione. Tali autorità giurisdizionali dovrebbero esercitare i loro pieni poteri giurisdizionali, ivi compreso quello di esaminare tutte le questioni di fatto e di diritto che abbiano rilevanza per la controversia dinanzi a esse pendente. Se un reclamo è stato rigettato o archiviato da un'autorità di controllo, il reclamante può proporre ricorso giurisdizionale nello stesso Stato membro. Nell'ambito dei ricorsi giurisdizionali relativi all'applicazione del presente regolamento, le autorità giurisdizionali nazionali che ritengano necessario, ai fini di una sentenza, disporre di una decisione in merito, possono, o nel caso di cui all'articolo 267 TFUE, devono chiedere alla Corte di giustizia di pronunciarsi, in via pregiudiziale, sull'interpretazione del diritto dell'Unione, compreso il presente regolamento. Inoltre, se una decisione dell'autorità di controllo che attua una decisione del comitato è impugnata dinanzi a un'autorità giurisdizionale produces legal effects concerning that person. Such a decision concerns in particular the exercise of investigative, corrective and authorisation powers by the supervisory authority or the dismissal or rejection of complaints. However, the right to an effective judicial remedy does not encompass measures taken by supervisory authorities which are not legally binding, such as opinions issued by or advice provided by the supervisory authority. Proceedings against a supervisory authority should be brought before the courts of the Member State where the supervisory authority is established and should be conducted in accordance with that Member State's procedural law. Those courts should exercise full jurisdiction, which should include jurisdiction to examine all questions of fact and law relevant to the dispute before them. Where a complaint has been rejected or dismissed by a supervisory authority, the complainant may bring proceedings before the courts in the same Member State. In the context of judicial remedies relating to the application of this Regulation, national courts which consider a decision on the question necessary to enable them to give judgment, may, or in the case provided for in Article 267 TFEU, must, request the Court of Justice to give a preliminary ruling on the interpretation of Union law, including this Regulation. Furthermore, where a decision of a supervisory authority implementing a decision of the Board is challenged before a national court and the validity of the decision of the Board is at issue, that national court does not have the power to declare the Board's decision invalid but must refer the question of validity to the Court of Justice in accordance with Article 267 TFEU as interpreted by the Court of Justice, where it considers the decision invalid. However, a national court may not refer a question on the validity of the decision

nazionale ed è in questione la validità della decisione del comitato, tale autorità giurisdizionale nazionale non ha il potere di invalidare la decisione del comitato, ma deve deferire la questione di validità alla Corte di giustizia ai sensi dell'articolo 267 TFUE quale interpretato dalla Corte di giustizia, ove ritenga la decisione non valida. Tuttavia, un'autorità giurisdizionale nazionale non può deferire una questione relativa alla validità di una decisione del comitato su richiesta di una persona fisica o giuridica che ha avuto la possibilità di proporre un ricorso per l'annullamento di tale decisione, specialmente se direttamente e individualmente interessata da siffatta decisione, ma non ha agito in tal senso entro il termine stabilito dall'articolo 263 TFUE.

of the Board at the request of a natural or legal person which had the opportunity to bring an action for annulment of that decision, in particular if it was directly and individually concerned by that decision, but had not done so within the period laid down in Article 263 TFEU.

144. Qualora un'autorità giurisdizionale adita per un'azione contro una decisione di un'autorità di controllo abbia motivo di ritenere che le azioni riguardanti lo stesso trattamento, quale lo stesso oggetto relativamente al trattamento da parte dello stesso titolare del trattamento o dello stesso responsabile del trattamento, o lo stesso titolo, siano sottoposte a un'autorità giurisdizionale competente in un altro Stato membro, l'autorità giurisdizionale adita dovrebbe contattare tale autorità giurisdizionale al fine di confermare l'esistenza di tali azioni connesse. Se le azioni connesse sono pendenti dinanzi a un'autorità giurisdizionale in un altro Stato membro, qualsiasi autorità giurisdizionale successivamente adita può sospendere l'azione proposta dinanzi a essa o, su richiesta di una delle parti, può dichiarare la propria incompetenza a favore della prima autorità giurisdizionale adita se tale autorità giurisdizionale è competente a conoscere delle azioni in questione e la sua legge consente la riunione delle azioni. Le azioni sono considerate

144. Where a court seized of proceedings against a decision by a supervisory authority has reason to believe that proceedings concerning the same processing, such as the same subject matter as regards processing by the same controller or processor, or the same cause of action, are brought before a competent court in another Member State, it should contact that court in order to confirm the existence of such related proceedings. If related proceedings are pending before a court in another Member State, any court other than the court first seized may stay its proceedings or may, on request of one of the parties, decline jurisdiction in favour of the court first seized if that court has jurisdiction over the proceedings in question and its law permits the consolidation of such related proceedings. Proceedings are deemed to be related where they are so closely connected that it is expedient to hear and determine them together in order to avoid the risk of irreconcilable judgments resulting from separate proceedings.

connesse quando hanno tra loro un legame così stretto da rendere opportuno trattarle e decidere in merito contestualmente, per evitare il rischio di sentenze incompatibili risultanti da azioni separate.

145. Nelle azioni contro un titolare del trattamento o responsabile del trattamento, il ricorrente dovrebbe poter avviare un'azione legale dinanzi all'autorità giurisdizionale dello Stato membro in cui il titolare del trattamento o il responsabile del trattamento ha uno stabilimento o in cui risiede l'interessato, salvo che il titolare del trattamento sia un'autorità pubblica di uno Stato membro che agisce nell'esercizio dei suoi poteri pubblici.

146. Il titolare del trattamento o il responsabile del trattamento dovrebbe risarcire i danni cagionati a una persona da un trattamento non conforme al presente regolamento ma dovrebbe essere esonerato da tale responsabilità se dimostra che l'evento dannoso non gli è in alcun modo imputabile. Il concetto di danno dovrebbe essere interpretato in senso lato alla luce della giurisprudenza della Corte di giustizia in modo tale da rispecchiare pienamente gli obiettivi del presente regolamento. Ciò non pregiudica le azioni di risarcimento di danni derivanti dalla violazione di altre norme del diritto dell'Unione o degli Stati membri. Un trattamento non conforme al presente regolamento comprende anche il trattamento non conforme agli atti delegati e agli atti di esecuzione adottati in conformità del presente regolamento e alle disposizioni del diritto degli Stati membri che specificano disposizioni del presente regolamento. Gli interessati dovrebbero ottenere pieno ed effettivo risarcimento per il danno subito. Qualora i titolari del trattamento o i responsabili del trattamento siano coinvolti nello stesso trattamento, ogni titolare del

145. For proceedings against a controller or processor, the plaintiff should have the choice to bring the action before the courts of the Member States where the controller or processor has an establishment or where the data subject resides, unless the controller is a public authority of a Member State acting in the exercise of its public powers.

146. The controller or processor should compensate any damage which a person may suffer as a result of processing that infringes this Regulation. The controller or processor should be exempt from liability if it proves that it is not in any way responsible for the damage. The concept of damage should be broadly interpreted in the light of the case-law of the Court of Justice in a manner which fully reflects the objectives of this Regulation. This is without prejudice to any claims for damage deriving from the violation of other rules in Union or Member State law. Processing that infringes this Regulation also includes processing that infringes delegated and implementing acts adopted in accordance with this Regulation and Member State law specifying rules of this Regulation. Data subjects should receive full and effective compensation for the damage they have suffered. Where controllers or processors are involved in the same processing, each controller or processor should be held liable for the entire damage. However, where they are joined to the same judicial proceedings, in accordance with Member State law, compensation may be apportioned according to the responsibility of each

trattamento o responsabile del trattamento dovrebbe rispondere per la totalità del danno. Tuttavia, qualora essi siano riuniti negli stessi procedimenti giudiziari conformemente al diritto degli Stati membri, il risarcimento può essere ripartito in base alla responsabilità che ricade su ogni titolare del trattamento o responsabile del trattamento per il danno cagionato dal trattamento, a condizione che sia assicurato il pieno ed effettivo risarcimento dell'interessato che ha subito il danno. Il titolare del trattamento o il responsabile del trattamento che ha pagato l'intero risarcimento del danno può successivamente proporre un'azione di regresso contro altri titolari del trattamento o responsabili del trattamento coinvolti nello stesso trattamento.

controller or processor for the damage caused by the processing, provided that full and effective compensation of the data subject who suffered the damage is ensured. Any controller or processor which has paid full compensation may subsequently institute recourse proceedings against other controllers or processors involved in the same processing.

147. Qualora il presente regolamento preveda disposizioni specifiche in materia di giurisdizione, in particolare riguardo a procedimenti che prevedono il ricorso giurisdizionale, compreso quello per risarcimento, contro un titolare del trattamento o un responsabile del trattamento, disposizioni generali in materia di giurisdizione quali quelle di cui al regolamento UE. n. 1215/2012 del Parlamento europeo e del Consiglio 13. non dovrebbero pregiudicare l'applicazione di dette disposizioni specifiche.

147. Where specific rules on jurisdiction are contained in this Regulation, in particular as regards proceedings seeking a judicial remedy including compensation, against a controller or processor, general jurisdiction rules such as those of Regulation EU. No 1215/2012 of the European Parliament and of the Council 13. should not prejudice the application of such specific rules.

148. Per rafforzare il rispetto delle norme del presente regolamento, dovrebbero essere imposte sanzioni, comprese sanzioni amministrative pecuniarie per violazione del regolamento,in aggiunta o in sostituzione di misure appropriate imposte dall'autorità di controllo ai sensi del presente regolamento. In caso di violazione minore o se la sanzione pecuniaria che dovrebbe essere imposta costituisse un onere sproporzionato per

148. In order to strengthen the enforcement of the rules of this Regulation, penalties including administrative fines should be imposed for any infringement of this Regulation, in addition to, or instead of appropriate measures imposed by the supervisory authority pursuant to this Regulation. In a case of a minor infringement or if the fine likely to be imposed would constitute a disproportionate burden to a natural person, a reprimand may be

una persona fisica, potrebbe essere rivolto un ammonimento anziché imposta una sanzione pecuniaria. Si dovrebbe prestare tuttavia debita attenzione alla natura, alla gravità e alla durata della violazione, al carattere doloso della violazione e alle misure adottate per attenuare il danno subito, al grado di responsabilità o eventuali precedenti violazioni pertinenti, alla maniera in cui l'autorità di controllo ha preso conoscenza della violazione, al rispetto dei provvedimenti disposti nei confronti del titolare del trattamento o del responsabile del trattamento, all'adesione a un codice di condotta e eventuali altri fattori aggravanti o attenuanti. L'imposizione di sanzioni, comprese sanzioni amministrative pecuniarie dovrebbe essere soggetta a garanzie procedurali appropriate in conformità dei principi generali del diritto dell'Unione e della Carta, inclusi l'effettiva tutela giurisdizionale e il giusto processo.

issued instead of a fine. Due regard should however be given to the nature, gravity and duration of the infringement, the intentional character of the infringement, actions taken to mitigate the damage suffered, degree of responsibility or any relevant previous infringements, the manner in which the infringement became known to the supervisory authority, compliance with measures ordered against the controller or processor, adherence to a code of conduct and any other aggravating or mitigating factor. The imposition of penalties including administrative fines should be subject to appropriate procedural safeguards in accordance with the general principles of Union law and the Charter, including effective judicial protection and due process.

149. Gli Stati membri dovrebbero poter stabilire disposizioni relative a sanzioni penali per violazioni del presente regolamento, comprese violazioni di norme nazionali adottate in virtù ed entro i limiti del presente regolamento. Tali sanzioni penali possono altresì autorizzare la sottrazione dei profitti ottenuti attraverso violazioni del presente regolamento. Tuttavia, l'imposizione di sanzioni penali per violazioni di tali norme nazionali e di sanzioni amministrative non dovrebbe essere in contrasto con il principio del ne bis in idem quale interpretato dalla Corte di giustizia.

149. Member States should be able to lay down the rules on criminal penalties for infringements of this Regulation, including for infringements of national rules adopted pursuant to and within the limits of this Regulation. Those criminal penalties may also allow for the deprivation of the profits obtained through infringements of this Regulation. However, the imposition of criminal penalties for infringements of such national rules and of administrative penalties should not lead to a breach of the principle of ne bis in idem, as interpreted by the Court of Justice.

150. Al fine di rafforzare e armonizzare le sanzioni amministrative applicabili per violazione del presente regolamento, ogni autorità di controllo dovrebbe poter imporre sanzioni amministrative pecuniarie. Il presente regolamento dovrebbe specificare le violazioni, indicare il limite massimo e i

150. In order to strengthen and harmonise administrative penalties for infringements of this Regulation, each supervisory authority should have the power to impose administrative fines. This Regulation should indicate infringements and the upper limit and criteria for setting the related

criteri per prevedere la relativa sanzione amministrativa pecuniaria, che dovrebbe essere stabilita dall'autorità di controllo competente in ogni singolo caso, tenuto conto di tutte le circostanze pertinenti della situazione specifica, in particolare della natura, gravità e durata dell'infrazione e delle relative conseguenze, nonché delle misure adottate per assicurare la conformità agli obblighi derivanti dal presente regolamento e prevenire o attenuare le conseguenze della violazione. Se le sanzioni amministrative sono inflitte a imprese, le imprese dovrebbero essere intese quali definite agli articoli 101 e 102 TFUE a tali fini. Se le sanzioni amministrative sono inflitte a persone che non sono imprese, l'autorità di controllo dovrebbe tenere conto del livello generale di reddito nello Stato membro come pure della situazione economica della persona nel valutare l'importo appropriato della sanzione pecuniaria. Il meccanismo di coerenza può essere utilizzato anche per favorire un'applicazione coerente delle sanzioni amministrative pecuniarie. Dovrebbe spettare agli Stati membri determinare se e in che misura le autorità pubbliche debbano essere soggette a sanzioni amministrative pecuniarie. Imporre una sanzione amministrativa pecuniaria o dare un avvertimento non incide sull'applicazione di altri poteri delle autorità di controllo o di altre sanzioni a norma del regolamento.

151. I sistemi giudiziari di Danimarca ed Estonia non consentono l'irrogazione di sanzioni amministrative pecuniarie come previsto dal presente regolamento. Le norme relative alle sanzioni amministrative pecuniarie possono essere applicate in maniera tale che in Danimarca la sanzione pecuniaria sia irrogata dalle competenti autorità giurisdizionali nazionali quale sanzione penale e in Estonia la sanzione

administrative fines, which should be determined by the competent supervisory authority in each individual case, taking into account all relevant circumstances of the specific situation, with due regard in particular to the nature, gravity and duration of the infringement and of its consequences and the measures taken to ensure compliance with the obligations under this Regulation and to prevent or mitigate the consequences of the infringement. Where administrative fines are imposed on an undertaking, an undertaking should be understood to be an undertaking in accordance with Articles 101 and 102 TFEU for those purposes. Where administrative fines are imposed on persons that are not an undertaking, the supervisory authority should take account of the general level of income in the Member State as well as the economic situation of the person in considering the appropriate amount of the fine. The consistency mechanism may also be used to promote a consistent application of administrative fines. It should be for the Member States to determine whether and to which extent public authorities should be subject to administrative fines. Imposing an administrative fine or giving a warning does not affect the application of other powers of the supervisory authorities or of other penalties under this Regulation.

151. The legal systems of Denmark and Estonia do not allow for administrative fines as set out in this Regulation. The rules on administrative fines may be applied in such a manner that in Denmark the fine is imposed by competent national courts as a criminal penalty and in Estonia the fine is imposed by the supervisory authority in the framework of a misdemeanour procedure, provided that such an application of the rules in

pecuniaria sia imposta dall'autorità di controllo nel quadro di una procedura d'infrazione, purché l'applicazione di tali norme in detti Stati membri abbia effetto equivalente alle sanzioni amministrative pecuniarie irrogate dalle autorità di controllo. Le competenti autorità giurisdizionali nazionali dovrebbero pertanto tener conto della raccomandazione dell'autorità di controllo che avvia l'azione sanzionatoria. In ogni caso, le sanzioni pecuniarie irrogate dovrebbero essere effettive, proporzionate e dissuasive.

152. Se il presente regolamento non armonizza le sanzioni amministrative o se necessario in altri casi, ad esempio in caso di gravi violazioni del regolamento, gli Stati membri dovrebbero attuare un sistema che preveda sanzioni effettive, proporzionate e dissuasive. La natura di tali sanzioni, penali o amministrative, dovrebbe essere determinata dal diritto degli Stati membri.

153. Il diritto degli Stati membri dovrebbe conciliare le norme che disciplinano la libertà di espressione e di informazione, comprese l'espressione giornalistica, accademica, artistica o letteraria, con il diritto alla protezione dei dati personali ai sensi del presente regolamento. Il trattamento dei dati personali effettuato unicamente a scopi giornalistici o di espressione accademica, artistica o letteraria dovrebbe essere soggetto a deroghe o esenzioni rispetto ad alcune disposizioni del presente regolamento se necessario per conciliare il diritto alla protezione dei dati personali e il diritto alla libertà d'espressione e di informazione sancito nell'articolo 11 della Carta. Ciò dovrebbe applicarsi in particolare al trattamento dei dati personali nel settore audiovisivo, negli archivi stampa e nelle emeroteche. È pertanto opportuno che gli Stati adottino misure legislative che prevedano le deroghe e le esenzioni necessarie ai fini di un

those Member States has an equivalent effect to administrative fines imposed by supervisory authorities. Therefore the competent national courts should take into account the recommendation by the supervisory authority initiating the fine. In any event, the fines imposed should be effective, proportionate and dissuasive.

152. Where this Regulation does not harmonise administrative penalties or where necessary in other cases, for example in cases of serious infringements of this Regulation, Member States should implement a system which provides for effective, proportionate and dissuasive penalties. The nature of such penalties, criminal or administrative, should be determined by Member State law.

153. Member States law should reconcile the rules governing freedom of expression and information, including journalistic, academic, artistic and or literary expression with the right to the protection of personal data pursuant to this Regulation. The processing of personal data solely for journalistic purposes, or for the purposes of academic, artistic or literary expression should be subject to derogations or exemptions from certain provisions of this Regulation if necessary to reconcile the right to the protection of personal data with the right to freedom of expression and information, as enshrined in Article 11 of the Charter. This should apply in particular to the processing of personal data in the audiovisual field and in news archives and press libraries. Therefore, Member States should adopt legislative measures which lay down the exemptions and derogations necessary for the purpose of balancing those fundamental rights. Member States

equilibrio tra tali diritti fondamentali. Gli Stati membri dovrebbero adottare tali esenzioni e deroghe con riferimento alle disposizioni riguardanti i principi generali, i diritti dell'interessato, il titolare del trattamento e il responsabile del trattamento, il trasferimento di dati personali verso paesi terzi o a organizzazioni internazionali, le autorità di controllo indipendenti, la cooperazione e la coerenza nonché situazioni di trattamento dei dati specifiche. Qualora tali esenzioni o deroghe differiscano da uno Stato membro all'altro, dovrebbe applicarsi il diritto dello Stato membro cui è soggetto il titolare del trattamento. Per tenere conto dell'importanza del diritto alla libertà di espressione in tutte le società democratiche è necessario interpretare in modo esteso i concetti relativi a detta libertà, quali la nozione di giornalismo.

154. Il presente regolamento ammette, nell'applicazione delle sue disposizioni, che si tenga conto del principio del pubblico accesso ai documenti ufficiali. L'accesso del pubblico ai documenti ufficiali può essere considerato di interesse pubblico. I dati personali contenuti in documenti conservati da un'autorità pubblica o da un organismo pubblico dovrebbero poter essere diffusi da detta autorità o organismo se la diffusione è prevista dal diritto dell'Unione o degli Stati membri cui l'autorità pubblica o l'organismo pubblico sono soggetti. Tali disposizioni legislative dovrebbero conciliare l'accesso del pubblico ai documenti ufficiali e il riutilizzo delle informazioni del settore pubblico con il diritto alla protezione dei dati personali e possono quindi prevedere la necessaria conciliazione con il diritto alla protezione dei dati personali, in conformità del presente regolamento. Il riferimento alle autorità pubbliche e agli organismi pubblici dovrebbe

should adopt such exemptions and derogations on general principles, the rights of the data subject, the controller and the processor, the transfer of personal data to third countries or international organisations, the independent supervisory authorities, cooperation and consistency, and specific data-processing situations. Where such exemptions or derogations differ from one Member State to another, the law of the Member State to which the controller is subject should apply. In order to take account of the importance of the right to freedom of expression in every democratic society, it is necessary to interpret notions relating to that freedom, such as journalism, broadly.

154. This Regulation allows the principle of public access to official documents to be taken into account when applying this Regulation. Public access to official documents may be considered to be in the public interest. Personal data in documents held by a public authority or a public body should be able to be publicly disclosed by that authority or body if the disclosure is provided for by Union or Member State law to which the public authority or public body is subject. Such laws should reconcile public access to official documents and the reuse of public sector information with the right to the protection of personal data and may therefore provide for the necessary reconciliation with the right to the protection of personal data pursuant to this Regulation. The reference to public authorities and bodies should in that context include all authorities or other bodies covered by Member State law on public access to documents. Directive 2003/98/EC of the European Parliament and of the Council 14. leaves

comprendere, in tale contesto, tutte le autorità o altri organismi cui si applica il diritto degli Stati membri sull'accesso del pubblico ai documenti. La direttiva 2003/98/CE del Parlamento europeo e del Consiglio 14. non pregiudica in alcun modo il livello di tutela delle persone fisiche con riguardo al trattamento dei dati personali ai sensi delle disposizioni di diritto dell'Unione e degli Stati membri e non modifica, in particolare, gli obblighi e i diritti previsti dal presente regolamento. Nello specifico, tale direttiva non dovrebbe applicarsi ai documenti il cui accesso è escluso o limitato in virtù dei regimi di accesso per motivi di protezione dei dati personali, e a parti di documenti accessibili in virtù di tali regimi che contengono dati personali il cui riutilizzo è stato previsto per legge come incompatibile con la normativa in materia di tutela delle persone fisiche con riguardo al trattamento dei dati personali.

intact and in no way affects the level of protection of natural persons with regard to the processing of personal data under the provisions of Union and Member State law, and in particular does not alter the obligations and rights set out in this Regulation. In particular, that Directive should not apply to documents to which access is excluded or restricted by virtue of the access regimes on the grounds of protection of personal data, and parts of documents accessible by virtue of those regimes which contain personal data the re-use of which has been provided for by law as being incompatible with the law concerning the protection of natural persons with regard to the processing of personal data.

155. Il diritto degli Stati membri o i contratti collettivi, ivi compresi gli «accordi aziendali», possono prevedere norme specifiche per il trattamento dei dati personali dei dipendenti nell'ambito dei rapporti di lavoro, in particolare per quanto riguarda le condizioni alle quali i dati personali nei rapporti di lavoro possono essere trattati sulla base del consenso del dipendente, per finalità di assunzione, esecuzione del contratto di lavoro, compreso l'adempimento degli obblighi stabiliti dalla legge o da contratti collettivi, di gestione, pianificazione e organizzazione del lavoro, parità e diversità sul posto di lavoro, salute e sicurezza sul lavoro, e ai fini dell'esercizio e del godimento, individuale o collettivo, dei diritti e dei vantaggi connessi al lavoro, nonché per finalità di cessazione del rapporto di lavoro.

155. Member State law or collective agreements, including 'works agreements', may provide for specific rules on the processing of employees' personal data in the employment context, in particular for the conditions under which personal data in the employment context may be processed on the basis of the consent of the employee, the purposes of the recruitment, the performance of the contract of employment, including discharge of obligations laid down by law or by collective agreements, management, planning and organisation of work, equality and diversity in the workplace, health and safety at work, and for the purposes of the exercise and enjoyment, on an individual or collective basis, of rights and benefits related to employment, and for the purpose of the termination of the employment relationship.

156. Il trattamento di dati personali a fini di archiviazione nel pubblico interesse, di ricerca scientifica o storica o a fini statistici dovrebbe essere soggetto a garanzie adeguate per i diritti e le libertà dell'interessato, in conformità del presente regolamento. Tali garanzie dovrebbero assicurare che siano state predisposte misure tecniche e organizzative al fine di garantire, in particolare, il principio della minimizzazione dei dati. L'ulteriore trattamento di dati personali a fini di archiviazione nel pubblico interesse, di ricerca scientifica o storica o a fini statistici è da effettuarsi quando il titolare del trattamento ha valutato la fattibilità di conseguire tali finalità trattando dati personali che non consentono o non consentono più di identificare l'interessato, purché esistano garanzie adeguate come ad esempio la pseudonimizzazione dei dati personali. Gli Stati membri dovrebbero prevedere garanzie adeguate per il trattamento di dati personali per finalità di archiviazione nel pubblico interesse, per finalità di ricerca scientifica o storica o per finalità statistiche. Gli Stati membri dovrebbero essere autorizzati a fornire, a specifiche condizioni e fatte salve adeguate garanzie per gli interessati, specifiche e deroghe relative ai requisiti in materia di informazione e ai diritti alla rettifica, alla cancellazione, all'oblio, alla limitazione del trattamento, alla portabilità dei dati personali, nonché al diritto di opporsi in caso di trattamento di dati personali per finalità di archiviazione nel pubblico interesse, per finalità di ricerca scientifica o storica o per finalità statistiche. Le condizioni e le garanzie in questione possono comprendere procedure specifiche per l'esercizio di tali diritti da parte degli interessati, qualora ciò sia appropriato alla luce delle finalità previste dallo specifico trattamento, oltre a misure tecniche e organizzative

156. The processing of personal data for archiving purposes in the public interest, scientific or historical research purposes or statistical purposes should be subject to appropriate safeguards for the rights and freedoms of the data subject pursuant to this Regulation. Those safeguards should ensure that technical and organisational measures are in place in order to ensure, in particular, the principle of data minimisation. The further processing of personal data for archiving purposes in the public interest, scientific or historical research purposes or statistical purposes is to be carried out when the controller has assessed the feasibility to fulfil those purposes by processing data which do not permit or no longer permit the identification of data subjects, provided that appropriate safeguards exist such as, for instance, pseudonymisation of the data. Member States should provide for appropriate safeguards for the processing of personal data for archiving purposes in the public interest, scientific or historical research purposes or statistical purposes. Member States should be authorised to provide, under specific conditions and subject to appropriate safeguards for data subjects, specifications and derogations with regard to the information requirements and rights to rectification, to erasure, to be forgotten, to restriction of processing, to data portability, and to object when processing personal data for archiving purposes in the public interest, scientific or historical research purposes or statistical purposes. The conditions and safeguards in question may entail specific procedures for data subjects to exercise those rights if this is appropriate in the light of the purposes sought by the specific processing along with technical and organisational measures aimed at minimising the processing of personal data in pursuance of the proportionality and necessity principles. The processing of personal data for scientific purposes

intese a ridurre al minimo il trattamento dei dati personali conformemente ai principi di proporzionalità e di necessità. Il trattamento dei dati personali per finalità scientifiche dovrebbe rispettare anche altre normative pertinenti, ad esempio quelle sulle sperimentazioni cliniche.

157. Combinando informazioni provenienti dai registri, i ricercatori possono ottenere nuove conoscenze di grande utilità relativamente a patologie diffuse come le malattie cardiovascolari, il cancro e la depressione. Avvalendosi dei registri, i risultati delle ricerche possono acquistare maggiore rilevanza, dal momento che si basano su una popolazione più ampia. Nell'ambito delle scienze sociali, la ricerca basata sui registri consente ai ricercatori di ottenere conoscenze essenziali sulla correlazione a lungo termine tra numerose condizioni sociali, quali la disoccupazione e il livello di istruzione, e altre condizioni di vita. I risultati delle ricerche ottenuti dai registri forniscono conoscenze solide e di alta qualità, che possono costituire la base per l'elaborazione e l'attuazione di politiche basate sulla conoscenza, migliorare la qualità della vita per molte persone, migliorare l'efficienza dei servizi sociali. Al fine di facilitare la ricerca scientifica, i dati personali possono essere trattati per finalità di ricerca scientifica fatte salve condizioni e garanzie adeguate previste dal diritto dell'Unione o degli Stati membri.

158. Qualora i dati personali siano trattati a fini di archiviazione, il presente regolamento dovrebbe applicarsi anche a tale tipo di trattamento, tenendo presente che non dovrebbe applicarsi ai dati delle persone decedute. Le autorità pubbliche o gli organismi pubblici o privati che tengono registri di interesse pubblico dovrebbero essere servizi che,

should also comply with other relevant legislation such as on clinical trials.

157. By coupling information from registries, researchers can obtain new knowledge of great value with regard to widespread medical conditions such as cardiovascular disease, cancer and depression. On the basis of registries, research results can be enhanced, as they draw on a larger population. Within social science, research on the basis of registries enables researchers to obtain essential knowledge about the long-term correlation of a number of social conditions such as unemployment and education with other life conditions. Research results obtained through registries provide solid, high-quality knowledge which can provide the basis for the formulation and implementation of knowledge-based policy, improve the quality of life for a number of people and improve the efficiency of social services. In order to facilitate scientific research, personal data can be processed for scientific research purposes, subject to appropriate conditions and safeguards set out in Union or Member State law.

158. Where personal data are processed for archiving purposes, this Regulation should also apply to that processing, bearing in mind that this Regulation should not apply to deceased persons. Public authorities or public or private bodies that hold records of public interest should be services which, pursuant to Union or Member State law, have a legal obligation to acquire,

in virtù del diritto dell'Unione o degli Stati membri, hanno l'obbligo legale di acquisire, conservare, valutare, organizzare, descrivere, comunicare, promuovere, diffondere e fornire accesso a registri con un valore a lungo termine per l'interesse pubblico generale. Gli Stati membri dovrebbero inoltre essere autorizzati a prevedere il trattamento ulteriore dei dati personali per finalità di archiviazione, per esempio al fine di fornire specifiche informazioni connesse al comportamento politico sotto precedenti regimi statali totalitari, a genocidi, crimini contro l'umanità, in particolare l'Olocausto, o crimini di guerra.

159. Qualora i dati personali siano trattati per finalità di ricerca scientifica, il presente regolamento dovrebbe applicarsi anche a tale trattamento. Nell'ambito del presente regolamento, il trattamento di dati personali per finalità di ricerca scientifica dovrebbe essere interpretato in senso lato e includere ad esempio sviluppo tecnologico e dimostrazione, ricerca fondamentale, ricerca applicata e ricerca finanziata da privati, oltre a tenere conto dell'obiettivo dell'Unione di istituire uno spazio europeo della ricerca ai sensi dell'articolo 179, paragrafo 1, TFUE. Le finalità di ricerca scientifica dovrebbero altresì includere gli studi svolti nell'interesse pubblico nel settore della sanità pubblica. Per rispondere alle specificità del trattamento dei dati personali per finalità di ricerca scientifica dovrebbero applicarsi condizioni specifiche, in particolare per quanto riguarda la pubblicazione o la diffusione in altra forma di dati personali nel contesto delle finalità di ricerca scientifica. Se il risultato della ricerca scientifica, in particolare nel contesto sanitario, costituisce motivo per ulteriori misure nell'interesse dell'interessato, le norme

preserve, appraise, arrange, describe, communicate, promote, disseminate and provide access to records of enduring value for general public interest. Member States should also be authorised to provide for the further processing of personal data for archiving purposes, for example with a view to providing specific information related to the political behaviour under former totalitarian state regimes, genocide, crimes against humanity, in particular the Holocaust, or war crimes.

159. Where personal data are processed for scientific research purposes, this Regulation should also apply to that processing. For the purposes of this Regulation, the processing of personal data for scientific research purposes should be interpreted in a broad manner including for example technological development and demonstration, fundamental research, applied research and privately funded research. In addition, it should take into account the Union's objective under Article 179[1]. TFEU of achieving a European Research Area. Scientific research purposes should also include studies conducted in the public interest in the area of public health. To meet the specificities of processing personal data for scientific research purposes, specific conditions should apply in particular as regards the publication or otherwise disclosure of personal data in the context of scientific research purposes. If the result of scientific research in particular in the health context gives reason for further measures in the interest of the data subject, the general rules of this Regulation should apply in view of those measures.

generali del presente regolamento dovrebbero applicarsi in vista di tali misure.

160. Qualora i dati personali siano trattati a fini di ricerca storica, il presente regolamento dovrebbe applicarsi anche a tale trattamento. Ciò dovrebbe comprendere anche la ricerca storica e la ricerca a fini genealogici, tenendo conto del fatto che il presente regolamento non dovrebbe applicarsi ai dati delle persone decedute.

161. Ai fini del consenso alla partecipazione ad attività di ricerca scientifica nell'ambito di sperimentazioni cliniche dovrebbero applicarsi le pertinenti disposizioni del regolamento UE. n. 536/2014 del Parlamento europeo e del Consiglio 15.

162. Qualora i dati personali siano trattati per finalità statistiche, il presente regolamento dovrebbe applicarsi a tale trattamento. Il diritto dell'Unione o degli Stati membri dovrebbe, entro i limiti del presente regolamento, determinare i contenuti statistici, il controllo dell'accesso, le specifiche per il trattamento dei dati personali per finalità statistiche e le misure adeguate per tutelare i diritti e le libertà dell'interessato e per garantire il segreto statistico. Per finalità statistiche si intende qualsiasi operazione di raccolta e trattamento di dati personali necessari alle indagini statistiche o alla produzione di risultati statistici. Tali risultati statistici possono essere ulteriormente usati per finalità diverse, anche per finalità di ricerca scientifica. La finalità statistica implica che il risultato del trattamento per finalità statistiche non siano dati personali, ma dati aggregati, e che tale risultato o i dati personali non siano utilizzati a sostegno di misure o decisioni riguardanti persone fisiche specifiche.

160. Where personal data are processed for historical research purposes, this Regulation should also apply to that processing. This should also include historical research and research for genealogical purposes, bearing in mind that this Regulation should not apply to deceased persons.

161. For the purpose of consenting to the participation in scientific research activities in clinical trials, the relevant provisions of Regulation EU. No 536/2014 of the European Parliament and of the Council 15. should apply.

162. Where personal data are processed for statistical purposes, this Regulation should apply to that processing. Union or Member State law should, within the limits of this Regulation, determine statistical content, control of access, specifications for the processing of personal data for statistical purposes and appropriate measures to safeguard the rights and freedoms of the data subject and for ensuring statistical confidentiality. Statistical purposes mean any operation of collection and the processing of personal data necessary for statistical surveys or for the production of statistical results. Those statistical results may further be used for different purposes, including a scientific research purpose. The statistical purpose implies that the result of processing for statistical purposes is not personal data, but aggregate data, and that this result or the personal data are not used in support of measures or decisions regarding any particular natural person.

163. È opportuno proteggere le informazioni riservate raccolte dalle autorità statistiche nazionali e dell'Unione per la produzione di statistiche ufficiali europee e nazionali. Le statistiche europee dovrebbero essere sviluppate, prodotte e diffuse conformemente ai principi statistici di cui all'articolo 338, paragrafo 2, TFUE, mentre le statistiche nazionali dovrebbero essere conformi anche al diritto degli Stati membri. Il regolamento CE. n. 223/2009 del Parlamento europeo e del Consiglio 16. fornisce ulteriori specificazioni in merito al segreto statistico per quanto riguarda le statistiche europee.

164. Per quanto riguarda il potere delle autorità di controllo di ottenere, dal titolare del trattamento o dal responsabile del trattamento, accesso ai dati personali e accesso ai loro locali, gli Stati membri possono stabilire per legge, nei limiti del presente regolamento, norme specifiche per tutelare il segreto professionale o altri obblighi equivalenti di segretezza, qualora si rendano necessarie per conciliare il diritto alla protezione dei dati personali con il segreto professionale. Ciò non pregiudica gli obblighi esistenti degli Stati membri di adottare norme relative al segreto professionale laddove richiesto dal diritto dell'Unione.

165. Il presente regolamento rispetta e non pregiudica lo status di cui godono le chiese e le associazioni o comunità religiose negli Stati membri in virtù del diritto costituzionale vigente, in conformità dell'articolo 17 TFUE.

166. Al fine di conseguire gli obiettivi del regolamento, segnatamente tutelare i diritti e le libertà fondamentali delle persone fisiche, in particolare il diritto alla protezione dei dati personali, e garantire la libera circolazione di tali dati nell'Unione, è opportuno delegare alla Commissione il

163. The confidential information which the Union and national statistical authorities collect for the production of official European and official national statistics should be protected. European statistics should be developed, produced and disseminated in accordance with the statistical principles as set out in Article 338 2. TFEU, while national statistics should also comply with Member State law. Regulation EC. No 223/2009 of the European Parliament and of the Council 16. provides further specifications on statistical confidentiality for European statistics.

164. As regards the powers of the supervisory authorities to obtain from the controller or processor access to personal data and access to their premises, Member States may adopt by law, within the limits of this Regulation, specific rules in order to safeguard the professional or other equivalent secrecy obligations, in so far as necessary to reconcile the right to the protection of personal data with an obligation of professional secrecy. This is without prejudice to existing Member State obligations to adopt rules on professional secrecy where required by Union law.

165. This Regulation respects and does not prejudice the status under existing constitutional law of churches and religious associations or communities in the Member States, as recognised in Article 17 TFEU.

166. In order to fulfil the objectives of this Regulation, namely to protect the fundamental rights and freedoms of natural persons and in particular their right to the protection of personal data and to ensure the free movement of personal data within the Union, the power to adopt acts in accordance with

potere di adottare atti conformemente all'articolo 290 TFUE. In particolare, dovrebbero essere adottati atti delegati riguardanti i criteri e i requisiti dei meccanismi di certificazione, le informazioni da presentare sotto forma di icone standardizzate e le procedure per fornire tali icone. È di particolare importanza che durante i lavori preparatori la Commissione svolga adeguate consultazioni, anche a livello di esperti. Nella preparazione e nell'elaborazione degli atti delegati, la Commissione dovrebbe provvedere alla contestuale, tempestiva e appropriata trasmissione dei documenti pertinenti al Parlamento europeo e al Consiglio.

167. Al fine di garantire condizioni uniformi di esecuzione del presente regolamento, dovrebbero essere attribuite alla Commissione competenze di esecuzione ove previsto dal presente regolamento. Tali competenze dovrebbero essere esercitate conformemente al regolamento UE. n. 182/2011 del Parlamento europeo e del Consiglio. A tal fine, la Commissione dovrebbe contemplare misure specifiche per le micro, piccole e medie imprese.

168. È opportuno applicare la procedura d'esame per l'adozione di atti di esecuzione su: clausole contrattuali tipo tra i titolari del trattamento e i responsabili del trattamento e tra responsabili del trattamento, codici di condotta; norme tecniche e meccanismi di certificazione; adeguato livello di protezione offerto da un paese terzo, un territorio o settore specifico all'interno del paese terzo, o da un'organizzazione internazionale; clausole tipo di protezione dei dati; formati e procedure per lo scambio di informazioni per via elettronica tra i titolari del trattamento, i responsabili del trattamento e le autorità di controllo per norme vincolanti d'impresa; assistenza reciproca; e modalità per lo

Article 290 TFEU should be delegated to the Commission. In particular, delegated acts should be adopted in respect of criteria and requirements for certification mechanisms, information to be presented by standardised icons and procedures for providing such icons. It is of particular importance that the Commission carry out appropriate consultations during its preparatory work, including at expert level. The Commission, when preparing and drawing-up delegated acts, should ensure a simultaneous, timely and appropriate transmission of relevant documents to the European Parliament and to the Council.

167. In order to ensure uniform conditions for the implementation of this Regulation, implementing powers should be conferred on the Commission when provided for by this Regulation. Those powers should be exercised in accordance with Regulation EU. No 182/2011. In that context, the Commission should consider specific measures for micro, small and medium-sized enterprises.

168. The examination procedure should be used for the adoption of implementing acts on standard contractual clauses between controllers and processors and between processors; codes of conduct; technical standards and mechanisms for certification; the adequate level of protection afforded by a third country, a territory or a specified sector within that third country, or an international organisation; standard protection clauses; formats and procedures for the exchange of information by electronic means between controllers, processors and supervisory authorities for binding corporate rules; mutual assistance; and arrangements for the exchange of information by electronic means between supervisory authorities, and

scambio di informazioni per via elettronica tra autorità di controllo e tra le autorità di controllo e il comitato.

169. È opportuno che la Commissione adotti atti di esecuzione immediatamente applicabili quando gli elementi a disposizione indicano che un paese terzo, un territorio o settore di specifico all'interno di tale paese terzo, o un'organizzazione internazionale non garantisce un livello di protezione adeguato e ciò è reso necessario da imperativi motivi di urgenza.

170. Poiché l'obiettivo del presente regolamento, vale a dire garantire un livello equivalente di tutela delle persone fisiche e la libera circolazione dei dati personali nell'Unione, non può essere conseguito in misura sufficiente dagli Stati membri ma, a motivo della portata e degli effetti dell'azione in questione, può essere conseguito meglio a livello di Unione, quest'ultima può intervenire in base al principio di sussidiarietà sancito dall'articolo 5 del trattato sull'Unione europea TUE. Il presente regolamento si limita a quanto è necessario per conseguire tale obiettivo in ottemperanza al principio di proporzionalità enunciato nello stesso articolo.

171. Il presente regolamento dovrebbe abrogare la direttiva 95/46/CE. Il trattamento già in corso alla data di applicazione del presente regolamento dovrebbe essere reso conforme al presente regolamento entro un periodo di due anni dall'entrata in vigore del presente regolamento. Qualora il trattamento si basi sul consenso a norma della direttiva 95/46/CE, non occorre che l'interessato presti nuovamente il suo consenso, se questo è stato espresso secondo modalità conformi alle condizioni del presente regolamento, affinché il titolare del trattamento possa proseguire il trattamento in questione dopo la data di applicazione del presente regolamento. Le decisioni

between supervisory authorities and the Board.

169. The Commission should adopt immediately applicable implementing acts where available evidence reveals that a third country, a territory or a specified sector within that third country, or an international organisation does not ensure an adequate level of protection, and imperative grounds of urgency so require.

170. Since the objective of this Regulation, namely to ensure an equivalent level of protection of natural persons and the free flow of personal data throughout the Union, cannot be sufficiently achieved by the Member States and can rather, by reason of the scale or effects of the action, be better achieved at Union level, the Union may adopt measures, in accordance with the principle of subsidiarity as set out in Article 5 of the Treaty on European Union TEU. In accordance with the principle of proportionality as set out in that Article, this Regulation does not go beyond what is necessary in order to achieve that objective.

171. Directive 95/46/EC should be repealed by this Regulation. Processing already under way on the date of application of this Regulation should be brought into conformity with this Regulation within the period of two years after which this Regulation enters into force. Where processing is based on consent pursuant to Directive 95/46/EC, it is not necessary for the data subject to give his or her consent again if the manner in which the consent has been given is in line with the conditions of this Regulation, so as to allow the controller to continue such processing after the date of application of this Regulation. Commission decisions adopted and authorisations by supervisory authorities

della Commissione e le autorizzazioni delle autorità di controllo basate sulla direttiva 95/46/CE rimangono in vigore fino a quando non vengono modificate, sostituite o abrogate.

172. Il Garante europeo della protezione dei dati è stato consultato conformemente all'articolo 28, paragrafo 2, del regolamento CE. n. 45/2001 e ha espresso un parere il 7 marzo 2012 17.

173. È opportuno che il presente regolamento si applichi a tutti gli aspetti relativi alla tutela dei diritti e delle libertà fondamentali con riguardo al trattamento dei dati personali che non rientrino in obblighi specifici, aventi lo stesso obiettivo, di cui alla direttiva 2002/58/CE del Parlamento europeo e del Consiglio 18., compresi gli obblighi del titolare del trattamento e i diritti delle persone fisiche. Per chiarire il rapporto tra il presente regolamento e la direttiva 2002/58/CE, è opportuno modificare quest'ultima di conseguenza. Una volta adottato il presente regolamento, la direttiva 2002/58/CE dovrebbe essere riesaminata in particolare per assicurare la coerenza con il presente regolamento,

HANNO ADOTTATO IL PRESENTE REGOLAMENTO:

CAPO I

Disposizioni generali

Articolo 1

Oggetto e finalità

1. Il presente regolamento stabilisce norme relative alla protezione delle persone fisiche con riguardo al trattamento dei dati personali, nonché norme relative alla libera circolazione di tali dati.

2. Il presente regolamento protegge i diritti e le libertà fondamentali delle persone fisiche, in particolare il diritto alla protezione dei dati personali.

based on Directive 95/46/EC remain in force until amended, replaced or repealed.

172. The European Data Protection Supervisor was consulted in accordance with Article 282. of Regulation EC. No 45/2001 and delivered an opinion on 7 March 2012 17.

173. This Regulation should apply to all matters concerning the protection of fundamental rights and freedoms vis-à-vis the processing of personal data which are not subject to specific obligations with the same objective set out in Directive 2002/58/EC of the European Parliament and of the Council 18., including the obligations on the controller and the rights of natural persons. In order to clarify the relationship between this Regulation and Directive 2002/58/EC, that Directive should be amended accordingly. Once this Regulation is adopted, Directive 2002/58/EC should be reviewed in particular in order to ensure consistency with this Regulation,

HAVE ADOPTED THIS REGULATION:

CHAPTER I

General provisions

Article 1

Subject-matter and objectives

1. This Regulation lays down rules relating to the protection of natural persons with regard to the processing of personal data and rules relating to the free movement of personal data.

2. This Regulation protects fundamental rights and freedoms of natural persons and in particular their right to the protection of personal data.

3. La libera circolazione dei dati personali nell'Unione non può essere limitata né vietata per motivi attinenti alla protezione delle persone fisiche con riguardo al trattamento dei dati personali.

Articolo 2

Ambito di applicazione materiale

1. Il presente regolamento si applica al trattamento interamente o parzialmente automatizzato di dati personali e al trattamento non automatizzato di dati personali contenuti in un archivio o destinati a figurarvi.

2. Il presente regolamento non si applica ai trattamenti di dati personali:

a. effettuati per attività che non rientrano nell'ambito di applicazione del diritto dell'Unione;

b. effettuati dagli Stati membri nell'esercizio di attività che rientrano nell'ambito di applicazione del titolo V, capo 2, TUE;

c. effettuati da una persona fisica per l'esercizio di attività a carattere esclusivamente personale o domestico;

d. effettuati dalle autorità competenti a fini di prevenzione, indagine, accertamento o perseguimento di reati o esecuzione di sanzioni penali, incluse la salvaguardia contro minacce alla sicurezza pubblica e la prevenzione delle stesse.

3. Per il trattamento dei dati personali da parte di istituzioni, organi, uffici e agenzie dell'Unione, si applica il regolamento CE. n. 45/2001. Il regolamento CE. n. 45/2001 e gli altri atti giuridici dell'Unione applicabili a tale trattamento di dati personali devono essere adeguati ai principi e alle norme del presente regolamento conformemente all'articolo 98.

4. Il presente regolamento non pregiudica pertanto l'applicazione della

3. The free movement of personal data within the Union shall be neither restricted nor prohibited for reasons connected with the protection of natural persons with regard to the processing of personal data.

Article 2

Material scope

1. This Regulation applies to the processing of personal data wholly or partly by automated means and to the processing other than by automated means of personal data which form part of a filing system or are intended to form part of a filing system.

2. This Regulation does not apply to the processing of personal data:

a. in the course of an activity which falls outside the scope of Union law;

b. by the Member States when carrying out activities which fall within the scope of Chapter 2 of Title V of the TEU;

c. by a natural person in the course of a purely personal or household activity;

d. by competent authorities for the purposes of the prevention, investigation, detection or prosecution of criminal offences or the execution of criminal penalties, including the safeguarding against and the prevention of threats to public security.

3. For the processing of personal data by the Union institutions, bodies, offices and agencies, Regulation EC. No 45/2001 applies. Regulation EC. No 45/2001 and other Union legal acts applicable to such processing of personal data shall be adapted to the principles and rules of this Regulation in accordance with Article 98.

4. This Regulation shall be without prejudice to the application of Directive

direttiva 2000/31/CE, in particolare le norme relative alla responsabilità dei prestatori intermediari di servizi di cui agli articoli da 12 a 15 della medesima direttiva.

Articolo 3

Ambito di applicazione territoriale

1. Il presente regolamento si applica al trattamento dei dati personali effettuato nell'ambito delle attività di uno stabilimento da parte di un titolare del trattamento o di un responsabile del trattamento nell'Unione, indipendentemente dal fatto che il trattamento sia effettuato o meno nell'Unione.

2. Il presente regolamento si applica al trattamento dei dati personali di interessati che si trovano nell'Unione, effettuato da un titolare del trattamento o da un responsabile del trattamento che non è stabilito nell'Unione, quando le attività di trattamento riguardano:

a. l'offerta di beni o la prestazione di servizi ai suddetti interessati nell'Unione, indipendentemente dall'obbligatorietà di un pagamento dell'interessato; oppure

b. il monitoraggio del loro comportamento nella misura in cui tale comportamento ha luogo all'interno dell'Unione.

3. Il presente regolamento si applica al trattamento dei dati personali effettuato da un titolare del trattamento che non è stabilito nell'Unione, ma in un luogo soggetto al diritto di uno Stato membro in virtù del diritto internazionale pubblico.

Articolo 4

Definizioni

Ai fini del presente regolamento s'intende per:

2000/31/EC, in particular of the liability rules of intermediary service providers in Articles 12 to 15 of that Directive.

Article 3

Territorial scope

1. This Regulation applies to the processing of personal data in the context of the activities of an establishment of a controller or a processor in the Union, regardless of whether the processing takes place in the Union or not.

2. This Regulation applies to the processing of personal data of data subjects who are in the Union by a controller or processor not established in the Union, where the processing activities are related to:

a. the offering of goods or services, irrespective of whether a payment of the data subject is required, to such data subjects in the Union; or

b. the monitoring of their behaviour as far as their behaviour takes place within the Union.

3. This Regulation applies to the processing of personal data by a controller not established in the Union, but in a place where Member State law applies by virtue of public international law.

Article 4

Definitions

For the purposes of this Regulation:

1. «dato personale»: qualsiasi informazione riguardante una persona fisica identificata o identificabile «interessato».; si considera identificabile la persona fisica che può essere identificata, direttamente o indirettamente, con particolare riferimento a un identificativo come il nome, un numero di identificazione, dati relativi all'ubicazione, un identificativo online o a uno o più elementi caratteristici della sua identità fisica, fisiologica, genetica, psichica, economica, culturale o sociale;

2. «trattamento»: qualsiasi operazione o insieme di operazioni, compiute con o senza l'ausilio di processi automatizzati e applicate a dati personali o insiemi di dati personali, come la raccolta, la registrazione, l'organizzazione, la strutturazione, la conservazione, l'adattamento o la modifica, l'estrazione, la consultazione, l'uso, la comunicazione mediante trasmissione, diffusione o qualsiasi altra forma di messa a disposizione, il raffronto o l'interconnessione, la limitazione, la cancellazione o la distruzione;

3. «limitazione di trattamento»: il contrassegno dei dati personali conservati con l'obiettivo di limitarne il trattamento in futuro;

4. «profilazione»: qualsiasi forma di trattamento automatizzato di dati personali consistente nell'utilizzo di tali dati personali per valutare determinati aspetti personali relativi a una persona fisica, in particolare per analizzare o prevedere aspetti riguardanti il rendimento professionale, la situazione economica, la salute, le preferenze personali, gli interessi, l'affidabilità, il comportamento, l'ubicazione o gli spostamenti di detta persona fisica;

5. «pseudonimizzazione»: il trattamento dei dati personali in modo tale che i dati personali non possano più essere attribuiti a un interessato

1. 'personal data' means any information relating to an identified or identifiable natural person 'data subject'.; an identifiable natural person is one who can be identified, directly or indirectly, in particular by reference to an identifier such as a name, an identification number, location data, an online identifier or to one or more factors specific to the physical, physiological, genetic, mental, economic, cultural or social identity of that natural person;

2. 'processing' means any operation or set of operations which is performed on personal data or on sets of personal data, whether or not by automated means, such as collection, recording, organisation, structuring, storage, adaptation or alteration, retrieval, consultation, use, disclosure by transmission, dissemination or otherwise making available, alignment or combination, restriction, erasure or destruction;

3. 'restriction of processing' means the marking of stored personal data with the aim of limiting their processing in the future;

4. 'profiling' means any form of automated processing of personal data consisting of the use of personal data to evaluate certain personal aspects relating to a natural person, in particular to analyse or predict aspects concerning that natural person's performance at work, economic situation, health, personal preferences, interests, reliability, behaviour, location or movements;

5. 'pseudonymisation' means the processing of personal data in such a manner that the personal data can no longer be attributed to a specific data

specifico senza l'utilizzo di informazioni aggiuntive, a condizione che tali informazioni aggiuntive siano conservate separatamente e soggette a misure tecniche e organizzative intese a garantire che tali dati personali non siano attribuiti a una persona fisica identificata o identificabile;

6. «archivio»: qualsiasi insieme strutturato di dati personali accessibili secondo criteri determinati, indipendentemente dal fatto che tale insieme sia centralizzato, decentralizzato o ripartito in modo funzionale o geografico;

7. «titolare del trattamento»: la persona fisica o giuridica, l'autorità pubblica, il servizio o altro organismo che, singolarmente o insieme ad altri, determina le finalità e i mezzi del trattamento di dati personali; quando le finalità e i mezzi di tale trattamento sono determinati dal diritto dell'Unione o degli Stati membri, il titolare del trattamento o i criteri specifici applicabili alla sua designazione possono essere stabiliti dal diritto dell'Unione o degli Stati membri;

8. «responsabile del trattamento»: la persona fisica o giuridica, l'autorità pubblica, il servizio o altro organismo che tratta dati personali per conto del titolare del trattamento;

9. «destinatario»: la persona fisica o giuridica, l'autorità pubblica, il servizio o un altro organismo che riceve comunicazione di dati personali, che si tratti o meno di terzi. Tuttavia, le autorità pubbliche che possono ricevere comunicazione di dati personali nell'ambito di una specifica indagine conformemente al diritto dell'Unione o degli Stati membri non sono considerate destinatari; il trattamento di tali dati da parte di dette autorità pubbliche è conforme alle norme applicabili in materia di protezione dei dati secondo le finalità del trattamento;

subject without the use of additional information, provided that such additional information is kept separately and is subject to technical and organisational measures to ensure that the personal data are not attributed to an identified or identifiable natural person;

6. 'filing system' means any structured set of personal data which are accessible according to specific criteria, whether centralised, decentralised or dispersed on a functional or geographical basis;

7. 'controller' means the natural or legal person, public authority, agency or other body which, alone or jointly with others, determines the purposes and means of the processing of personal data; where the purposes and means of such processing are determined by Union or Member State law, the controller or the specific criteria for its nomination may be provided for by Union or Member State law;

8. 'processor' means a natural or legal person, public authority, agency or other body which processes personal data on behalf of the controller;

9. 'recipient' means a natural or legal person, public authority, agency or another body, to which the personal data are disclosed, whether a third party or not. However, public authorities which may receive personal data in the framework of a particular inquiry in accordance with Union or Member State law shall not be regarded as recipients; the processing of those data by those public authorities shall be in compliance with the applicable data protection rules according to the purposes of the processing;

10. «terzo»: la persona fisica o giuridica, l'autorità pubblica, il servizio o altro organismo che non sia l'interessato, il titolare del trattamento, il responsabile del trattamento e le persone autorizzate al trattamento dei dati personali sotto l'autorità diretta del titolare o del responsabile;

11. «consenso dell'interessato»: qualsiasi manifestazione di volontà libera, specifica, informata e inequivocabile dell'interessato, con la quale lo stesso manifesta il proprio assenso, mediante dichiarazione o azione positiva inequivocabile, che i dati personali che lo riguardano siano oggetto di trattamento;

12. «violazione dei dati personali»: la violazione di sicurezza che comporta accidentalmente o in modo illecito la distruzione, la perdita, la modifica, la divulgazione non autorizzata o l'accesso ai dati personali trasmessi, conservati o comunque trattati;

13. «dati genetici»: i dati personali relativi alle caratteristiche genetiche ereditarie o acquisite di una persona fisica che forniscono informazioni univoche sulla fisiologia o sulla salute di detta persona fisica, e che risultano in particolare dall'analisi di un campione biologico della persona fisica in questione;

14. «dati biometrici»: i dati personali ottenuti da un trattamento tecnico specifico relativi alle caratteristiche fisiche, fisiologiche o comportamentali di una persona fisica che ne consentono o confermano l'identificazione univoca, quali l'immagine facciale o i dati dattiloscopici;

15. «dati relativi alla salute»: i dati personali attinenti alla salute fisica o mentale di una persona fisica, compresa la prestazione di servizi di assistenza sanitaria, che rivelano informazioni relative al suo stato di salute;

10. 'third party' means a natural or legal person, public authority, agency or body other than the data subject, controller, processor and persons who, under the direct authority of the controller or processor, are authorised to process personal data;

11. 'consent' of the data subject means any freely given, specific, informed and unambiguous indication of the data subject's wishes by which he or she, by a statement or by a clear affirmative action, signifies agreement to the processing of personal data relating to him or her;

12. 'personal data breach' means a breach of security leading to the accidental or unlawful destruction, loss, alteration, unauthorised disclosure of, or access to, personal data transmitted, stored or otherwise processed;

13. 'genetic data' means personal data relating to the inherited or acquired genetic characteristics of a natural person which give unique information about the physiology or the health of that natural person and which result, in particular, from an analysis of a biological sample from the natural person in question;

14. 'biometric data' means personal data resulting from specific technical processing relating to the physical, physiological or behavioural characteristics of a natural person, which allow or confirm the unique identification of that natural person, such as facial images or dactyloscopic data;

15. 'data concerning health' means personal data related to the physical or mental health of a natural person, including the provision of health care services, which reveal information about his or her health status;

16. «stabilimento principale»: a. per quanto riguarda un titolare del trattamento con stabilimenti in più di uno Stato membro, il luogo della sua amministrazione centrale nell'Unione, salvo che le decisioni sulle finalità e i mezzi del trattamento di dati personali siano adottate in un altro stabilimento del titolare del trattamento nell'Unione e che quest'ultimo stabilimento abbia facoltà di ordinare l'esecuzione di tali decisioni, nel qual caso lo stabilimento che ha adottato siffatte decisioni è considerato essere lo stabilimento principale; b. con riferimento a un responsabile del trattamento con stabilimenti in più di uno Stato membro, il luogo in cui ha sede la sua amministrazione centrale nell'Unione o, se il responsabile del trattamento non ha un'amministrazione centrale nell'Unione, lo stabilimento del responsabile del trattamento nell'Unione in cui sono condotte le principali attività di trattamento nel contesto delle attività di uno stabilimento del responsabile del trattamento nella misura in cui tale responsabile è soggetto a obblighi specifici ai sensi del presente regolamento;

17. «rappresentante»: la persona fisica o giuridica stabilita nell'Unione che, designata dal titolare del trattamento o dal responsabile del trattamento per iscritto ai sensi dell'articolo 27, li rappresenta per quanto riguarda gli obblighi rispettivi a norma del presente regolamento;

18. «impresa»: la persona fisica o giuridica, indipendentemente dalla forma giuridica rivestita, che eserciti un'attività economica, comprendente le società di persone o le associazioni che esercitano regolarmente un'attività economica;

16. 'main establishment' means: a. as regards a controller with establishments in more than one Member State, the place of its central administration in the Union, unless the decisions on the purposes and means of the processing of personal data are taken in another establishment of the controller in the Union and the latter establishment has the power to have such decisions implemented, in which case the establishment having taken such decisions is to be considered to be the main establishment; b. as regards a processor with establishments in more than one Member State, the place of its central administration in the Union, or, if the processor has no central administration in the Union, the establishment of the processor in the Union where the main processing activities in the context of the activities of an establishment of the processor take place to the extent that the processor is subject to specific obligations under this Regulation;

17. 'representative' means a natural or legal person established in the Union who, designated by the controller or processor in writing pursuant to Article 27, represents the controller or processor with regard to their respective obligations under this Regulation;

18. 'enterprise' means a natural or legal person engaged in an economic activity, irrespective of its legal form, including partnerships or associations regularly engaged in an economic activity;

19. «gruppo imprenditoriale»: un gruppo costituito da un'impresa controllante e dalle imprese da questa controllate;

20. «norme vincolanti d'impresa»: le politiche in materia di protezione dei dati personali applicate da un titolare del trattamento o responsabile del trattamento stabilito nel territorio di uno Stato membro al trasferimento o al complesso di trasferimenti di dati personali a un titolare del trattamento o responsabile del trattamento in uno o più paesi terzi, nell'ambito di un gruppo imprenditoriale o di un gruppo di imprese che svolge un'attività economica comune;

21. «autorità di controllo»: l'autorità pubblica indipendente istituita da uno Stato membro ai sensi dell'articolo 51;

22. «autorità di controllo interessata»: un'autorità di controllo interessata dal trattamento di dati personali in quanto: a. il titolare del trattamento o il responsabile del trattamento è stabilito sul territorio dello Stato membro di tale autorità di controllo; b. gli interessati che risiedono nello Stato membro dell'autorità di controllo sono o sono probabilmente influenzati in modo sostanziale dal trattamento; oppure c. un reclamo è stato proposto a tale autorità di controllo;

23. «trattamento transfrontaliero»: a. trattamento di dati personali che ha luogo nell'ambito delle attività di stabilimenti in più di uno Stato membro di un titolare del trattamento o responsabile del trattamento nell'Unione ove il titolare del trattamento o il responsabile del trattamento siano stabiliti in più di uno Stato membro; oppure b. trattamento di dati personali che ha luogo nell'ambito delle attività di un unico stabilimento di un titolare del trattamento o responsabile del

19. 'group of undertakings' means a controlling undertaking and its controlled undertakings;

20. 'binding corporate rules' means personal data protection policies which are adhered to by a controller or processor established on the territory of a Member State for transfers or a set of transfers of personal data to a controller or processor in one or more third countries within a group of undertakings, or group of enterprises engaged in a joint economic activity;

21. 'supervisory authority' means an independent public authority which is established by a Member State pursuant to Article 51;

22. 'supervisory authority concerned' means a supervisory authority which is concerned by the processing of personal data because: a. the controller or processor is established on the territory of the Member State of that supervisory authority; b. data subjects residing in the Member State of that supervisory authority are substantially affected or likely to be substantially affected by the processing; or c. a complaint has been lodged with that supervisory authority;

23. 'cross-border processing' means either: a. processing of personal data which takes place in the context of the activities of establishments in more than one Member State of a controller or processor in the Union where the controller or processor is established in more than one Member State; or b. processing of personal data which takes place in the context of the activities of a single establishment of a controller or processor in the Union but which substantially affects or is likely to

trattamento nell'Unione, ma che incide o probabilmente incide in modo sostanziale su interessati in più di uno Stato membro;

24. «obiezione pertinente e motivata»: un'obiezione al progetto di decisione sul fatto che vi sia o meno una violazione del presente regolamento, oppure che l'azione prevista in relazione al titolare del trattamento o responsabile del trattamento sia conforme al presente regolamento, la quale obiezione dimostra chiaramente la rilevanza dei rischi posti dal progetto di decisione riguardo ai diritti e alle libertà fondamentali degli interessati e, ove applicabile, alla libera circolazione dei dati personali all'interno dell'Unione;

25. «servizio della società dell'informazione»: il servizio definito all'articolo 1, paragrafo 1, lettera b., della direttiva UE. 2015/1535 del Parlamento europeo e del Consiglio 19.;

26. «organizzazione internazionale»: un'organizzazione e gli organismi di diritto internazionale pubblico a essa subordinati o qualsiasi altro organismo istituito da o sulla base di un accordo tra due o più Stati.

CAPO II

Principi

Articolo 5

Principi applicabili al trattamento di dati personali

1. I dati personali sono:

a. trattati in modo lecito, corretto e trasparente nei confronti dell'interessato «liceità, correttezza e trasparenza».;

b. raccolti per finalità determinate, esplicite e legittime, e successivamente trattati in modo che non sia incompatibile con tali finalità; un ulteriore trattamento dei dati personali a fini di archiviazione nel pubblico interesse, di ricerca scientifica o storica

substantially affect data subjects in more than one Member State.

24. 'relevant and reasoned objection' means an objection to a draft decision as to whether there is an infringement of this Regulation, or whether envisaged action in relation to the controller or processor complies with this Regulation, which clearly demonstrates the significance of the risks posed by the draft decision as regards the fundamental rights and freedoms of data subjects and, where applicable, the free flow of personal data within the Union;

25. 'information society service' means a service as defined in point b. of Article 11. of Directive EU. 2015/1535 of the European Parliament and of the Council 19.;

26. 'international organisation' means an organisation and its subordinate bodies governed by public international law, or any other body which is set up by, or on the basis of, an agreement between two or more countries.

CHAPTER II

Principles

Article 5

Principles relating to processing of personal data

1. Personal data shall be:

a. processed lawfully, fairly and in a transparent manner in relation to the data subject 'lawfulness, fairness and transparency'.;

b. collected for specified, explicit and legitimate purposes and not further processed in a manner that is incompatible with those purposes; further processing for archiving purposes in the public interest, scientific or historical research purposes or statistical

o a fini statistici non è, conformemente all'articolo 89, paragrafo 1, considerato incompatibile con le finalità iniziali «limitazione della finalità».;

c.   adeguati, pertinenti e limitati a quanto necessario rispetto alle finalità per le quali sono trattati «minimizzazione dei dati».;

d.   esatti e, se necessario, aggiornati; devono essere adottate tutte le misure ragionevoli per cancellare o rettificare tempestivamente i dati inesatti rispetto alle finalità per le quali sono trattati «esattezza».;

e.   conservati in una forma che consenta l'identificazione degli interessati per un arco di tempo non superiore al conseguimento delle finalità per le quali sono trattati; i dati personali possono essere conservati per periodi più lunghi a condizione che siano trattati esclusivamente a fini di archiviazione nel pubblico interesse, di ricerca scientifica o storica o a fini statistici, conformemente all'articolo 89, paragrafo 1, fatta salva l'attuazione di misure tecniche e organizzative adeguate richieste dal presente regolamento a tutela dei diritti e delle libertà dell'interessato «limitazione della conservazione».;

f.   trattati in maniera da garantire un'adeguata sicurezza dei dati personali, compresa la protezione, mediante misure tecniche e organizzative adeguate, da trattamenti non autorizzati o illeciti e dalla perdita, dalla distruzione o dal danno accidentali «integrità e riservatezza».

2.   Il titolare del trattamento è competente per il rispetto del paragrafo 1 e in grado di comprovarlo «responsabilizzazione».

Articolo 6

Liceità del trattamento

purposes shall, in accordance with Article 891., not be considered to be incompatible with the initial purposes 'purpose limitation'.;

c.   adequate, relevant and limited to what is necessary in relation to the purposes for which they are processed 'data minimisation'.;

d.   accurate and, where necessary, kept up to date; every reasonable step must be taken to ensure that personal data that are inaccurate, having regard to the purposes for which they are processed, are erased or rectified without delay 'accuracy'.;

e.   kept in a form which permits identification of data subjects for no longer than is necessary for the purposes for which the personal data are processed; personal data may be stored for longer periods insofar as the personal data will be processed solely for archiving purposes in the public interest, scientific or historical research purposes or statistical purposes in accordance with Article 891. subject to implementation of the appropriate technical and organisational measures required by this Regulation in order to safeguard the rights and freedoms of the data subject 'storage limitation'.;

f.   processed in a manner that ensures appropriate security of the personal data, including protection against unauthorised or unlawful processing and against accidental loss, destruction or damage, using appropriate technical or organisational measures 'integrity and confidentiality'.

2.   The controller shall be responsible for, and be able to demonstrate compliance with, paragraph 1 'accountability'.

Article 6

Lawfulness of processing

1. Il trattamento è lecito solo se e nella misura in cui ricorre almeno una delle seguenti condizioni:

a. l'interessato ha espresso il consenso al trattamento dei propri dati personali per una o più specifiche finalità;

b. il trattamento è necessario all'esecuzione di un contratto di cui l'interessato è parte o all'esecuzione di misure precontrattuali adottate su richiesta dello stesso;

c. il trattamento è necessario per adempiere un obbligo legale al quale è soggetto il titolare del trattamento;

d. il trattamento è necessario per la salvaguardia degli interessi vitali dell'interessato o di un'altra persona fisica;

e. il trattamento è necessario per l'esecuzione di un compito di interesse pubblico o connesso all'esercizio di pubblici poteri di cui è investito il titolare del trattamento;

f. il trattamento è necessario per il perseguimento del legittimo interesse del titolare del trattamento o di terzi, a condizione che non prevalgano gli interessi o i diritti e le libertà fondamentali dell'interessato che richiedono la protezione dei dati personali, in particolare se l'interessato è un minore.

La lettera f. del primo comma non si applica al trattamento di dati effettuato dalle autorità pubbliche nell'esecuzione dei loro compiti.

2. Gli Stati membri possono mantenere o introdurre disposizioni più specifiche per adeguare l'applicazione delle norme del presente regolamento con riguardo al trattamento, in conformità del paragrafo 1, lettere c. ed e., determinando con maggiore precisione requisiti specifici per il trattamento e altre misure atte a garantire un trattamento lecito e corretto anche per

1. Processing shall be lawful only if and to the extent that at least one of the following applies:

a. the data subject has given consent to the processing of his or her personal data for one or more specific purposes;

b. processing is necessary for the performance of a contract to which the data subject is party or in order to take steps at the request of the data subject prior to entering into a contract;

c. processing is necessary for compliance with a legal obligation to which the controller is subject;

d. processing is necessary in order to protect the vital interests of the data subject or of another natural person;

e. processing is necessary for the performance of a task carried out in the public interest or in the exercise of official authority vested in the controller;

f. processing is necessary for the purposes of the legitimate interests pursued by the controller or by a third party, except where such interests are overridden by the interests or fundamental rights and freedoms of the data subject which require protection of personal data, in particular where the data subject is a child.

Point f. of the first subparagraph shall not apply to processing carried out by public authorities in the performance of their tasks.

2. Member States may maintain or introduce more specific provisions to adapt the application of the rules of this Regulation with regard to processing for compliance with points c. and e. of paragraph 1 by determining more precisely specific requirements for the processing and other measures to ensure lawful and fair processing including for

le altre specifiche situazioni di trattamento di cui al capo IX.

3. La base su cui si fonda il trattamento dei dati di cui al paragrafo 1, lettere c. ed e., deve essere stabilita:

a. dal diritto dell'Unione; o

b. dal diritto dello Stato membro cui è soggetto il titolare del trattamento.

La finalità del trattamento è determinata in tale base giuridica o, per quanto riguarda il trattamento di cui al paragrafo 1, lettera e., è necessaria per l'esecuzione di un compito svolto nel pubblico interesse o connesso all'esercizio di pubblici poteri di cui è investito il titolare del trattamento. Tale base giuridica potrebbe contenere disposizioni specifiche per adeguare l'applicazione delle norme del presente regolamento, tra cui: le condizioni generali relative alla liceità del trattamento da parte del titolare del trattamento; le tipologie di dati oggetto del trattamento; gli interessati; i soggetti cui possono essere comunicati i dati personali e le finalità per cui sono comunicati; le limitazioni della finalità, i periodi di conservazione e le operazioni e procedure di trattamento, comprese le misure atte a garantire un trattamento lecito e corretto, quali quelle per altre specifiche situazioni di trattamento di cui al capo IX. Il diritto dell'Unione o degli Stati membri persegue un obiettivo di interesse pubblico ed è proporzionato all'obiettivo legittimo perseguito.

4. Laddove il trattamento per una finalità diversa da quella per la quale i dati personali sono stati raccolti non sia basato sul consenso dell'interessato o su un atto legislativo dell'Unione o degli Stati membri che costituisca una misura necessaria e proporzionata in una società democratica per la salvaguardia degli obiettivi di cui all'articolo 23, paragrafo 1, al fine di verificare se il trattamento per un'altra finalità sia

other specific processing situations as provided for in Chapter IX.

3. The basis for the processing referred to in point c. and e. of paragraph 1 shall be laid down by:

a. Union law; or

b. Member State law to which the controller is subject.

The purpose of the processing shall be determined in that legal basis or, as regards the processing referred to in point e. of paragraph 1, shall be necessary for the performance of a task carried out in the public interest or in the exercise of official authority vested in the controller. That legal basis may contain specific provisions to adapt the application of rules of this Regulation, inter alia: the general conditions governing the lawfulness of processing by the controller; the types of data which are subject to the processing; the data subjects concerned; the entities to, and the purposes for which, the personal data may be disclosed; the purpose limitation; storage periods; and processing operations and processing procedures, including measures to ensure lawful and fair processing such as those for other specific processing situations as provided for in Chapter IX. The Union or the Member State law shall meet an objective of public interest and be proportionate to the legitimate aim pursued.

4. Where the processing for a purpose other than that for which the personal data have been collected is not based on the data subject's consent or on a Union or Member State law which constitutes a necessary and proportionate measure in a democratic society to safeguard the objectives referred to in Article 23 1., the controller shall, in order to ascertain whether processing for another purpose is compatible with the purpose for which

compatibile con la finalità per la quale i dati personali sono stati inizialmente raccolti, il titolare del trattamento tiene conto, tra l'altro:

a. di ogni nesso tra le finalità per cui i dati personali sono stati raccolti e le finalità dell'ulteriore trattamento previsto;

b. del contesto in cui i dati personali sono stati raccolti, in particolare relativamente alla relazione tra l'interessato e il titolare del trattamento;

c. della natura dei dati personali, specialmente se siano trattate categorie particolari di dati personali ai sensi dell'articolo 9, oppure se siano trattati dati relativi a condanne penali e a reati ai sensi dell'articolo 10;

d. delle possibili conseguenze dell'ulteriore trattamento previsto per gli interessati;

e. dell'esistenza di garanzie adeguate, che possono comprendere la cifratura o la pseudonimizzazione.

Articolo 7

Condizioni per il consenso

1. Qualora il trattamento sia basato sul consenso, il titolare del trattamento deve essere in grado di dimostrare che l'interessato ha prestato il proprio consenso al trattamento dei propri dati personali.

2. Se il consenso dell'interessato è prestato nel contesto di una dichiarazione scritta che riguarda anche altre questioni, la richiesta di consenso è presentata in modo chiaramente distinguibile dalle altre materie, in forma comprensibile e facilmente accessibile, utilizzando un linguaggio semplice e chiaro. Nessuna parte di una tale dichiarazione che costituisca una violazione del presente regolamento è vincolante.

the personal data are initially collected, take into account, inter alia:

a. any link between the purposes for which the personal data have been collected and the purposes of the intended further processing;

b. the context in which the personal data have been collected, in particular regarding the relationship between data subjects and the controller;

c. the nature of the personal data, in particular whether special categories of personal data are processed, pursuant to Article 9, or whether personal data related to criminal convictions and offences are processed, pursuant to Article 10;

d. the possible consequences of the intended further processing for data subjects;

e. the existence of appropriate safeguards, which may include encryption or pseudonymisation.

Article 7

Conditions for consent

1. Where processing is based on consent, the controller shall be able to demonstrate that the data subject has consented to processing of his or her personal data.

2. If the data subject's consent is given in the context of a written declaration which also concerns other matters, the request for consent shall be presented in a manner which is clearly distinguishable from the other matters, in an intelligible and easily accessible form, using clear and plain language. Any part of such a declaration which constitutes an infringement of this Regulation shall not be binding.

3. L'interessato ha il diritto di revocare il proprio consenso in qualsiasi momento. La revoca del consenso non pregiudica la liceità del trattamento basata sul consenso prima della revoca. Prima di esprimere il proprio consenso, l'interessato è informato di ciò. Il consenso è revocato con la stessa facilità con cui è accordato.

4. Nel valutare se il consenso sia stato liberamente prestato, si tiene nella massima considerazione l'eventualità, tra le altre, che l'esecuzione di un contratto, compresa la prestazione di un servizio, sia condizionata alla prestazione del consenso al trattamento di dati personali non necessario all'esecuzione di tale contratto.

Articolo 8

Condizioni applicabili al consenso dei minori in relazione ai servizi della società dell'informazione

1. Qualora si applichi l'articolo 6, paragrafo 1, lettera a., per quanto riguarda l'offerta diretta di servizi della società dell'informazione ai minori, il trattamento di dati personali del minore è lecito ove il minore abbia almeno 16 anni. Ove il minore abbia un'età inferiore ai 16 anni, tale trattamento è lecito soltanto se e nella misura in cui tale consenso è prestato o autorizzato dal titolare della responsabilità genitoriale.

Gli Stati membri possono stabilire per legge un'età inferiore a tali fini purché non inferiore ai 13 anni.

2. Il titolare del trattamento si adopera in ogni modo ragionevole per verificare in tali casi che il consenso sia prestato o autorizzato dal titolare della responsabilità genitoriale sul minore, in considerazione delle tecnologie disponibili.

3. Il paragrafo 1 non pregiudica le disposizioni generali del diritto dei contratti degli Stati membri, quali le

3. The data subject shall have the right to withdraw his or her consent at any time. The withdrawal of consent shall not affect the lawfulness of processing based on consent before its withdrawal. Prior to giving consent, the data subject shall be informed thereof. It shall be as easy to withdraw as to give consent.

4. When assessing whether consent is freely given, utmost account shall be taken of whether, inter alia, the performance of a contract, including the provision of a service, is conditional on consent to the processing of personal data that is not necessary for the performance of that contract.

Article 8

Conditions applicable to child's consent in relation to information society services

1. Where point a. of Article 61. applies, in relation to the offer of information society services directly to a child, the processing of the personal data of a child shall be lawful where the child is at least 16 years old. Where the child is below the age of 16 years, such processing shall be lawful only if and to the extent that consent is given or authorised by the holder of parental responsibility over the child.

Member States may provide by law for a lower age for those purposes provided that such lower age is not below 13 years.

2. The controller shall make reasonable efforts to verify in such cases that consent is given or authorised by the holder of parental responsibility over the child, taking into consideration available technology.

3. Paragraph 1 shall not affect the general contract law of Member States such as the rules on the validity,

norme sulla validità, la formazione o l'efficacia di un contratto rispetto a un minore.

Articolo 9

Trattamento di categorie particolari di dati personali

1. È vietato trattare dati personali che rivelino l'origine razziale o etnica, le opinioni politiche, le convinzioni religiose o filosofiche, o l'appartenenza sindacale, nonché trattare dati genetici, dati biometrici intesi a identificare in modo univoco una persona fisica, dati relativi alla salute o alla vita sessuale o all'orientamento sessuale della persona.

2. Il paragrafo 1 non si applica se si verifica uno dei seguenti casi:

a. l'interessato ha prestato il proprio consenso esplicito al trattamento di tali dati personali per una o più finalità specifiche, salvo nei casi in cui il diritto dell'Unione o degli Stati membri dispone che l'interessato non possa revocare il divieto di cui al paragrafo 1;

b. il trattamento è necessario per assolvere gli obblighi ed esercitare i diritti specifici del titolare del trattamento o dell'interessato in materia di diritto del lavoro e della sicurezza sociale e protezione sociale, nella misura in cui sia autorizzato dal diritto dell'Unione o degli Stati membri o da un contratto collettivo ai sensi del diritto degli Stati membri, in presenza di garanzie appropriate per i diritti fondamentali e gli interessi dell'interessato;

c. il trattamento è necessario per tutelare un interesse vitale dell'interessato o di un'altra persona fisica qualora l'interessato si trovi nell'incapacità fisica o giuridica di prestare il proprio consenso;

d. il trattamento è effettuato, nell'ambito delle sue legittime attività e

formation or effect of a contract in relation to a child.

Article 9

Processing of special categories of personal data

1. Processing of personal data revealing racial or ethnic origin, political opinions, religious or philosophical beliefs, or trade union membership, and the processing of genetic data, biometric data for the purpose of uniquely identifying a natural person, data concerning health or data concerning a natural person's sex life or sexual orientation shall be prohibited.

2. Paragraph 1 shall not apply if one of the following applies:

a. the data subject has given explicit consent to the processing of those personal data for one or more specified purposes, except where Union or Member State law provide that the prohibition referred to in paragraph 1 may not be lifted by the data subject;

b. processing is necessary for the purposes of carrying out the obligations and exercising specific rights of the controller or of the data subject in the field of employment and social security and social protection law in so far as it is authorised by Union or Member State law or a collective agreement pursuant to Member State law providing for appropriate safeguards for the fundamental rights and the interests of the data subject;

c. processing is necessary to protect the vital interests of the data subject or of another natural person where the data subject is physically or legally incapable of giving consent;

d. processing is carried out in the course of its legitimate activities with

con adeguate garanzie, da una fondazione, associazione o altro organismo senza scopo di lucro che persegua finalità politiche, filosofiche, religiose o sindacali, a condizione che il trattamento riguardi unicamente i membri, gli ex membri o le persone che hanno regolari contatti con la fondazione, l'associazione o l'organismo a motivo delle sue finalità e che i dati personali non siano comunicati all'esterno senza il consenso dell'interessato;

e. il trattamento riguarda dati personali resi manifestamente pubblici dall'interessato;

f. il trattamento è necessario per accertare, esercitare o difendere un diritto in sede giudiziaria o ogniqualvolta le autorità giurisdizionali esercitino le loro funzioni giurisdizionali;

g. il trattamento è necessario per motivi di interesse pubblico rilevante sulla base del diritto dell'Unione o degli Stati membri, che deve essere proporzionato alla finalità perseguita, rispettare l'essenza del diritto alla protezione dei dati e prevedere misure appropriate e specifiche per tutelare i diritti fondamentali e gli interessi dell'interessato;

h. il trattamento è necessario per finalità di medicina preventiva o di medicina del lavoro, valutazione della capacità lavorativa del dipendente, diagnosi, assistenza o terapia sanitaria o sociale ovvero gestione dei sistemi e servizi sanitari o sociali sulla base del diritto dell'Unione o degli Stati membri o conformemente al contratto con un professionista della sanità, fatte salve le condizioni e le garanzie di cui al paragrafo 3;

i. il trattamento è necessario per motivi di interesse pubblico nel settore della sanità pubblica, quali la protezione da gravi minacce per la

appropriate safeguards by a foundation, association or any other not-for-profit body with a political, philosophical, religious or trade union aim and on condition that the processing relates solely to the members or to former members of the body or to persons who have regular contact with it in connection with its purposes and that the personal data are not disclosed outside that body without the consent of the data subjects;

e. processing relates to personal data which are manifestly made public by the data subject;

f. processing is necessary for the establishment, exercise or defence of legal claims or whenever courts are acting in their judicial capacity;

g. processing is necessary for reasons of substantial public interest, on the basis of Union or Member State law which shall be proportionate to the aim pursued, respect the essence of the right to data protection and provide for suitable and specific measures to safeguard the fundamental rights and the interests of the data subject;

h. processing is necessary for the purposes of preventive or occupational medicine, for the assessment of the working capacity of the employee, medical diagnosis, the provision of health or social care or treatment or the management of health or social care systems and services on the basis of Union or Member State law or pursuant to contract with a health professional and subject to the conditions and safeguards referred to in paragraph 3;

i. processing is necessary for reasons of public interest in the area of public health, such as protecting against serious cross-border threats to health or ensuring

salute a carattere transfrontaliero o la garanzia di parametri elevati di qualità e sicurezza dell'assistenza sanitaria e dei medicinali e dei dispositivi medici, sulla base del diritto dell'Unione o degli Stati membri che prevede misure appropriate e specifiche per tutelare i diritti e le libertà dell'interessato, in particolare il segreto professionale;

j. il trattamento è necessario a fini di archiviazione nel pubblico interesse, di ricerca scientifica o storica o a fini statistici in conformità dell'articolo 89, paragrafo 1, sulla base del diritto dell'Unione o nazionale, che è proporzionato alla finalità perseguita, rispetta l'essenza del diritto alla protezione dei dati e prevede misure appropriate e specifiche per tutelare i diritti fondamentali e gli interessi dell'interessato.

3. I dati personali di cui al paragrafo 1 possono essere trattati per le finalità di cui al paragrafo 2, lettera h., se tali dati sono trattati da o sotto la responsabilità di un professionista soggetto al segreto professionale conformemente al diritto dell'Unione o degli Stati membri o alle norme stabilite dagli organismi nazionali competenti o da altra persona anch'essa soggetta all'obbligo di segretezza conformemente al diritto dell'Unione o degli Stati membri o alle norme stabilite dagli organismi nazionali competenti.

4. Gli Stati membri possono mantenere o introdurre ulteriori condizioni, comprese limitazioni, con riguardo al trattamento di dati genetici, dati biometrici o dati relativi alla salute.

Articolo 10

Trattamento dei dati personali relativi a condanne penali e reati

Il trattamento dei dati personali relativi alle condanne penali e ai reati o a connesse misure di sicurezza sulla base dell'articolo 6, paragrafo 1, deve avvenire soltanto sotto il controllo

high standards of quality and safety of health care and of medicinal products or medical devices, on the basis of Union or Member State law which provides for suitable and specific measures to safeguard the rights and freedoms of the data subject, in particular professional secrecy;

j. processing is necessary for archiving purposes in the public interest, scientific or historical research purposes or statistical purposes in accordance with Article 891. based on Union or Member State law which shall be proportionate to the aim pursued, respect the essence of the right to data protection and provide for suitable and specific measures to safeguard the fundamental rights and the interests of the data subject.

3. Personal data referred to in paragraph 1 may be processed for the purposes referred to in point h. of paragraph 2 when those data are processed by or under the responsibility of a professional subject to the obligation of professional secrecy under Union or Member State law or rules established by national competent bodies or by another person also subject to an obligation of secrecy under Union or Member State law or rules established by national competent bodies.

4. Member States may maintain or introduce further conditions, including limitations, with regard to the processing of genetic data, biometric data or data concerning health.

Article 10

Processing of personal data relating to criminal convictions and offences

Processing of personal data relating to criminal convictions and offences or related security measures based on Article 61. shall be carried out only under the control of official authority or when

dell'autorità pubblica o se il trattamento è autorizzato dal diritto dell'Unione o degli Stati membri che preveda garanzie appropriate per i diritti e le libertà degli interessati. Un eventuale registro completo delle condanne penali deve essere tenuto soltanto sotto il controllo dell'autorità pubblica.

Articolo 11

Trattamento che non richiede l'identificazione

1. Se le finalità per cui un titolare del trattamento tratta i dati personali non richiedono o non richiedono più l'identificazione dell'interessato, il titolare del trattamento non è obbligato a conservare, acquisire o trattare ulteriori informazioni per identificare l'interessato al solo fine di rispettare il presente regolamento.

2. Qualora, nei casi di cui al paragrafo 1 del presente articolo, il titolare del trattamento possa dimostrare di non essere in grado di identificare l'interessato, ne informa l'interessato, se possibile. In tali casi, gli articoli da 15 a 20 non si applicano tranne quando l'interessato, al fine di esercitare i diritti di cui ai suddetti articoli, fornisce ulteriori informazioni che ne consentano l'identificazione.

CAPO III

Diritti dell'interessato

Sezione 1

Trasparenza e modalità

Articolo 12

Informazioni, comunicazioni e modalità trasparenti per l'esercizio dei diritti dell'interessato

1. Il titolare del trattamento adotta misure appropriate per fornire all'interessato tutte le informazioni di cui agli articoli 13 e 14 e le comunicazioni di cui agli articoli da 15 a

the processing is authorised by Union or Member State law providing for appropriate safeguards for the rights and freedoms of data subjects. Any comprehensive register of criminal convictions shall be kept only under the control of official authority.

Article 11

Processing which does not require identification

1. If the purposes for which a controller processes personal data do not or do no longer require the identification of a data subject by the controller, the controller shall not be obliged to maintain, acquire or process additional information in order to identify the data subject for the sole purpose of complying with this Regulation.

2. Where, in cases referred to in paragraph 1 of this Article, the controller is able to demonstrate that it is not in a position to identify the data subject, the controller shall inform the data subject accordingly, if possible. In such cases, Articles 15 to 20 shall not apply except where the data subject, for the purpose of exercising his or her rights under those articles, provides additional information enabling his or her identification.

CHAPTER III

Rights of the data subject

Section 1

Transparency and modalities

Article 12

Transparent information, communication and modalities for the exercise of the rights of the data subject

1. The controller shall take appropriate measures to provide any information referred to in Articles 13 and 14 and any communication under Articles 15 to 22 and 34 relating to processing to the data

22 e all'articolo 34 relative al trattamento in forma concisa, trasparente, intelligibile e facilmente accessibile, con un linguaggio semplice e chiaro, in particolare nel caso di informazioni destinate specificamente ai minori. Le informazioni sono fornite per iscritto o con altri mezzi, anche, se del caso, con mezzi elettronici. Se richiesto dall'interessato, le informazioni possono essere fornite oralmente, purché sia comprovata con altri mezzi l'identità dell'interessato.

2. Il titolare del trattamento agevola l'esercizio dei diritti dell'interessato ai sensi degli articoli da 15 a 22. Nei casi di cui all'articolo 11, paragrafo 2, il titolare del trattamento non può rifiutare di soddisfare la richiesta dell'interessato al fine di esercitare i suoi diritti ai sensi degli articoli da 15 a 22, salvo che il titolare del trattamento dimostri che non è in grado di identificare l'interessato.

3. Il titolare del trattamento fornisce all'interessato le informazioni relative all'azione intrapresa riguardo a una richiesta ai sensi degli articoli da 15 a 22 senza ingiustificato ritardo e, comunque, al più tardi entro un mese dal ricevimento della richiesta stessa. Tale termine può essere prorogato di due mesi, se necessario, tenuto conto della complessità e del numero delle richieste. Il titolare del trattamento informa l'interessato di tale proroga, e dei motivi del ritardo, entro un mese dal ricevimento della richiesta. Se l'interessato presenta la richiesta mediante mezzi elettronici, le informazioni sono fornite, ove possibile, con mezzi elettronici, salvo diversa indicazione dell'interessato.

4. Se non ottempera alla richiesta dell'interessato, il titolare del trattamento informa l'interessato senza ritardo, e al più tardi entro un mese dal ricevimento della richiesta, dei motivi

subject in a concise, transparent, intelligible and easily accessible form, using clear and plain language, in particular for any information addressed specifically to a child. The information shall be provided in writing, or by other means, including, where appropriate, by electronic means. When requested by the data subject, the information may be provided orally, provided that the identity of the data subject is proven by other means.

2. The controller shall facilitate the exercise of data subject rights under Articles 15 to 22. In the cases referred to in Article 112., the controller shall not refuse to act on the request of the data subject for exercising his or her rights under Articles 15 to 22, unless the controller demonstrates that it is not in a position to identify the data subject.

3. The controller shall provide information on action taken on a request under Articles 15 to 22 to the data subject without undue delay and in any event within one month of receipt of the request. That period may be extended by two further months where necessary, taking into account the complexity and number of the requests. The controller shall inform the data subject of any such extension within one month of receipt of the request, together with the reasons for the delay. Where the data subject makes the request by electronic form means, the information shall be provided by electronic means where possible, unless otherwise requested by the data subject.

4. If the controller does not take action on the request of the data subject, the controller shall inform the data subject without delay and at the latest within one month of receipt of the request of

dell'inottemperanza e della possibilità di proporre reclamo a un'autorità di controllo e di proporre ricorso giurisdizionale.

5. Le informazioni fornite ai sensi degli articoli 13 e 14 ed eventuali comunicazioni e azioni intraprese ai sensi degli articoli da 15 a 22 e dell'articolo 34 sono gratuite. Se le richieste dell'interessato sono manifestamente infondate o eccessive, in particolare per il loro carattere ripetitivo, il titolare del trattamento può:

a. addebitare un contributo spese ragionevole tenendo conto dei costi amministrativi sostenuti per fornire le informazioni o la comunicazione o intraprendere l'azione richiesta; oppure

b. rifiutare di soddisfare la richiesta.

Incombe al titolare del trattamento l'onere di dimostrare il carattere manifestamente infondato o eccessivo della richiesta.

6. Fatto salvo l'articolo 11, qualora il titolare del trattamento nutra ragionevoli dubbi circa l'identità della persona fisica che presenta la richiesta di cui agli articoli da 15 a 21, può richiedere ulteriori informazioni necessarie per confermare l'identità dell'interessato.

7. Le informazioni da fornire agli interessati a norma degli articoli 13 e 14 possono essere fornite in combinazione con icone standardizzate per dare, in modo facilmente visibile, intelligibile e chiaramente leggibile, un quadro d'insieme del trattamento previsto. Se presentate elettronicamente, le icone sono leggibili da dispositivo automatico.

8. Alla Commissione è conferito il potere di adottare atti delegati conformemente all'articolo 92 al fine di stabilire le informazioni da presentare sotto forma di icona e le procedure per fornire icone standardizzate.

the reasons for not taking action and on the possibility of lodging a complaint with a supervisory authority and seeking a judicial remedy.

5. Information provided under Articles 13 and 14 and any communication and any actions taken under Articles 15 to 22 and 34 shall be provided free of charge. Where requests from a data subject are manifestly unfounded or excessive, in particular because of their repetitive character, the controller may either:

a. charge a reasonable fee taking into account the administrative costs of providing the information or communication or taking the action requested; or

b. refuse to act on the request.

The controller shall bear the burden of demonstrating the manifestly unfounded or excessive character of the request.

6. Without prejudice to Article 11, where the controller has reasonable doubts concerning the identity of the natural person making the request referred to in Articles 15 to 21, the controller may request the provision of additional information necessary to confirm the identity of the data subject.

7. The information to be provided to data subjects pursuant to Articles 13 and 14 may be provided in combination with standardised icons in order to give in an easily visible, intelligible and clearly legible manner a meaningful overview of the intended processing. Where the icons are presented electronically they shall be machine-readable.

8. The Commission shall be empowered to adopt delegated acts in accordance with Article 92 for the purpose of determining the information to be presented by the icons and the

Sezione 2

Informazione e accesso ai dati personali

Articolo 13

Informazioni da fornire qualora i dati personali siano raccolti presso l'interessato

1. In caso di raccolta presso l'interessato di dati che lo riguardano, il titolare del trattamento fornisce all'interessato, nel momento in cui i dati personali sono ottenuti, le seguenti informazioni:

a. l'identità e i dati di contatto del titolare del trattamento e, ove applicabile, del suo rappresentante;

b. i dati di contatto del responsabile della protezione dei dati, ove applicabile;

c. le finalità del trattamento cui sono destinati i dati personali nonché la base giuridica del trattamento;

d. qualora il trattamento si basi sull'articolo 6, paragrafo 1, lettera f., i legittimi interessi perseguiti dal titolare del trattamento o da terzi;

e. gli eventuali destinatari o le eventuali categorie di destinatari dei dati personali;

f. ove applicabile, l'intenzione del titolare del trattamento di trasferire dati personali a un paese terzo o a un'organizzazione internazionale e l'esistenza o l'assenza di una decisione di adeguatezza della Commissione o, nel caso dei trasferimenti di cui all'articolo 46 o 47, o all'articolo 49, secondo comma, il riferimento alle garanzie appropriate o opportune e i mezzi per ottenere una copia di tali dati o il luogo dove sono stati resi disponibili.

2. In aggiunta alle informazioni di cui al paragrafo 1, nel momento in cui i dati

Section 2

Information and access to personal data

Article 13

Information to be provided where personal data are collected from the data subject

1. Where personal data relating to a data subject are collected from the data subject, the controller shall, at the time when personal data are obtained, provide the data subject with all of the following information:

a. the identity and the contact details of the controller and, where applicable, of the controller's representative;

b. the contact details of the data protection officer, where applicable;

c. the purposes of the processing for which the personal data are intended as well as the legal basis for the processing;

d. where the processing is based on point f. of Article 61., the legitimate interests pursued by the controller or by a third party;

e. the recipients or categories of recipients of the personal data, if any;

f. where applicable, the fact that the controller intends to transfer personal data to a third country or international organisation and the existence or absence of an adequacy decision by the Commission, or in the case of transfers referred to in Article 46 or 47, or the second subparagraph of Article 491., reference to the appropriate or suitable safeguards and the means by which to obtain a copy of them or where they have been made available.

2. In addition to the information referred to in paragraph 1, the controller

personali sono ottenuti, il titolare del trattamento fornisce all'interessato le seguenti ulteriori informazioni necessarie per garantire un trattamento corretto e trasparente:

a. il periodo di conservazione dei dati personali oppure, se non è possibile, i criteri utilizzati per determinare tale periodo;

b. l'esistenza del diritto dell'interessato di chiedere al titolare del trattamento l'accesso ai dati personali e la rettifica o la cancellazione degli stessi o la limitazione del trattamento che lo riguardano o di opporsi al loro trattamento, oltre al diritto alla portabilità dei dati;

c. qualora il trattamento sia basato sull'articolo 6, paragrafo 1, lettera a., oppure sull'articolo 9, paragrafo 2, lettera a., l'esistenza del diritto di revocare il consenso in qualsiasi momento senza pregiudicare la liceità del trattamento basata sul consenso prestato prima della revoca;

d. il diritto di proporre reclamo a un'autorità di controllo;

e. se la comunicazione di dati personali è un obbligo legale o contrattuale oppure un requisito necessario per la conclusione di un contratto, e se l'interessato ha l'obbligo di fornire i dati personali nonché le possibili conseguenze della mancata comunicazione di tali dati;

f. l'esistenza di un processo decisionale automatizzato, compresa la profilazione di cui all'articolo 22, paragrafi 1 e 4, e, almeno in tali casi, informazioni significative sulla logica utilizzata, nonché l'importanza e le conseguenze previste di tale trattamento per l'interessato.

3. Qualora il titolare del trattamento intenda trattare ulteriormente i dati personali per una finalità diversa da quella per cui essi sono stati raccolti,

shall, at the time when personal data are obtained, provide the data subject with the following further information necessary to ensure fair and transparent processing:

a. the period for which the personal data will be stored, or if that is not possible, the criteria used to determine that period;

b. the existence of the right to request from the controller access to and rectification or erasure of personal data or restriction of processing concerning the data subject or to object to processing as well as the right to data portability;

c. where the processing is based on point a. of Article 61. or point a. of Article 92., the existence of the right to withdraw consent at any time, without affecting the lawfulness of processing based on consent before its withdrawal;

d. the right to lodge a complaint with a supervisory authority;

e. whether the provision of personal data is a statutory or contractual requirement, or a requirement necessary to enter into a contract, as well as whether the data subject is obliged to provide the personal data and of the possible consequences of failure to provide such data;

f. the existence of automated decision-making, including profiling, referred to in Article 221. and 4. and, at least in those cases, meaningful information about the logic involved, as well as the significance and the envisaged consequences of such processing for the data subject.

3. Where the controller intends to further process the personal data for a purpose other than that for which the personal data were collected, the

prima di tale ulteriore trattamento fornisce all'interessato informazioni in merito a tale diversa finalità e ogni ulteriore informazione pertinente di cui al paragrafo 2.

4. I paragrafi 1, 2 e 3 non si applicano se e nella misura in cui l'interessato dispone già delle informazioni.

Articolo 14

Informazioni da fornire qualora i dati personali non siano stati ottenuti presso l'interessato

1. Qualora i dati non siano stati ottenuti presso l'interessato, il titolare del trattamento fornisce all'interessato le seguenti informazioni:

a. l'identità e i dati di contatto del titolare del trattamento e, ove applicabile, del suo rappresentante;

b. i dati di contatto del responsabile della protezione dei dati, ove applicabile;

c. le finalità del trattamento cui sono destinati i dati personali nonché la base giuridica del trattamento;

d. le categorie di dati personali in questione;

e. gli eventuali destinatari o le eventuali categorie di destinatari dei dati personali;

f. ove applicabile, l'intenzione del titolare del trattamento di trasferire dati personali a un destinatario in un paese terzo o a un'organizzazione internazionale e l'esistenza o l'assenza di una decisione di adeguatezza della Commissione o, nel caso dei trasferimenti di cui all'articolo 46 o 47, o all'articolo 49, secondo comma, il riferimento alle garanzie adeguate o opportune e i mezzi per ottenere una copia di tali dati o il luogo dove sono stati resi disponibili.

2. Oltre alle informazioni di cui al paragrafo 1, il titolare del trattamento

controller shall provide the data subject prior to that further processing with information on that other purpose and with any relevant further information as referred to in paragraph 2.

4. Paragraphs 1, 2 and 3 shall not apply where and insofar as the data subject already has the information.

Article 14

Information to be provided where personal data have not been obtained from the data subject

1. Where personal data have not been obtained from the data subject, the controller shall provide the data subject with the following information:

a. the identity and the contact details of the controller and, where applicable, of the controller's representative;

b. the contact details of the data protection officer, where applicable;

c. the purposes of the processing for which the personal data are intended as well as the legal basis for the processing;

d. the categories of personal data concerned;

e. the recipients or categories of recipients of the personal data, if any;

f. where applicable, that the controller intends to transfer personal data to a recipient in a third country or international organisation and the existence or absence of an adequacy decision by the Commission, or in the case of transfers referred to in Article 46 or 47, or the second subparagraph of Article 491., reference to the appropriate or suitable safeguards and the means to obtain a copy of them or where they have been made available.

2. In addition to the information referred to in paragraph 1, the controller

fornisce all'interessato le seguenti informazioni necessarie per garantire un trattamento corretto e trasparente nei confronti dell'interessato:

a. il periodo di conservazione dei dati personali oppure, se non è possibile, i criteri utilizzati per determinare tale periodo;

b. qualora il trattamento si basi sull'articolo 6, paragrafo 1, lettera f., i legittimi interessi perseguiti dal titolare del trattamento o da terzi;

c. l'esistenza del diritto dell'interessato di chiedere al titolare del trattamento l'accesso ai dati personali e la rettifica o la cancellazione degli stessi o la limitazione del trattamento dei dati personali che lo riguardano e di opporsi al loro trattamento, oltre al diritto alla portabilità dei dati;

d. qualora il trattamento sia basato sull'articolo 6, paragrafo 1, lettera a., oppure sull'articolo 9, paragrafo 2, lettera a., l'esistenza del diritto di revocare il consenso in qualsiasi momento senza pregiudicare la liceità del trattamento basata sul consenso prima della revoca;

e. il diritto di proporre reclamo a un'autorità di controllo;

f. la fonte da cui hanno origine i dati personali e, se del caso, l'eventualità che i dati provengano da fonti accessibili al pubblico;

g. l'esistenza di un processo decisionale automatizzato, compresa la profilazione di cui all'articolo 22, paragrafi 1 e 4, e, almeno in tali casi, informazioni significative sulla logica utilizzata, nonché l'importanza e le conseguenze previste di tale trattamento per l'interessato.

3. Il titolare del trattamento fornisce le informazioni di cui ai paragrafi 1 e 2:

shall provide the data subject with the following information necessary to ensure fair and transparent processing in respect of the data subject:

a. the period for which the personal data will be stored, or if that is not possible, the criteria used to determine that period;

b. where the processing is based on point f. of Article 61., the legitimate interests pursued by the controller or by a third party;

c. the existence of the right to request from the controller access to and rectification or erasure of personal data or restriction of processing concerning the data subject and to object to processing as well as the right to data portability;

d. where processing is based on point a. of Article 61. or point a. of Article 92., the existence of the right to withdraw consent at any time, without affecting the lawfulness of processing based on consent before its withdrawal;

e. the right to lodge a complaint with a supervisory authority;

f. from which source the personal data originate, and if applicable, whether it came from publicly accessible sources;

g. the existence of automated decision-making, including profiling, referred to in Article 221. and 4. and, at least in those cases, meaningful information about the logic involved, as well as the significance and the envisaged consequences of such processing for the data subject.

3. The controller shall provide the information referred to in paragraphs 1 and 2:

a. entro un termine ragionevole dall'ottenimento dei dati personali, ma al più tardi entro un mese, in considerazione delle specifiche circostanze in cui i dati personali sono trattati;

b. nel caso in cui i dati personali siano destinati alla comunicazione con l'interessato, al più tardi al momento della prima comunicazione all'interessato; oppure

c. nel caso sia prevista la comunicazione ad altro destinatario, non oltre la prima comunicazione dei dati personali.

4. Qualora il titolare del trattamento intenda trattare ulteriormente i dati personali per una finalità diversa da quella per cui essi sono stati ottenuti, prima di tale ulteriore trattamento fornisce all'interessato informazioni in merito a tale diversa finalità e ogni informazione pertinente di cui al paragrafo 2.

5. I paragrafi da 1 a 4 non si applicano se e nella misura in cui:

a. l'interessato dispone già delle informazioni;

b. comunicare tali informazioni risulta impossibile o implicherebbe uno sforzo sproporzionato; in particolare per il trattamento a fini di archiviazione nel pubblico interesse, di ricerca scientifica o storica o a fini statistici, fatte salve le condizioni e le garanzie di cui all'articolo 89, paragrafo 1, o nella misura in cui l'obbligo di cui al paragrafo 1 del presente articolo rischi di rendere impossibile o di pregiudicare gravemente il conseguimento delle finalità di tale trattamento. In tali casi, il titolare del trattamento adotta misure appropriate per tutelare i diritti, le libertà e i legittimi interessi dell'interessato, anche rendendo pubbliche le informazioni;

a. within a reasonable period after obtaining the personal data, but at the latest within one month, having regard to the specific circumstances in which the personal data are processed;

b. if the personal data are to be used for communication with the data subject, at the latest at the time of the first communication to that data subject; or

c. if a disclosure to another recipient is envisaged, at the latest when the personal data are first disclosed.

4. Where the controller intends to further process the personal data for a purpose other than that for which the personal data were obtained, the controller shall provide the data subject prior to that further processing with information on that other purpose and with any relevant further information as referred to in paragraph 2.

5. Paragraphs 1 to 4 shall not apply where and insofar as:

a. the data subject already has the information;

b. the provision of such information proves impossible or would involve a disproportionate effort, in particular for processing for archiving purposes in the public interest, scientific or historical research purposes or statistical purposes, subject to the conditions and safeguards referred to in Article 891. or in so far as the obligation referred to in paragraph 1 of this Article is likely to render impossible or seriously impair the achievement of the objectives of that processing. In such cases the controller shall take appropriate measures to protect the data subject's rights and freedoms and legitimate interests, including making the information publicly available;

c. l'ottenimento o la comunicazione sono espressamente previsti dal diritto dell'Unione o dello Stato membro cui è soggetto il titolare del trattamento e che prevede misure appropriate per tutelare gli interessi legittimi dell'interessato; oppure

d. qualora i dati personali debbano rimanere riservati conformemente a un obbligo di segreto professionale disciplinato dal diritto dell'Unione o degli Stati membri, compreso un obbligo di segretezza previsto per legge.

Articolo 15

Diritto di accesso dell'interessato

1. L'interessato ha il diritto di ottenere dal titolare del trattamento la conferma che sia o meno in corso un trattamento di dati personali che lo riguardano e in tal caso, di ottenere l'accesso ai dati personali e alle seguenti informazioni:

a. le finalità del trattamento;

b. le categorie di dati personali in questione;

c. i destinatari o le categorie di destinatari a cui i dati personali sono stati o saranno comunicati, in particolare se destinatari di paesi terzi o organizzazioni internazionali;

d. quando possibile, il periodo di conservazione dei dati personali previsto oppure, se non è possibile, i criteri utilizzati per determinare tale periodo;

e. l'esistenza del diritto dell'interessato di chiedere al titolare del trattamento la rettifica o la cancellazione dei dati personali o la limitazione del trattamento dei dati personali che lo riguardano o di opporsi al loro trattamento;

f. il diritto di proporre reclamo a un'autorità di controllo;

c. obtaining or disclosure is expressly laid down by Union or Member State law to which the controller is subject and which provides appropriate measures to protect the data subject's legitimate interests; or

d. where the personal data must remain confidential subject to an obligation of professional secrecy regulated by Union or Member State law, including a statutory obligation of secrecy.

Article 15

Right of access by the data subject

1. The data subject shall have the right to obtain from the controller confirmation as to whether or not personal data concerning him or her are being processed, and, where that is the case, access to the personal data and the following information:

a. the purposes of the processing;

b. the categories of personal data concerned;

c. the recipients or categories of recipient to whom the personal data have been or will be disclosed, in particular recipients in third countries or international organisations;

d. where possible, the envisaged period for which the personal data will be stored, or, if not possible, the criteria used to determine that period;

e. the existence of the right to request from the controller rectification or erasure of personal data or restriction of processing of personal data concerning the data subject or to object to such processing;

f. the right to lodge a complaint with a supervisory authority;

g. qualora i dati non siano raccolti presso l'interessato, tutte le informazioni disponibili sulla loro origine;

h. l'esistenza di un processo decisionale automatizzato, compresa la profilazione di cui all'articolo 22, paragrafi 1 e 4, e, almeno in tali casi, informazioni significative sulla logica utilizzata, nonché l'importanza e le conseguenze previste di tale trattamento per l'interessato.

2. Qualora i dati personali siano trasferiti a un paese terzo o a un'organizzazione internazionale, l'interessato ha il diritto di essere informato dell'esistenza di garanzie adeguate ai sensi dell'articolo 46 relative al trasferimento.

3. Il titolare del trattamento fornisce una copia dei dati personali oggetto di trattamento. In caso di ulteriori copie richieste dall'interessato, il titolare del trattamento può addebitare un contributo spese ragionevole basato sui costi amministrativi. Se l'interessato presenta la richiesta mediante mezzi elettronici, e salvo indicazione diversa dell'interessato, le informazioni sono fornite in un formato elettronico di uso comune.

4. Il diritto di ottenere una copia di cui al paragrafo 3 non deve ledere i diritti e le libertà altrui.

Sezione 3

Rettifica e cancellazione

Articolo 16

Diritto di rettifica

L'interessato ha il diritto di ottenere dal titolare del trattamento la rettifica dei dati personali inesatti che lo riguardano senza ingiustificato ritardo. Tenuto conto delle finalità del trattamento, l'interessato ha il diritto di ottenere l'integrazione dei dati personali

g. where the personal data are not collected from the data subject, any available information as to their source;

h. the existence of automated decision-making, including profiling, referred to in Article 221. and 4. and, at least in those cases, meaningful information about the logic involved, as well as the significance and the envisaged consequences of such processing for the data subject.

2. Where personal data are transferred to a third country or to an international organisation, the data subject shall have the right to be informed of the appropriate safeguards pursuant to Article 46 relating to the transfer.

3. The controller shall provide a copy of the personal data undergoing processing. For any further copies requested by the data subject, the controller may charge a reasonable fee based on administrative costs. Where the data subject makes the request by electronic means, and unless otherwise requested by the data subject, the information shall be provided in a commonly used electronic form.

4. The right to obtain a copy referred to in paragraph 3 shall not adversely affect the rights and freedoms of others.

Section 3

Rectification and erasure

Article 16

Right to rectification

The data subject shall have the right to obtain from the controller without undue delay the rectification of inaccurate personal data concerning him or her. Taking into account the purposes of the processing, the data subject shall have the right to have incomplete personal

incompleti, anche fornendo una dichiarazione integrativa.

Articolo 17

Diritto alla cancellazione «diritto all'oblio».

1. L'interessato ha il diritto di ottenere dal titolare del trattamento la cancellazione dei dati personali che lo riguardano senza ingiustificato ritardo e il titolare del trattamento ha l'obbligo di cancellare senza ingiustificato ritardo i dati personali, se sussiste uno dei motivi seguenti:

a. i dati personali non sono più necessari rispetto alle finalità per le quali sono stati raccolti o altrimenti trattati;

b. l'interessato revoca il consenso su cui si basa il trattamento conformemente all'articolo 6, paragrafo 1, lettera a., o all'articolo 9, paragrafo 2, lettera a., e se non sussiste altro fondamento giuridico per il trattamento;

c. l'interessato si oppone al trattamento ai sensi dell'articolo 21, paragrafo 1, e non sussiste alcun motivo legittimo prevalente per procedere al trattamento, oppure si oppone al trattamento ai sensi dell'articolo 21, paragrafo 2;

d. i dati personali sono stati trattati illecitamente;

e. i dati personali devono essere cancellati per adempiere un obbligo legale previsto dal diritto dell'Unione o dello Stato membro cui è soggetto il titolare del trattamento;

f. i dati personali sono stati raccolti relativamente all'offerta di servizi della società dell'informazione di cui all'articolo 8, paragrafo 1.

2. Il titolare del trattamento, se ha reso pubblici dati personali ed è obbligato, ai sensi del paragrafo 1, a cancellarli, tenendo conto della

Article 17

Right to erasure 'right to be forgotten'.

1. The data subject shall have the right to obtain from the controller the erasure of personal data concerning him or her without undue delay and the controller shall have the obligation to erase personal data without undue delay where one of the following grounds applies:

a. the personal data are no longer necessary in relation to the purposes for which they were collected or otherwise processed;

b. the data subject withdraws consent on which the processing is based according to point a. of Article 61., or point a. of Article 92., and where there is no other legal ground for the processing;

c. the data subject objects to the processing pursuant to Article 211. and there are no overriding legitimate grounds for the processing, or the data subject objects to the processing pursuant to Article 212.;

d. the personal data have been unlawfully processed;

e. the personal data have to be erased for compliance with a legal obligation in Union or Member State law to which the controller is subject;

f. the personal data have been collected in relation to the offer of information society services referred to in Article 81..

2. Where the controller has made the personal data public and is obliged pursuant to paragraph 1 to erase the personal data, the controller, taking

tecnologia disponibile e dei costi di attuazione adotta le misure ragionevoli, anche tecniche, per informare i titolari del trattamento che stanno trattando i dati personali della richiesta dell'interessato di cancellare qualsiasi link, copia o riproduzione dei suoi dati personali.

3. I paragrafi 1 e 2 non si applicano nella misura in cui il trattamento sia necessario:

a. per l'esercizio del diritto alla libertà di espressione e di informazione;

b. per l'adempimento di un obbligo legale che richieda il trattamento previsto dal diritto dell'Unione o dello Stato membro cui è soggetto il titolare del trattamento o per l'esecuzione di un compito svolto nel pubblico interesse oppure nell'esercizio di pubblici poteri di cui è investito il titolare del trattamento;

c. per motivi di interesse pubblico nel settore della sanità pubblica in conformità dell'articolo 9, paragrafo 2, lettere h. e i., e dell'articolo 9, paragrafo 3;

d. a fini di archiviazione nel pubblico interesse, di ricerca scientifica o storica o a fini statistici conformemente all'articolo 89, paragrafo 1, nella misura in cui il diritto di cui al paragrafo 1 rischi di rendere impossibile o di pregiudicare gravemente il conseguimento degli obiettivi di tale trattamento; o

e. per l'accertamento, l'esercizio o la difesa di un diritto in sede giudiziaria.

Articolo 18

Diritto di limitazione di trattamento

1. L'interessato ha il diritto di ottenere dal titolare del trattamento la limitazione del trattamento quando ricorre una delle seguenti ipotesi:

a. l'interessato contesta l'esattezza dei dati personali, per il periodo necessario

account of available technology and the cost of implementation, shall take reasonable steps, including technical measures, to inform controllers which are processing the personal data that the data subject has requested the erasure by such controllers of any links to, or copy or replication of, those personal data.

3. Paragraphs 1 and 2 shall not apply to the extent that processing is necessary:

a. for exercising the right of freedom of expression and information;

b. for compliance with a legal obligation which requires processing by Union or Member State law to which the controller is subject or for the performance of a task carried out in the public interest or in the exercise of official authority vested in the controller;

c. for reasons of public interest in the area of public health in accordance with points h. and i. of Article 92. as well as Article 93.;

d. for archiving purposes in the public interest, scientific or historical research purposes or statistical purposes in accordance with Article 891. in so far as the right referred to in paragraph 1 is likely to render impossible or seriously impair the achievement of the objectives of that processing; or

e. for the establishment, exercise or defence of legal claims.

Article 18

Right to restriction of processing

1. The data subject shall have the right to obtain from the controller restriction of processing where one of the following applies:

a. the accuracy of the personal data is contested by the data subject, for a

al titolare del trattamento per verificare l'esattezza di tali dati personali;

b. il trattamento è illecito e l'interessato si oppone alla cancellazione dei dati personali e chiede invece che ne sia limitato l'utilizzo;

c. benché il titolare del trattamento non ne abbia più bisogno ai fini del trattamento, i dati personali sono necessari all'interessato per l'accertamento, l'esercizio o la difesa di un diritto in sede giudiziaria;

d. l'interessato si è opposto al trattamento ai sensi dell'articolo 21, paragrafo 1, in attesa della verifica in merito all'eventuale prevalenza dei motivi legittimi del titolare del trattamento rispetto a quelli dell'interessato.

2. Se il trattamento è limitato a norma del paragrafo 1, tali dati personali sono trattati, salvo che per la conservazione, soltanto con il consenso dell'interessato o per l'accertamento, l'esercizio o la difesa di un diritto in sede giudiziaria oppure per tutelare i diritti di un'altra persona fisica o giuridica o per motivi di interesse pubblico rilevante dell'Unione o di uno Stato membro.

3. L'interessato che ha ottenuto la limitazione del trattamento a norma del paragrafo 1 è informato dal titolare del trattamento prima che detta limitazione sia revocata.

Articolo 19

Obbligo di notifica in caso di rettifica o cancellazione dei dati personali o limitazione del trattamento

Il titolare del trattamento comunica a ciascuno dei destinatari cui sono stati trasmessi i dati personali le eventuali rettifiche o cancellazioni o limitazioni del trattamento effettuate a norma dell'articolo 16, dell'articolo 17, paragrafo 1, e dell'articolo 18, salvo che

period enabling the controller to verify the accuracy of the personal data;

b. the processing is unlawful and the data subject opposes the erasure of the personal data and requests the restriction of their use instead;

c. the controller no longer needs the personal data for the purposes of the processing, but they are required by the data subject for the establishment, exercise or defence of legal claims;

d. the data subject has objected to processing pursuant to Article 211. pending the verification whether the legitimate grounds of the controller override those of the data subject.

2. Where processing has been restricted under paragraph 1, such personal data shall, with the exception of storage, only be processed with the data subject's consent or for the establishment, exercise or defence of legal claims or for the protection of the rights of another natural or legal person or for reasons of important public interest of the Union or of a Member State.

3. A data subject who has obtained restriction of processing pursuant to paragraph 1 shall be informed by the controller before the restriction of processing is lifted.

Article 19

Notification obligation regarding rectification or erasure of personal data or restriction of processing

The controller shall communicate any rectification or erasure of personal data or restriction of processing carried out in accordance with Article 16, Article 171. and Article 18 to each recipient to whom the personal data have been disclosed, unless this proves impossible or involves

ciò si riveli impossibile o implichi uno sforzo sproporzionato. Il titolare del trattamento comunica all'interessato tali destinatari qualora l'interessato lo richieda.

Articolo 20

Diritto alla portabilità dei dati

1. L'interessato ha il diritto di ricevere in un formato strutturato, di uso comune e leggibile da dispositivo automatico i dati personali che lo riguardano forniti a un titolare del trattamento e ha il diritto di trasmettere tali dati a un altro titolare del trattamento senza impedimenti da parte del titolare del trattamento cui li ha forniti qualora:

a. il trattamento si basi sul consenso ai sensi dell'articolo 6, paragrafo 1, lettera a., o dell'articolo 9, paragrafo 2, lettera a., o su un contratto ai sensi dell'articolo 6, paragrafo 1, lettera b.; e

b. il trattamento sia effettuato con mezzi automatizzati.

2. Nell'esercitare i propri diritti relativamente alla portabilità dei dati a norma del paragrafo 1, l'interessato ha il diritto di ottenere la trasmissione diretta dei dati personali da un titolare del trattamento all'altro, se tecnicamente fattibile.

3. L'esercizio del diritto di cui al paragrafo 1 del presente articolo lascia impregiudicato l'articolo 17. Tale diritto non si applica al trattamento necessario per l'esecuzione di un compito di interesse pubblico o connesso all'esercizio di pubblici poteri di cui è investito il titolare del trattamento.

4. Il diritto di cui al paragrafo 1 non deve ledere i diritti e le libertà altrui.

Sezione 4

Diritto di opposizione e processo decisionale automatizzato relativo alle persone fisiche

disproportionate effort. The controller shall inform the data subject about those recipients if the data subject requests it.

Article 20

Right to data portability

1. The data subject shall have the right to receive the personal data concerning him or her, which he or she has provided to a controller, in a structured, commonly used and machine-readable format and have the right to transmit those data to another controller without hindrance from the controller to which the personal data have been provided, where:

a. the processing is based on consent pursuant to point a. of Article 61. or point a. of Article 92. or on a contract pursuant to point b. of Article 61.; and

b. the processing is carried out by automated means.

2. In exercising his or her right to data portability pursuant to paragraph 1, the data subject shall have the right to have the personal data transmitted directly from one controller to another, where technically feasible.

3. The exercise of the right referred to in paragraph 1 of this Article shall be without prejudice to Article 17. That right shall not apply to processing necessary for the performance of a task carried out in the public interest or in the exercise of official authority vested in the controller.

4. The right referred to in paragraph 1 shall not adversely affect the rights and freedoms of others.

Section 4

Right to object and automated individual decision-making

Articolo 21

Diritto di opposizione

1. L'interessato ha il diritto di opporsi in qualsiasi momento, per motivi connessi alla sua situazione particolare, al trattamento dei dati personali che lo riguardano ai sensi dell'articolo 6, paragrafo 1, lettere e. o f., compresa la profilazione sulla base di tali disposizioni. Il titolare del trattamento si astiene dal trattare ulteriormente i dati personali salvo che egli dimostri l'esistenza di motivi legittimi cogenti per procedere al trattamento che prevalgono sugli interessi, sui diritti e sulle libertà dell'interessato oppure per l'accertamento, l'esercizio o la difesa di un diritto in sede giudiziaria.

2. Qualora i dati personali siano trattati per finalità di marketing diretto, l'interessato ha il diritto di opporsi in qualsiasi momento al trattamento dei dati personali che lo riguardano effettuato per tali finalità, compresa la profilazione nella misura in cui sia connessa a tale marketing diretto.

3. Qualora l'interessato si opponga al trattamento per finalità di marketing diretto, i dati personali non sono più oggetto di trattamento per tali finalità.

4. Il diritto di cui ai paragrafi 1 e 2 è esplicitamente portato all'attenzione dell'interessato ed è presentato chiaramente e separatamente da qualsiasi altra informazione al più tardi al momento della prima comunicazione con l'interessato.

5. Nel contesto dell'utilizzo di servizi della società dell'informazione e fatta salva la direttiva 2002/58/CE, l'interessato può esercitare il proprio diritto di opposizione con mezzi automatizzati che utilizzano specifiche tecniche.

6. Qualora i dati personali siano trattati a fini di ricerca scientifica o

Article 21

Right to object

1. The data subject shall have the right to object, on grounds relating to his or her particular situation, at any time to processing of personal data concerning him or her which is based on point e. or f. of Article 61., including profiling based on those provisions. The controller shall no longer process the personal data unless the controller demonstrates compelling legitimate grounds for the processing which override the interests, rights and freedoms of the data subject or for the establishment, exercise or defence of legal claims.

2. Where personal data are processed for direct marketing purposes, the data subject shall have the right to object at any time to processing of personal data concerning him or her for such marketing, which includes profiling to the extent that it is related to such direct marketing.

3. Where the data subject objects to processing for direct marketing purposes, the personal data shall no longer be processed for such purposes.

4. At the latest at the time of the first communication with the data subject, the right referred to in paragraphs 1 and 2 shall be explicitly brought to the attention of the data subject and shall be presented clearly and separately from any other information.

5. In the context of the use of information society services, and notwithstanding Directive 2002/58/EC, the data subject may exercise his or her right to object by automated means using technical specifications.

6. Where personal data are processed for scientific or historical research

storica o a fini statistici a norma dell'articolo 89, paragrafo 1, l'interessato, per motivi connessi alla sua situazione particolare, ha il diritto di opporsi al trattamento di dati personali che lo riguarda, salvo se il trattamento è necessario per l'esecuzione di un compito di interesse pubblico.

Articolo 22

Processo decisionale automatizzato relativo alle persone fisiche, compresa la profilazione

1. L'interessato ha il diritto di non essere sottoposto a una decisione basata unicamente sul trattamento automatizzato, compresa la profilazione, che produca effetti giuridici che lo riguardano o che incida in modo analogo significativamente sulla sua persona.

2. Il paragrafo 1 non si applica nel caso in cui la decisione:

a. sia necessaria per la conclusione o l'esecuzione di un contratto tra l'interessato e un titolare del trattamento;

b. sia autorizzata dal diritto dell'Unione o dello Stato membro cui è soggetto il titolare del trattamento, che precisa altresì misure adeguate a tutela dei diritti, delle libertà e dei legittimi interessi dell'interessato;

c. si basi sul consenso esplicito dell'interessato.

3. Nei casi di cui al paragrafo 2, lettere a. e c., il titolare del trattamento attua misure appropriate per tutelare i diritti, le libertà e i legittimi interessi dell'interessato, almeno il diritto di ottenere l'intervento umano da parte del titolare del trattamento, di esprimere la propria opinione e di contestare la decisione.

4. Le decisioni di cui al paragrafo 2 non si basano sulle categorie particolari di

purposes or statistical purposes pursuant to Article 891., the data subject, on grounds relating to his or her particular situation, shall have the right to object to processing of personal data concerning him or her, unless the processing is necessary for the performance of a task carried out for reasons of public interest.

Article 22

Automated individual decision-making, including profiling

1. The data subject shall have the right not to be subject to a decision based solely on automated processing, including profiling, which produces legal effects concerning him or her or similarly significantly affects him or her.

2. Paragraph 1 shall not apply if the decision:

a. is necessary for entering into, or performance of, a contract between the data subject and a data controller;

b. is authorised by Union or Member State law to which the controller is subject and which also lays down suitable measures to safeguard the data subject's rights and freedoms and legitimate interests; or

c. is based on the data subject's explicit consent.

3. In the cases referred to in points a. and c. of paragraph 2, the data controller shall implement suitable measures to safeguard the data subject's rights and freedoms and legitimate interests, at least the right to obtain human intervention on the part of the controller, to express his or her point of view and to contest the decision.

4. Decisions referred to in paragraph 2 shall not be based on special categories

dati personali di cui all'articolo 9, paragrafo 1, a meno che non sia d'applicazione l'articolo 9, paragrafo 2, lettere a. o g., e non siano in vigore misure adeguate a tutela dei diritti, delle libertà e dei legittimi interessi dell'interessato.

Sezione 5

Limitazioni

Articolo 23

Limitazioni

1. Il diritto dell'Unione o dello Stato membro cui è soggetto il titolare del trattamento o il responsabile del trattamento può limitare, mediante misure legislative, la portata degli obblighi e dei diritti di cui agli articoli da 12 a 22 e 34, nonché all'articolo 5, nella misura in cui le disposizioni ivi contenute corrispondano ai diritti e agli obblighi di cui agli articoli da 12 a 22, qualora tale limitazione rispetti l'essenza dei diritti e delle libertà fondamentali e sia una misura necessaria e proporzionata in una società democratica per salvaguardare:

a. la sicurezza nazionale;

b. la difesa;

c. la sicurezza pubblica;

d. la prevenzione, l'indagine, l'accertamento e il perseguimento di reati o l'esecuzione di sanzioni penali, incluse la salvaguardia contro e la prevenzione di minacce alla sicurezza pubblica;

e. altri importanti obiettivi di interesse pubblico generale dell'Unione o di uno Stato membro, in particolare un rilevante interesse economico o finanziario dell'Unione o di uno Stato membro, anche in materia monetaria, di bilancio e tributaria, di sanità pubblica e sicurezza sociale;

of personal data referred to in Article 91., unless point a. or g. of Article 92. applies and suitable measures to safeguard the data subject's rights and freedoms and legitimate interests are in place.

Section 5

Restrictions

Article 23

Restrictions

1. Union or Member State law to which the data controller or processor is subject may restrict by way of a legislative measure the scope of the obligations and rights provided for in Articles 12 to 22 and Article 34, as well as Article 5 in so far as its provisions correspond to the rights and obligations provided for in Articles 12 to 22, when such a restriction respects the essence of the fundamental rights and freedoms and is a necessary and proportionate measure in a democratic society to safeguard:

a. national security;

b. defence;

c. public security;

d. the prevention, investigation, detection or prosecution of criminal offences or the execution of criminal penalties, including the safeguarding against and the prevention of threats to public security;

e. other important objectives of general public interest of the Union or of a Member State, in particular an important economic or financial interest of the Union or of a Member State, including monetary, budgetary and taxation a matters, public health and social security;

f. la salvaguardia dell'indipendenza della magistratura e dei procedimenti giudiziari;

g. le attività volte a prevenire, indagare, accertare e perseguire violazioni della deontologia delle professioni regolamentate;

h. una funzione di controllo, d'ispezione o di regolamentazione connessa, anche occasionalmente, all'esercizio di pubblici poteri nei casi di cui alle lettere da a., a e. e g.;

i. la tutela dell'interessato o dei diritti e delle libertà altrui;

j. l'esecuzione delle azioni civili.

2. In particolare qualsiasi misura legislativa di cui al paragrafo 1 contiene disposizioni specifiche riguardanti almeno, se del caso:

a. le finalità del trattamento o le categorie di trattamento;

b. le categorie di dati personali;

c. la portata delle limitazioni introdotte;

d. le garanzie per prevenire abusi o l'accesso o il trasferimento illeciti;

e. l'indicazione precisa del titolare del trattamento o delle categorie di titolari;

f. i periodi di conservazione e le garanzie applicabili tenuto conto della natura, dell'ambito di applicazione e delle finalità del trattamento o delle categorie di trattamento;

g. i rischi per i diritti e le libertà degli interessati; e

h. il diritto degli interessati di essere informati della limitazione, a meno che ciò possa compromettere la finalità della stessa.

CAPO IV

Titolare del trattamento e responsabile del trattamento

Sezione 1

---

f. the protection of judicial independence and judicial proceedings;

g. the prevention, investigation, detection and prosecution of breaches of ethics for regulated professions;

h. a monitoring, inspection or regulatory function connected, even occasionally, to the exercise of official authority in the cases referred to in points a. to e. and g.;

i. the protection of the data subject or the rights and freedoms of others;

j. the enforcement of civil law claims.

2. In particular, any legislative measure referred to in paragraph 1 shall contain specific provisions at least, where relevant, as to:

a. the purposes of the processing or categories of processing;

b. the categories of personal data;

c. the scope of the restrictions introduced;

d. the safeguards to prevent abuse or unlawful access or transfer;

e. the specification of the controller or categories of controllers;

f. the storage periods and the applicable safeguards taking into account the nature, scope and purposes of the processing or categories of processing;

g. the risks to the rights and freedoms of data subjects; and

h. the right of data subjects to be informed about the restriction, unless that may be prejudicial to the purpose of the restriction.

CHAPTER IV

Controller and processor

Section 1

Obblighi generali

Articolo 24

Responsabilità del titolare del trattamento

1. Tenuto conto della natura, dell'ambito di applicazione, del contesto e delle finalità del trattamento, nonché dei rischi aventi probabilità e gravità diverse per i diritti e le libertà delle persone fisiche, il titolare del trattamento mette in atto misure tecniche e organizzative adeguate per garantire, ed essere in grado di dimostrare, che il trattamento è effettuato conformemente al presente regolamento. Dette misure sono riesaminate e aggiornate qualora necessario.

2. Se ciò è proporzionato rispetto alle attività di trattamento, le misure di cui al paragrafo 1 includono l'attuazione di politiche adeguate in materia di protezione dei dati da parte del titolare del trattamento.

3. L'adesione ai codici di condotta di cui all'articolo 40 o a un meccanismo di certificazione di cui all'articolo 42 può essere utilizzata come elemento per dimostrare il rispetto degli obblighi del titolare del trattamento.

Articolo 25

Protezione dei dati fin dalla progettazione e protezione per impostazione predefinita

1. Tenendo conto dello stato dell'arte e dei costi di attuazione, nonché della natura, dell'ambito di applicazione, del contesto e delle finalità del trattamento, come anche dei rischi aventi probabilità e gravità diverse per i diritti e le libertà delle persone fisiche costituiti dal trattamento, sia al momento di determinare i mezzi del trattamento sia all'atto del trattamento stesso il titolare del trattamento mette in atto misure tecniche e organizzative

General obligations

Article 24

Responsibility of the controller

1. Taking into account the nature, scope, context and purposes of processing as well as the risks of varying likelihood and severity for the rights and freedoms of natural persons, the controller shall implement appropriate technical and organisational measures to ensure and to be able to demonstrate that processing is performed in accordance with this Regulation. Those measures shall be reviewed and updated where necessary.

2. Where proportionate in relation to processing activities, the measures referred to in paragraph 1 shall include the implementation of appropriate data protection policies by the controller.

3. Adherence to approved codes of conduct as referred to in Article 40 or approved certification mechanisms as referred to in Article 42 may be used as an element by which to demonstrate compliance with the obligations of the controller.

Article 25

Data protection by design and by default

1. Taking into account the state of the art, the cost of implementation and the nature, scope, context and purposes of processing as well as the risks of varying likelihood and severity for rights and freedoms of natural persons posed by the processing, the controller shall, both at the time of the determination of the means for processing and at the time of the processing itself, implement appropriate technical and organisational measures, such as pseudonymisation,

adeguate, quali la pseudonimizzazione, volte ad attuare in modo efficace i principi di protezione dei dati, quali la minimizzazione, e a integrare nel trattamento le necessarie garanzie al fine di soddisfare i requisiti del presente regolamento e tutelare i diritti degli interessati.

2. Il titolare del trattamento mette in atto misure tecniche e organizzative adeguate per garantire che siano trattati, per impostazione predefinita, solo i dati personali necessari per ogni specifica finalità del trattamento. Tale obbligo vale per la quantità dei dati personali raccolti, la portata del trattamento, il periodo di conservazione e l'accessibilità. In particolare, dette misure garantiscono che, per impostazione predefinita, non siano resi accessibili dati personali a un numero indefinito di persone fisiche senza l'intervento della persona fisica.

3. Un meccanismo di certificazione approvato ai sensi dell'articolo 42 può essere utilizzato come elemento per dimostrare la conformità ai requisiti di cui ai paragrafi 1 e 2 del presente articolo.

Articolo 26

Contitolari del trattamento

1. Allorché due o più titolari del trattamento determinano congiuntamente le finalità e i mezzi del trattamento, essi sono contitolari del trattamento. Essi determinano in modo trasparente, mediante un accordo interno, le rispettive responsabilità in merito all'osservanza degli obblighi derivanti dal presente regolamento, con particolare riguardo all'esercizio dei diritti dell'interessato, e le rispettive funzioni di comunicazione delle informazioni di cui agli articoli 13 e 14, a meno che e nella misura in cui le rispettive responsabilità siano determinate dal diritto dell'Unione o dello Stato membro cui i titolari del

which are designed to implement data-protection principles, such as data minimisation, in an effective manner and to integrate the necessary safeguards into the processing in order to meet the requirements of this Regulation and protect the rights of data subjects.

2. The controller shall implement appropriate technical and organisational measures for ensuring that, by default, only personal data which are necessary for each specific purpose of the processing are processed. That obligation applies to the amount of personal data collected, the extent of their processing, the period of their storage and their accessibility. In particular, such measures shall ensure that by default personal data are not made accessible without the individual's intervention to an indefinite number of natural persons.

3. An approved certification mechanism pursuant to Article 42 may be used as an element to demonstrate compliance with the requirements set out in paragraphs 1 and 2 of this Article.

Article 26

Joint controllers

1. Where two or more controllers jointly determine the purposes and means of processing, they shall be joint controllers. They shall in a transparent manner determine their respective responsibilities for compliance with the obligations under this Regulation, in particular as regards the exercising of the rights of the data subject and their respective duties to provide the information referred to in Articles 13 and 14, by means of an arrangement between them unless, and in so far as, the respective responsibilities of the controllers are determined by Union or Member State law to which the controllers are subject. The arrangement

trattamento sono soggetti. Tale accordo può designare un punto di contatto per gli interessati.

2. L'accordo di cui al paragrafo 1 riflette adeguatamente i rispettivi ruoli e i rapporti dei contitolari con gli interessati. Il contenuto essenziale dell'accordo è messo a disposizione dell'interessato.

3. Indipendentemente dalle disposizioni dell'accordo di cui al paragrafo 1, l'interessato può esercitare i propri diritti ai sensi del presente regolamento nei confronti di e contro ciascun titolare del trattamento.

Articolo 27

Rappresentanti di titolari del trattamento o dei responsabili del trattamento non stabiliti nell'Unione

1. Ove si applichi l'articolo 3, paragrafo 2, il titolare del trattamento o il responsabile del trattamento designa per iscritto un rappresentante nell'Unione.

2. L'obbligo di cui al paragrafo 1 del presente articolo non si applica:

a. al trattamento se quest'ultimo è occasionale, non include il trattamento, su larga scala, di categorie particolari di dati di cui all'articolo 9, paragrafo 1, o di dati personali relativi a condanne penali e a reati di cui all'articolo 10, ed è improbabile che presenti un rischio per i diritti e le libertà delle persone fisiche, tenuto conto della natura, del contesto, dell'ambito di applicazione e delle finalità del trattamento; oppure

b. alle autorità pubbliche o agli organismi pubblici.

3. Il rappresentante è stabilito in uno degli Stati membri in cui si trovano gli interessati e i cui dati personali sono trattati nell'ambito dell'offerta di beni o

may designate a contact point for data subjects.

2. The arrangement referred to in paragraph 1 shall duly reflect the respective roles and relationships of the joint controllers vis-à-vis the data subjects. The essence of the arrangement shall be made available to the data subject.

3. Irrespective of the terms of the arrangement referred to in paragraph 1, the data subject may exercise his or her rights under this Regulation in respect of and against each of the controllers.

Article 27

Representatives of controllers or processors not established in the Union

1. Where Article 32. applies, the controller or the processor shall designate in writing a representative in the Union.

2. The obligation laid down in paragraph 1 of this Article shall not apply to:

a. processing which is occasional, does not include, on a large scale, processing of special categories of data as referred to in Article 91. or processing of personal data relating to criminal convictions and offences referred to in Article 10, and is unlikely to result in a risk to the rights and freedoms of natural persons, taking into account the nature, context, scope and purposes of the processing; or

b. a public authority or body.

3. The representative shall be established in one of the Member States where the data subjects, whose personal data are processed in relation to the

servizi o il cui comportamento è monitorato.

4. Ai fini della conformità con il presente regolamento, il rappresentante è incaricato dal titolare del trattamento o dal responsabile del trattamento a fungere da interlocutore, in aggiunta o in sostituzione del titolare del trattamento o del responsabile del trattamento, in particolare delle autorità di controllo e degli interessati, per tutte le questioni riguardanti il trattamento.

5. La designazione di un rappresentante a cura del titolare del trattamento o del responsabile del trattamento fa salve le azioni legali che potrebbero essere promosse contro lo stesso titolare del trattamento o responsabile del trattamento.

Articolo 28

Responsabile del trattamento

1. Qualora un trattamento debba essere effettuato per conto del titolare del trattamento, quest'ultimo ricorre unicamente a responsabili del trattamento che presentino garanzie sufficienti per mettere in atto misure tecniche e organizzative adeguate in modo tale che il trattamento soddisfi i requisiti del presente regolamento e garantisca la tutela dei diritti dell'interessato.

2. Il responsabile del trattamento non ricorre a un altro responsabile senza previa autorizzazione scritta, specifica o generale, del titolare del trattamento. Nel caso di autorizzazione scritta generale, il responsabile del trattamento informa il titolare del trattamento di eventuali modifiche previste riguardanti l'aggiunta o la sostituzione di altri responsabili del trattamento, dando così al titolare del trattamento l'opportunità di opporsi a tali modifiche.

offering of goods or services to them, or whose behaviour is monitored, are.

4. The representative shall be mandated by the controller or processor to be addressed in addition to or instead of the controller or the processor by, in particular, supervisory authorities and data subjects, on all issues related to processing, for the purposes of ensuring compliance with this Regulation.

5. The designation of a representative by the controller or processor shall be without prejudice to legal actions which could be initiated against the controller or the processor themselves.

Article 28

Processor

1. Where processing is to be carried out on behalf of a controller, the controller shall use only processors providing sufficient guarantees to implement appropriate technical and organisational measures in such a manner that processing will meet the requirements of this Regulation and ensure the protection of the rights of the data subject.

2. The processor shall not engage another processor without prior specific or general written authorisation of the controller. In the case of general written authorisation, the processor shall inform the controller of any intended changes concerning the addition or replacement of other processors, thereby giving the controller the opportunity to object to such changes.

3. I trattamenti da parte di un responsabile del trattamento sono disciplinati da un contratto o da altro atto giuridico a norma del diritto dell'Unione o degli Stati membri, che vincoli il responsabile del trattamento al titolare del trattamento e che stipuli la materia disciplinata e la durata del trattamento, la natura e la finalità del trattamento, il tipo di dati personali e le categorie di interessati, gli obblighi e i diritti del titolare del trattamento. Il contratto o altro atto giuridico prevede, in particolare, che il responsabile del trattamento:

a. tratti i dati personali soltanto su istruzione documentata del titolare del trattamento, anche in caso di trasferimento di dati personali verso un paese terzo o un'organizzazione internazionale, salvo che lo richieda il diritto dell'Unione o nazionale cui è soggetto il responsabile del trattamento; in tal caso, il responsabile del trattamento informa il titolare del trattamento circa tale obbligo giuridico prima del trattamento, a meno che il diritto vieti tale informazione per rilevanti motivi di interesse pubblico;

b. garantisca che le persone autorizzate al trattamento dei dati personali si siano impegnate alla riservatezza o abbiano un adeguato obbligo legale di riservatezza;

c. adotti tutte le misure richieste ai sensi dell'articolo 32;

d. rispetti le condizioni di cui ai paragrafi 2 e 4 per ricorrere a un altro responsabile del trattamento;

e. tenendo conto della natura del trattamento, assista il titolare del trattamento con misure tecniche e organizzative adeguate, nella misura in cui ciò sia possibile, al fine di soddisfare l'obbligo del titolare del trattamento di dare seguito alle richieste per l'esercizio dei diritti dell'interessato di cui al capo III;

3. Processing by a processor shall be governed by a contract or other legal act under Union or Member State law, that is binding on the processor with regard to the controller and that sets out the subject-matter and duration of the processing, the nature and purpose of the processing, the type of personal data and categories of data subjects and the obligations and rights of the controller. That contract or other legal act shall stipulate, in particular, that the processor:

a. processes the personal data only on documented instructions from the controller, including with regard to transfers of personal data to a third country or an international organisation, unless required to do so by Union or Member State law to which the processor is subject; in such a case, the processor shall inform the controller of that legal requirement before processing, unless that law prohibits such information on important grounds of public interest;

b. ensures that persons authorised to process the personal data have committed themselves to confidentiality or are under an appropriate statutory obligation of confidentiality;

c. takes all measures required pursuant to Article 32;

d. respects the conditions referred to in paragraphs 2 and 4 for engaging another processor;

e. taking into account the nature of the processing, assists the controller by appropriate technical and organisational measures, insofar as this is possible, for the fulfilment of the controller's obligation to respond to requests for exercising the data subject's rights laid down in Chapter III;

f. assista il titolare del trattamento nel garantire il rispetto degli obblighi di cui agli articoli da 32 a 36, tenendo conto della natura del trattamento e delle informazioni a disposizione del responsabile del trattamento;

g. su scelta del titolare del trattamento, cancelli o gli restituisca tutti i dati personali dopo che è terminata la prestazione dei servizi relativi al trattamento e cancelli le copie esistenti, salvo che il diritto dell'Unione o degli Stati membri preveda la conservazione dei dati; e

h. metta a disposizione del titolare del trattamento tutte le informazioni necessarie per dimostrare il rispetto degli obblighi di cui al presente articolo e consenta e contribuisca alle attività di revisione, comprese le ispezioni, realizzati dal titolare del trattamento o da un altro soggetto da questi incaricato.

Con riguardo alla lettera h. del primo comma, il responsabile del trattamento informa immediatamente il titolare del trattamento qualora, a suo parere, un'istruzione violi il presente regolamento o altre disposizioni, nazionali o dell'Unione, relative alla protezione dei dati.

4. Quando un responsabile del trattamento ricorre a un altro responsabile del trattamento per l'esecuzione di specifiche attività di trattamento per conto del titolare del trattamento, su tale altro responsabile del trattamento sono imposti, mediante un contratto o un altro atto giuridico a norma del diritto dell'Unione o degli Stati membri, gli stessi obblighi in materia di protezione dei dati contenuti nel contratto o in altro atto giuridico tra il titolare del trattamento e il responsabile del trattamento di cui al paragrafo 3, prevedendo in particolare garanzie sufficienti per mettere in atto misure tecniche e organizzative

f. assists the controller in ensuring compliance with the obligations pursuant to Articles 32 to 36 taking into account the nature of processing and the information available to the processor;

g. at the choice of the controller, deletes or returns all the personal data to the controller after the end of the provision of services relating to processing, and deletes existing copies unless Union or Member State law requires storage of the personal data;

h. makes available to the controller all information necessary to demonstrate compliance with the obligations laid down in this Article and allow for and contribute to audits, including inspections, conducted by the controller or another auditor mandated by the controller.

With regard to point h. of the first subparagraph, the processor shall immediately inform the controller if, in its opinion, an instruction infringes this Regulation or other Union or Member State data protection provisions.

4. Where a processor engages another processor for carrying out specific processing activities on behalf of the controller, the same data protection obligations as set out in the contract or other legal act between the controller and the processor as referred to in paragraph 3 shall be imposed on that other processor by way of a contract or other legal act under Union or Member State law, in particular providing sufficient guarantees to implement appropriate technical and organisational measures in such a manner that the processing will meet the requirements of this Regulation. Where that other processor fails to fulfil its data protection

adeguate in modo tale che il trattamento soddisfi i requisiti del presente regolamento. Qualora l'altro responsabile del trattamento ometta di adempiere ai propri obblighi in materia di protezione dei dati, il responsabile iniziale conserva nei confronti del titolare del trattamento l'intera responsabilità dell'adempimento degli obblighi dell'altro responsabile.

obligations, the initial processor shall remain fully liable to the controller for the performance of that other processor's obligations.

5. L'adesione da parte del responsabile del trattamento a un codice di condotta approvato di cui all'articolo 40 o a un meccanismo di certificazione approvato di cui all'articolo 42 può essere utilizzata come elemento per dimostrare le garanzie sufficienti di cui ai paragrafi 1 e 4 del presente articolo.

5. Adherence of a processor to an approved code of conduct as referred to in Article 40 or an approved certification mechanism as referred to in Article 42 may be used as an element by which to demonstrate sufficient guarantees as referred to in paragraphs 1 and 4 of this Article.

6. Fatto salvo un contratto individuale tra il titolare del trattamento e il responsabile del trattamento, il contratto o altro atto giuridico di cui ai paragrafi 3 e 4 del presente articolo può basarsi, in tutto o in parte, su clausole contrattuali tipo di cui ai paragrafi 7 e 8 del presente articolo, anche laddove siano parte di una certificazione concessa al titolare del trattamento o al responsabile del trattamento ai sensi degli articoli 42 e 43.

6. Without prejudice to an individual contract between the controller and the processor, the contract or the other legal act referred to in paragraphs 3 and 4 of this Article may be based, in whole or in part, on standard contractual clauses referred to in paragraphs 7 and 8 of this Article, including when they are part of a certification granted to the controller or processor pursuant to Articles 42 and 43.

7. La Commissione può stabilire clausole contrattuali tipo per le materie di cui ai paragrafi 3 e 4 del presente articolo e secondo la procedura d'esame di cui all'articolo 93, paragrafo 2.

7. The Commission may lay down standard contractual clauses for the matters referred to in paragraph 3 and 4 of this Article and in accordance with the examination procedure referred to in Article 932..

8. Un'autorità di controllo può adottare clausole contrattuali tipo per le materie di cui ai paragrafi 3 e 4 del presente articolo in conformità del meccanismo di coerenza di cui all'articolo 63.

8. A supervisory authority may adopt standard contractual clauses for the matters referred to in paragraph 3 and 4 of this Article and in accordance with the consistency mechanism referred to in Article 63.

9. Il contratto o altro atto giuridico di cui ai paragrafi 3 e 4 è stipulato in forma scritta, anche in formato elettronico.

9. The contract or the other legal act referred to in paragraphs 3 and 4 shall be in writing, including in electronic form.

10. Fatti salvi gli articoli 82, 83 e 84, se un responsabile del trattamento viola

10. Without prejudice to Articles 82, 83 and 84, if a processor infringes this

il presente regolamento, determinando le finalità e i mezzi del trattamento, è considerato un titolare del trattamento in questione.

Articolo 29

Trattamento sotto l'autorità del titolare del trattamento o del responsabile del trattamento

Il responsabile del trattamento, o chiunque agisca sotto la sua autorità o sotto quella del titolare del trattamento, che abbia accesso a dati personali non può trattare tali dati se non è istruito in tal senso dal titolare del trattamento, salvo che lo richieda il diritto dell'Unione o degli Stati membri.

Articolo 30

Registri delle attività di trattamento

1. Ogni titolare del trattamento e, ove applicabile, il suo rappresentante tengono un registro delle attività di trattamento svolte sotto la propria responsabilità. Tale registro contiene tutte le seguenti informazioni:

a. il nome e i dati di contatto del titolare del trattamento e, ove applicabile, del contitolare del trattamento, del rappresentante del titolare del trattamento e del responsabile della protezione dei dati;

b. le finalità del trattamento;

c. una descrizione delle categorie di interessati e delle categorie di dati personali;

d. le categorie di destinatari a cui i dati personali sono stati o saranno comunicati, compresi i destinatari di paesi terzi od organizzazioni internazionali;

e. ove applicabile, i trasferimenti di dati personali verso un paese terzo o un'organizzazione internazionale, compresa l'identificazione del paese terzo o dell'organizzazione internazionale e, per i trasferimenti di

Regulation by determining the purposes and means of processing, the processor shall be considered to be a controller in respect of that processing.

Article 29

Processing under the authority of the controller or processor

The processor and any person acting under the authority of the controller or of the processor, who has access to personal data, shall not process those data except on instructions from the controller, unless required to do so by Union or Member State law.

Article 30

Records of processing activities

1. Each controller and, where applicable, the controller's representative, shall maintain a record of processing activities under its responsibility. That record shall contain all of the following information:

a. the name and contact details of the controller and, where applicable, the joint controller, the controller's representative and the data protection officer;

b. the purposes of the processing;

c. a description of the categories of data subjects and of the categories of personal data;

d. the categories of recipients to whom the personal data have been or will be disclosed including recipients in third countries or international organisations;

e. where applicable, transfers of personal data to a third country or an international organisation, including the identification of that third country or international organisation and, in the case of transfers referred to in the

cui al secondo comma dell'articolo 49, la documentazione delle garanzie adeguate;

f. ove possibile, i termini ultimi previsti per la cancellazione delle diverse categorie di dati;

g. ove possibile, una descrizione generale delle misure di sicurezza tecniche e organizzative di cui all'articolo 32, paragrafo 1.

2. Ogni responsabile del trattamento e, ove applicabile, il suo rappresentante tengono un registro di tutte le categorie di attività relative al trattamento svolte per conto di un titolare del trattamento, contenente:

a. il nome e i dati di contatto del responsabile o dei responsabili del trattamento, di ogni titolare del trattamento per conto del quale agisce il responsabile del trattamento, del rappresentante del titolare del trattamento o del responsabile del trattamento e, ove applicabile, del responsabile della protezione dei dati;

b. le categorie dei trattamenti effettuati per conto di ogni titolare del trattamento;

c. ove applicabile, i trasferimenti di dati personali verso un paese terzo o un'organizzazione internazionale, compresa l'identificazione del paese terzo o dell'organizzazione internazionale e, per i trasferimenti di cui al secondo comma dell'articolo 49, la documentazione delle garanzie adeguate;

d. ove possibile, una descrizione generale delle misure di sicurezza tecniche e organizzative di cui all'articolo 32, paragrafo 1.

3. I registri di cui ai paragrafi 1 e 2 sono tenuti in forma scritta, anche in formato elettronico.

4. Su richiesta, il titolare del trattamento o il responsabile del

second subparagraph of Article 491., the documentation of suitable safeguards;

f. where possible, the envisaged time limits for erasure of the different categories of data;

g. where possible, a general description of the technical and organisational security measures referred to in Article 321..

2. Each processor and, where applicable, the processor's representative shall maintain a record of all categories of processing activities carried out on behalf of a controller, containing:

a. the name and contact details of the processor or processors and of each controller on behalf of which the processor is acting, and, where applicable, of the controller's or the processor's representative, and the data protection officer;

b. the categories of processing carried out on behalf of each controller;

c. where applicable, transfers of personal data to a third country or an international organisation, including the identification of that third country or international organisation and, in the case of transfers referred to in the second subparagraph of Article 491., the documentation of suitable safeguards;

d. where possible, a general description of the technical and organisational security measures referred to in Article 321..

3. The records referred to in paragraphs 1 and 2 shall be in writing, including in electronic form.

4. The controller or the processor and, where applicable, the controller's or the

trattamento e, ove applicabile, il rappresentante del titolare del trattamento o del responsabile del trattamento mettono il registro a disposizione dell'autorità di controllo.

5. Gli obblighi di cui ai paragrafi 1 e 2 non si applicano alle imprese o organizzazioni con meno di 250 dipendenti, a meno che il trattamento che esse effettuano possa presentare un rischio per i diritti e le libertà dell'interessato, il trattamento non sia occasionale o includa il trattamento di categorie particolari di dati di cui all'articolo 9, paragrafo 1, o i dati personali relativi a condanne penali e a reati di cui all'articolo 10.

Articolo 31

Cooperazione con l'autorità di controllo

Il titolare del trattamento, il responsabile del trattamento e, ove applicabile, il loro rappresentante cooperano, su richiesta, con l'autorità di controllo nell'esecuzione dei suoi compiti.

Sezione 2

Sicurezza dei dati personali

Articolo 32

Sicurezza del trattamento

1. Tenendo conto dello stato dell'arte e dei costi di attuazione, nonché della natura, dell'oggetto, del contesto e delle finalità del trattamento, come anche del rischio di varia probabilità e gravità per i diritti e le libertà delle persone fisiche, il titolare del trattamento e il responsabile del trattamento mettono in atto misure tecniche e organizzative adeguate per garantire un livello di sicurezza adeguato al rischio, che comprendono, tra le altre, se del caso:

a. la pseudonimizzazione e la cifratura dei dati personali;

processor's representative, shall make the record available to the supervisory authority on request.

5. The obligations referred to in paragraphs 1 and 2 shall not apply to an enterprise or an organisation employing fewer than 250 persons unless the processing it carries out is likely to result in a risk to the rights and freedoms of data subjects, the processing is not occasional, or the processing includes special categories of data as referred to in Article 91. or personal data relating to criminal convictions and offences referred to in Article 10.

Article 31

Cooperation with the supervisory authority

The controller and the processor and, where applicable, their representatives, shall cooperate, on request, with the supervisory authority in the performance of its tasks.

Section 2

Security of personal data

Article 32

Security of processing

1. Taking into account the state of the art, the costs of implementation and the nature, scope, context and purposes of processing as well as the risk of varying likelihood and severity for the rights and freedoms of natural persons, the controller and the processor shall implement appropriate technical and organisational measures to ensure a level of security appropriate to the risk, including inter alia as appropriate:

a. the pseudonymisation and encryption of personal data;

b. la capacità di assicurare su base permanente la riservatezza, l'integrità, la disponibilità e la resilienza dei sistemi e dei servizi di trattamento;

c. la capacità di ripristinare tempestivamente la disponibilità e l'accesso dei dati personali in caso di incidente fisico o tecnico;

d. una procedura per testare, verificare e valutare regolarmente l'efficacia delle misure tecniche e organizzative al fine di garantire la sicurezza del trattamento.

2. Nel valutare l'adeguato livello di sicurezza, si tiene conto in special modo dei rischi presentati dal trattamento che derivano in particolare dalla distruzione, dalla perdita, dalla modifica, dalla divulgazione non autorizzata o dall'accesso, in modo accidentale o illegale, a dati personali trasmessi, conservati o comunque trattati.

3. L'adesione a un codice di condotta approvato di cui all'articolo 40 o a un meccanismo di certificazione approvato di cui all'articolo 42 può essere utilizzata come elemento per dimostrare la conformità ai requisiti di cui al paragrafo 1 del presente articolo.

4. Il titolare del trattamento e il responsabile del trattamento fanno sì che chiunque agisca sotto la loro autorità e abbia accesso a dati personali non tratti tali dati se non è istruito in tal senso dal titolare del trattamento, salvo che lo richieda il diritto dell'Unione o degli Stati membri.

Articolo 33

Notifica di una violazione dei dati personali all'autorità di controllo

1. In caso di violazione dei dati personali, il titolare del trattamento notifica la violazione all'autorità di controllo competente a norma dell'articolo 55 senza ingiustificato ritardo e, ove possibile, entro 72 ore dal

b. the ability to ensure the ongoing confidentiality, integrity, availability and resilience of processing systems and services;

c. the ability to restore the availability and access to personal data in a timely manner in the event of a physical or technical incident;

d. a process for regularly testing, assessing and evaluating the effectiveness of technical and organisational measures for ensuring the security of the processing.

2. In assessing the appropriate level of security account shall be taken in particular of the risks that are presented by processing, in particular from accidental or unlawful destruction, loss, alteration, unauthorised disclosure of, or access to personal data transmitted, stored or otherwise processed.

3. Adherence to an approved code of conduct as referred to in Article 40 or an approved certification mechanism as referred to in Article 42 may be used as an element by which to demonstrate compliance with the requirements set out in paragraph 1 of this Article.

4. The controller and processor shall take steps to ensure that any natural person acting under the authority of the controller or the processor who has access to personal data does not process them except on instructions from the controller, unless he or she is required to do so by Union or Member State law.

Article 33

Notification of a personal data breach to the supervisory authority

1. In the case of a personal data breach, the controller shall without undue delay and, where feasible, not later than 72 hours after having become aware of it, notify the personal data breach to the supervisory authority competent in

momento in cui ne è venuto a conoscenza, a meno che sia improbabile che la violazione dei dati personali presenti un rischio per i diritti e le libertà delle persone fisiche. Qualora la notifica all'autorità di controllo non sia effettuata entro 72 ore, è corredata dei motivi del ritardo.

2. Il responsabile del trattamento informa il titolare del trattamento senza ingiustificato ritardo dopo essere venuto a conoscenza della violazione.

3. La notifica di cui al paragrafo 1 deve almeno:

a. descrivere la natura della violazione dei dati personali compresi, ove possibile, le categorie e il numero approssimativo di interessati in questione nonché le categorie e il numero approssimativo di registrazioni dei dati personali in questione;

b. comunicare il nome e i dati di contatto del responsabile della protezione dei dati o di altro punto di contatto presso cui ottenere più informazioni;

c. descrivere le probabili conseguenze della violazione dei dati personali;

d. descrivere le misure adottate o di cui si propone l'adozione da parte del titolare del trattamento per porre rimedio alla violazione dei dati personali e anche, se del caso, per attenuarne i possibili effetti negativi.

4. Qualora e nella misura in cui non sia possibile fornire le informazioni contestualmente, le informazioni possono essere fornite in fasi successive senza ulteriore ingiustificato ritardo.

5. Il titolare del trattamento documenta qualsiasi violazione dei dati personali, comprese le circostanze a essa relative, le sue conseguenze e i provvedimenti adottati per porvi rimedio. Tale documentazione consente

accordance with Article 55, unless the personal data breach is unlikely to result in a risk to the rights and freedoms of natural persons. Where the notification to the supervisory authority is not made within 72 hours, it shall be accompanied by reasons for the delay.

2. The processor shall notify the controller without undue delay after becoming aware of a personal data breach.

3. The notification referred to in paragraph 1 shall at least:

a. describe the nature of the personal data breach including where possible, the categories and approximate number of data subjects concerned and the categories and approximate number of personal data records concerned;

b. communicate the name and contact details of the data protection officer or other contact point where more information can be obtained;

c. describe the likely consequences of the personal data breach;

d. describe the measures taken or proposed to be taken by the controller to address the personal data breach, including, where appropriate, measures to mitigate its possible adverse effects.

4. Where, and in so far as, it is not possible to provide the information at the same time, the information may be provided in phases without undue further delay.

5. The controller shall document any personal data breaches, comprising the facts relating to the personal data breach, its effects and the remedial action taken. That documentation shall enable the supervisory authority to verify compliance with this Article.

all'autorità di controllo di verificare il rispetto del presente articolo.

Articolo 34

Comunicazione di una violazione dei dati personali all'interessato

1. Quando la violazione dei dati personali è suscettibile di presentare un rischio elevato per i diritti e le libertà delle persone fisiche, il titolare del trattamento comunica la violazione all'interessato senza ingiustificato ritardo.

2. La comunicazione all'interessato di cui al paragrafo 1 del presente articolo descrive con un linguaggio semplice e chiaro la natura della violazione dei dati personali e contiene almeno le informazioni e le misure di cui all'articolo 33, paragrafo 3, lettere b., c. e d..

3. Non è richiesta la comunicazione all'interessato di cui al paragrafo 1 se è soddisfatta una delle seguenti condizioni:

a. il titolare del trattamento ha messo in atto le misure tecniche e organizzative adeguate di protezione e tali misure erano state applicate ai dati personali oggetto della violazione, in particolare quelle destinate a rendere i dati personali incomprensibili a chiunque non sia autorizzato ad accedervi, quali la cifratura;

b. il titolare del trattamento ha successivamente adottato misure atte a scongiurare il sopraggiungere di un rischio elevato per i diritti e le libertà degli interessati di cui al paragrafo 1;

c. detta comunicazione richiederebbe sforzi sproporzionati. In tal caso, si procede invece a una comunicazione pubblica o a una misura simile, tramite la quale gli interessati sono informati con analoga efficacia.

4. Nel caso in cui il titolare del trattamento non abbia ancora

Article 34

Communication of a personal data breach to the data subject

1. When the personal data breach is likely to result in a high risk to the rights and freedoms of natural persons, the controller shall communicate the personal data breach to the data subject without undue delay.

2. The communication to the data subject referred to in paragraph 1 of this Article shall describe in clear and plain language the nature of the personal data breach and contain at least the information and measures referred to in points b., c. and d. of Article 333..

3. The communication to the data subject referred to in paragraph 1 shall not be required if any of the following conditions are met:

a. the controller has implemented appropriate technical and organisational protection measures, and those measures were applied to the personal data affected by the personal data breach, in particular those that render the personal data unintelligible to any person who is not authorised to access it, such as encryption;

b. the controller has taken subsequent measures which ensure that the high risk to the rights and freedoms of data subjects referred to in paragraph 1 is no longer likely to materialise;

c. it would involve disproportionate effort. In such a case, there shall instead be a public communication or similar measure whereby the data subjects are informed in an equally effective manner.

4. If the controller has not already communicated the personal data breach

comunicato all'interessato la violazione dei dati personali, l'autorità di controllo può richiedere, dopo aver valutato la probabilità che la violazione dei dati personali presenti un rischio elevato, che vi provveda o può decidere che una delle condizioni di cui al paragrafo 3 è soddisfatta.

to the data subject, the supervisory authority, having considered the likelihood of the personal data breach resulting in a high risk, may require it to do so or may decide that any of the conditions referred to in paragraph 3 are met.

Sezione 3

Valutazione d'impatto sulla protezione dei dati e consultazione preventiva

Articolo 35

Valutazione d'impatto sulla protezione dei dati

1. Quando un tipo di trattamento, allorché prevede in particolare l'uso di nuove tecnologie, considerati la natura, l'oggetto, il contesto e le finalità del trattamento, può presentare un rischio elevato per i diritti e le libertà delle persone fisiche, il titolare del trattamento effettua, prima di procedere al trattamento, una valutazione dell'impatto dei trattamenti previsti sulla protezione dei dati personali. Una singola valutazione può esaminare un insieme di trattamenti simili che presentano rischi elevati analoghi.

2. Il titolare del trattamento, allorquando svolge una valutazione d'impatto sulla protezione dei dati, si consulta con il responsabile della protezione dei dati, qualora ne sia designato uno.

3. La valutazione d'impatto sulla protezione dei dati di cui al paragrafo 1 è richiesta in particolare nei casi seguenti:

a. una valutazione sistematica e globale di aspetti personali relativi a persone fisiche, basata su un trattamento automatizzato, compresa la profilazione, e sulla quale si fondano decisioni che hanno effetti giuridici o incidono in modo analogo

Section 3

Data protection impact assessment and prior consultation

Article 35

Data protection impact assessment

1. Where a type of processing in particular using new technologies, and taking into account the nature, scope, context and purposes of the processing, is likely to result in a high risk to the rights and freedoms of natural persons, the controller shall, prior to the processing, carry out an assessment of the impact of the envisaged processing operations on the protection of personal data. A single assessment may address a set of similar processing operations that present similar high risks.

2. The controller shall seek the advice of the data protection officer, where designated, when carrying out a data protection impact assessment.

3. A data protection impact assessment referred to in paragraph 1 shall in particular be required in the case of:

a. a systematic and extensive evaluation of personal aspects relating to natural persons which is based on automated processing, including profiling, and on which decisions are based that produce legal effects concerning the natural

significativamente su dette persone fisiche;

b. il trattamento, su larga scala, di categorie particolari di dati personali di cui all'articolo 9, paragrafo 1, o di dati relativi a condanne penali e a reati di cui all'articolo 10; o

c. la sorveglianza sistematica su larga scala di una zona accessibile al pubblico.

4. L'autorità di controllo redige e rende pubblico un elenco delle tipologie di trattamenti soggetti al requisito di una valutazione d'impatto sulla protezione dei dati ai sensi del paragrafo 1. L'autorità di controllo comunica tali elenchi al comitato di cui all'articolo 68.

5. L'autorità di controllo può inoltre redigere e rendere pubblico un elenco delle tipologie di trattamenti per le quali non è richiesta una valutazione d'impatto sulla protezione dei dati. L'autorità di controllo comunica tali elenchi al comitato.

6. Prima di adottare gli elenchi di cui ai paragrafi 4 e 5, l'autorità di controllo competente applica il meccanismo di coerenza di cui all'articolo 63 se tali elenchi comprendono attività di trattamento finalizzate all'offerta di beni o servizi a interessati o al monitoraggio del loro comportamento in più Stati membri, o attività di trattamento che possono incidere significativamente sulla libera circolazione dei dati personali all'interno dell'Unione.

7. La valutazione contiene almeno:

a. una descrizione sistematica dei trattamenti previsti e delle finalità del trattamento, compreso, ove applicabile, l'interesse legittimo perseguito dal titolare del trattamento;

person or similarly significantly affect the natural person;

b. processing on a large scale of special categories of data referred to in Article 91., or of personal data relating to criminal convictions and offences referred to in Article 10; or

c. a systematic monitoring of a publicly accessible area on a large scale.

4. The supervisory authority shall establish and make public a list of the kind of processing operations which are subject to the requirement for a data protection impact assessment pursuant to paragraph 1. The supervisory authority shall communicate those lists to the Board referred to in Article 68.

5. The supervisory authority may also establish and make public a list of the kind of processing operations for which no data protection impact assessment is required. The supervisory authority shall communicate those lists to the Board.

6. Prior to the adoption of the lists referred to in paragraphs 4 and 5, the competent supervisory authority shall apply the consistency mechanism referred to in Article 63 where such lists involve processing activities which are related to the offering of goods or services to data subjects or to the monitoring of their behaviour in several Member States, or may substantially affect the free movement of personal data within the Union.

7. The assessment shall contain at least:

a. a systematic description of the envisaged processing operations and the purposes of the processing, including, where applicable, the legitimate interest pursued by the controller;

b. una valutazione della necessità e proporzionalità dei trattamenti in relazione alle finalità;

c. una valutazione dei rischi per i diritti e le libertà degli interessati di cui al paragrafo 1; e

d. le misure previste per affrontare i rischi, includendo le garanzie, le misure di sicurezza e i meccanismi per garantire la protezione dei dati personali e dimostrare la conformità al presente regolamento, tenuto conto dei diritti e degli interessi legittimi degli interessati e delle altre persone in questione.

8. Nel valutare l'impatto del trattamento effettuato dai relativi titolari o responsabili è tenuto in debito conto il rispetto da parte di questi ultimi dei codici di condotta approvati di cui all'articolo 40, in particolare ai fini di una valutazione d'impatto sulla protezione dei dati.

9. Se del caso, il titolare del trattamento raccoglie le opinioni degli interessati o dei loro rappresentanti sul trattamento previsto, fatta salva la tutela degli interessi commerciali o pubblici o la sicurezza dei trattamenti.

10. Qualora il trattamento effettuato ai sensi dell'articolo 6, paragrafo 1, lettere c. o e., trovi nel diritto dell'Unione o nel diritto dello Stato membro cui il titolare del trattamento è soggetto una base giuridica, tale diritto disciplini il trattamento specifico o l'insieme di trattamenti in questione, e sia già stata effettuata una valutazione d'impatto sulla protezione dei dati nell'ambito di una valutazione d'impatto generale nel contesto dell'adozione di tale base giuridica, i paragrafi da 1 a 7 non si applicano, salvo che gli Stati membri ritengano necessario effettuare tale valutazione prima di procedere alle attività di trattamento.

b. an assessment of the necessity and proportionality of the processing operations in relation to the purposes;

c. an assessment of the risks to the rights and freedoms of data subjects referred to in paragraph 1; and

d. the measures envisaged to address the risks, including safeguards, security measures and mechanisms to ensure the protection of personal data and to demonstrate compliance with this Regulation taking into account the rights and legitimate interests of data subjects and other persons concerned.

8. Compliance with approved codes of conduct referred to in Article 40 by the relevant controllers or processors shall be taken into due account in assessing the impact of the processing operations performed by such controllers or processors, in particular for the purposes of a data protection impact assessment.

9. Where appropriate, the controller shall seek the views of data subjects or their representatives on the intended processing, without prejudice to the protection of commercial or public interests or the security of processing operations.

10. Where processing pursuant to point c. or e. of Article 61. has a legal basis in Union law or in the law of the Member State to which the controller is subject, that law regulates the specific processing operation or set of operations in question, and a data protection impact assessment has already been carried out as part of a general impact assessment in the context of the adoption of that legal basis, paragraphs 1 to 7 shall not apply unless Member States deem it to be necessary to carry out such an assessment prior to processing activities.

11. Se necessario, il titolare del trattamento procede a un riesame per valutare se il trattamento dei dati personali sia effettuato conformemente alla valutazione d'impatto sulla protezione dei dati almeno quando insorgono variazioni del rischio rappresentato dalle attività relative al trattamento.

Articolo 36

Consultazione preventiva

1. Il titolare del trattamento, prima di procedere al trattamento, consulta l'autorità di controllo qualora la valutazione d'impatto sulla protezione dei dati a norma dell'articolo 35 indichi che il trattamento presenterebbe un rischio elevato in assenza di misure adottate dal titolare del trattamento per attenuare il rischio.

2. Se ritiene che il trattamento previsto di cui al paragrafo 1 violi il presente regolamento, in particolare qualora il titolare del trattamento non abbia identificato o attenuato sufficientemente il rischio, l'autorità di controllo fornisce, entro un termine di otto settimane dal ricevimento della richiesta di consultazione, un parere scritto al titolare del trattamento e, ove applicabile, al responsabile del trattamento e può avvalersi dei poteri di cui all'articolo 58. Tale periodo può essere prorogato di sei settimane, tenendo conto della complessità del trattamento previsto. L'autorità di controllo informa il titolare del trattamento e, ove applicabile, il responsabile del trattamento di tale proroga, unitamente ai motivi del ritardo, entro un mese dal ricevimento della richiesta di consultazione. La decorrenza dei termini può essere sospesa fino all'ottenimento da parte dell'autorità di controllo delle informazioni richieste ai fini della consultazione.

11. Where necessary, the controller shall carry out a review to assess if processing is performed in accordance with the data protection impact assessment at least when there is a change of the risk represented by processing operations.

Article 36

Prior consultation

1. The controller shall consult the supervisory authority prior to processing where a data protection impact assessment under Article 35 indicates that the processing would result in a high risk in the absence of measures taken by the controller to mitigate the risk.

2. Where the supervisory authority is of the opinion that the intended processing referred to in paragraph 1 would infringe this Regulation, in particular where the controller has insufficiently identified or mitigated the risk, the supervisory authority shall, within period of up to eight weeks of receipt of the request for consultation, provide written advice to the controller and, where applicable to the processor, and may use any of its powers referred to in Article 58. That period may be extended by six weeks, taking into account the complexity of the intended processing. The supervisory authority shall inform the controller and, where applicable, the processor, of any such extension within one month of receipt of the request for consultation together with the reasons for the delay. Those periods may be suspended until the supervisory authority has obtained information it has requested for the purposes of the consultation.

3. Al momento di consultare l'autorità di controllo ai sensi del paragrafo 1, il titolare del trattamento comunica all'autorità di controllo:

a. ove applicabile, le rispettive responsabilità del titolare del trattamento, dei contitolari del trattamento e dei responsabili del trattamento, in particolare relativamente al trattamento nell'ambito di un gruppo imprenditoriale;

b. le finalità e i mezzi del trattamento previsto;

c. le misure e le garanzie previste per proteggere i diritti e le libertà degli interessati a norma del presente regolamento;

d. ove applicabile, i dati di contatto del titolare della protezione dei dati;

e. la valutazione d'impatto sulla protezione dei dati di cui all'articolo 35;

f. ogni altra informazione richiesta dall'autorità di controllo.

4. Gli Stati membri consultano l'autorità di controllo durante l'elaborazione di una proposta di atto legislativo che deve essere adottato dai parlamenti nazionali o di misura regolamentare basata su detto atto legislativo relativamente al trattamento.

5. Nonostante il paragrafo 1, il diritto degli Stati membri può prescrivere che i titolari del trattamento consultino l'autorità di controllo, e ne ottengano l'autorizzazione preliminare, in relazione al trattamento da parte di un titolare del trattamento per l'esecuzione, da parte di questi, di un compito di interesse pubblico, tra cui il trattamento con riguardo alla protezione sociale e alla sanità pubblica.

Sezione 4

3. When consulting the supervisory authority pursuant to paragraph 1, the controller shall provide the supervisory authority with:

a. where applicable, the respective responsibilities of the controller, joint controllers and processors involved in the processing, in particular for processing within a group of undertakings;

b. the purposes and means of the intended processing;

c. the measures and safeguards provided to protect the rights and freedoms of data subjects pursuant to this Regulation;

d. where applicable, the contact details of the data protection officer;

e. the data protection impact assessment provided for in Article 35; and

f. any other information requested by the supervisory authority.

4. Member States shall consult the supervisory authority during the preparation of a proposal for a legislative measure to be adopted by a national parliament, or of a regulatory measure based on such a legislative measure, which relates to processing.

5. Notwithstanding paragraph 1, Member State law may require controllers to consult with, and obtain prior authorisation from, the supervisory authority in relation to processing by a controller for the performance of a task carried out by the controller in the public interest, including processing in relation to social protection and public health.

Section 4

Responsabile della protezione dei dati

Articolo 37

Designazione del responsabile della protezione dei dati

1. Il titolare del trattamento e il responsabile del trattamento designano sistematicamente un responsabile della protezione dei dati ogniqualvolta:

a. il trattamento è effettuato da un'autorità pubblica o da un organismo pubblico, eccettuate le autorità giurisdizionali quando esercitano le loro funzioni giurisdizionali;

b. le attività principali del titolare del trattamento o del responsabile del trattamento consistono in trattamenti che, per loro natura, ambito di applicazione e/o finalità, richiedono il monitoraggio regolare e sistematico degli interessati su larga scala; oppure

c. le attività principali del titolare del trattamento o del responsabile del trattamento consistono nel trattamento, su larga scala, di categorie particolari di dati personali di cui all'articolo 9 o di dati relativi a condanne penali e a reati di cui all'articolo 10.

2. Un gruppo imprenditoriale può nominare un unico responsabile della protezione dei dati, a condizione che un responsabile della protezione dei dati sia facilmente raggiungibile da ciascuno stabilimento.

3. Qualora il titolare del trattamento o il responsabile del trattamento sia un'autorità pubblica o un organismo pubblico, un unico responsabile della protezione dei dati può essere designato per più autorità pubbliche o organismi pubblici, tenuto conto della loro struttura organizzativa e dimensione.

4. Nei casi diversi da quelli di cui al paragrafo 1, il titolare e del trattamento, il responsabile del trattamento o le associazioni e gli altri

Data protection officer

Article 37

Designation of the data protection officer

1. The controller and the processor shall designate a data protection officer in any case where:

a. the processing is carried out by a public authority or body, except for courts acting in their judicial capacity;

b. the core activities of the controller or the processor consist of processing operations which, by virtue of their nature, their scope and/or their purposes, require regular and systematic monitoring of data subjects on a large scale; or

c. the core activities of the controller or the processor consist of processing on a large scale of special categories of data pursuant to Article 9 and personal data relating to criminal convictions and offences referred to in Article 10.

2. A group of undertakings may appoint a single data protection officer provided that a data protection officer is easily accessible from each establishment.

3. Where the controller or the processor is a public authority or body, a single data protection officer may be designated for several such authorities or bodies, taking account of their organisational structure and size.

4. In cases other than those referred to in paragraph 1, the controller or processor or associations and other bodies representing categories of

organismi rappresentanti le categorie di titolari del trattamento o di responsabili del trattamento possono o, se previsto dal diritto dell'Unione o degli Stati membri, devono designare un responsabile della protezione dei dati. Il responsabile della protezione dei dati può agire per dette associazioni e altri organismi rappresentanti i titolari del trattamento o i responsabili del trattamento.

5. Il responsabile della protezione dei dati è designato in funzione delle qualità professionali, in particolare della conoscenza specialistica della normativa e delle prassi in materia di protezione dei dati, e della capacità di assolvere i compiti di cui all'articolo 39.

6. Il responsabile della protezione dei dati può essere un dipendente del titolare del trattamento o del responsabile del trattamento oppure assolvere i suoi compiti in base a un contratto di servizi.

7. Il titolare del trattamento o il responsabile del trattamento pubblica i dati di contatto del responsabile della protezione dei dati e li comunica all'autorità di controllo.

Articolo 38

Posizione del responsabile della protezione dei dati

1. Il titolare del trattamento e il responsabile del trattamento si assicurano che il responsabile della protezione dei dati sia tempestivamente e adeguatamente coinvolto in tutte le questioni riguardanti la protezione dei dati personali.

2. Il titolare e del trattamento e il responsabile del trattamento sostengono il responsabile della protezione dei dati nell'esecuzione dei compiti di cui all'articolo 39 fornendogli le risorse necessarie per assolvere tali compiti e accedere ai dati personali e ai

controllers or processors may or, where required by Union or Member State law shall, designate a data protection officer. The data protection officer may act for such associations and other bodies representing controllers or processors.

5. The data protection officer shall be designated on the basis of professional qualities and, in particular, expert knowledge of data protection law and practices and the ability to fulfil the tasks referred to in Article 39.

6. The data protection officer may be a staff member of the controller or processor, or fulfil the tasks on the basis of a service contract.

7. The controller or the processor shall publish the contact details of the data protection officer and communicate them to the supervisory authority.

Article 38

Position of the data protection officer

1. The controller and the processor shall ensure that the data protection officer is involved, properly and in a timely manner, in all issues which relate to the protection of personal data.

2. The controller and processor shall support the data protection officer in performing the tasks referred to in Article 39 by providing resources necessary to carry out those tasks and access to personal data and processing operations, and to maintain his or her expert knowledge.

trattamenti e per mantenere la propria conoscenza specialistica.

3. Il titolare del trattamento e il responsabile del trattamento si assicurano che il responsabile della protezione dei dati non riceva alcuna istruzione per quanto riguarda l'esecuzione di tali compiti. Il responsabile della protezione dei dati non è rimosso o penalizzato dal titolare del trattamento o dal responsabile del trattamento per l'adempimento dei propri compiti. Il responsabile della protezione dei dati riferisce direttamente al vertice gerarchico del titolare del trattamento o del responsabile del trattamento.

4 Gli interessati possono contattare il responsabile della protezione dei dati per tutte le questioni relative al trattamento dei loro dati personali e all'esercizio dei loro diritti derivanti dal presente regolamento.

5. Il responsabile della protezione dei dati è tenuto al segreto o alla riservatezza in merito all'adempimento dei propri compiti, in conformità del diritto dell'Unione o degli Stati membri.

6. Il responsabile della protezione dei dati può svolgere altri compiti e funzioni. Il titolare del trattamento o il responsabile del trattamento si assicura che tali compiti e funzioni non diano adito a un conflitto di interessi.

Articolo 39

Compiti del responsabile della protezione dei dati

1. Il responsabile della protezione dei dati è incaricato almeno dei seguenti compiti:

a. informare e fornire consulenza al titolare del trattamento o al responsabile del trattamento nonché ai dipendenti che eseguono il trattamento in merito agli obblighi derivanti dal presente regolamento nonché da altre disposizioni dell'Unione o degli Stati

3. The controller and processor shall ensure that the data protection officer does not receive any instructions regarding the exercise of those tasks. He or she shall not be dismissed or penalised by the controller or the processor for performing his tasks. The data protection officer shall directly report to the highest management level of the controller or the processor.

4. Data subjects may contact the data protection officer with regard to all issues related to processing of their personal data and to the exercise of their rights under this Regulation.

5. The data protection officer shall be bound by secrecy or confidentiality concerning the performance of his or her tasks, in accordance with Union or Member State law.

6. The data protection officer may fulfil other tasks and duties. The controller or processor shall ensure that any such tasks and duties do not result in a conflict of interests.

Article 39

Tasks of the data protection officer

1. The data protection officer shall have at least the following tasks:

a. to inform and advise the controller or the processor and the employees who carry out processing of their obligations pursuant to this Regulation and to other Union or Member State data protection provisions;

membri relative alla protezione dei dati;

b. sorvegliare l'osservanza del presente regolamento, di altre disposizioni dell'Unione o degli Stati membri relative alla protezione dei dati nonché delle politiche del titolare del trattamento o del responsabile del trattamento in materia di protezione dei dati personali, compresi l'attribuzione delle responsabilità, la sensibilizzazione e la formazione del personale che partecipa ai trattamenti e alle connesse attività di controllo;

c. fornire, se richiesto, un parere in merito alla valutazione d'impatto sulla protezione dei dati e sorvegliarne lo svolgimento ai sensi dell'articolo 35;

d. cooperare con l'autorità di controllo; e

e. fungere da punto di contatto per l'autorità di controllo per questioni connesse al trattamento, tra cui la consultazione preventiva di cui all'articolo 36, ed effettuare, se del caso, consultazioni relativamente a qualunque altra questione.

2. Nell'eseguire i propri compiti il responsabile della protezione dei dati considera debitamente i rischi inerenti al trattamento, tenuto conto della natura, dell'ambito di applicazione, del contesto e delle finalità del medesimo.

b. to monitor compliance with this Regulation, with other Union or Member State data protection provisions and with the policies of the controller or processor in relation to the protection of personal data, including the assignment of responsibilities, awareness-raising and training of staff involved in processing operations, and the related audits;

c. to provide advice where requested as regards the data protection impact assessment and monitor its performance pursuant to Article 35;

d. to cooperate with the supervisory authority;

e. to act as the contact point for the supervisory authority on issues relating to processing, including the prior consultation referred to in Article 36, and to consult, where appropriate, with regard to any other matter.

2. The data protection officer shall in the performance of his or her tasks have due regard to the risk associated with processing operations, taking into account the nature, scope, context and purposes of processing.

Sezione 5

Codici di condotta e certificazione

Articolo 40

Codici di condotta

1. Gli Stati membri, le autorità di controllo, il comitato e la Commissione incoraggiano l'elaborazione di codici di condotta destinati a contribuire alla corretta applicazione del presente regolamento, in funzione delle specificità dei vari settori di trattamento e delle esigenze specifiche delle micro, piccole e medie imprese.

Section 5

Codes of conduct and certification

Article 40

Codes of conduct

1. The Member States, the supervisory authorities, the Board and the Commission shall encourage the drawing up of codes of conduct intended to contribute to the proper application of this Regulation, taking account of the specific features of the various processing sectors and the specific needs

2. Le associazioni e gli altri organismi rappresentanti le categorie di titolari del trattamento o responsabili del trattamento possono elaborare i codici di condotta, modificarli o prorogarli, allo scopo di precisare l'applicazione del presente regolamento, ad esempio relativamente a:

a. il trattamento corretto e trasparente dei dati;

b. i legittimi interessi perseguiti dal responsabile del trattamento in contesti specifici;

c. la raccolta dei dati personali;

d. la pseudonimizzazione dei dati personali;

e. l'informazione fornita al pubblico e agli interessati;

f. l'esercizio dei diritti degli interessati;

g. l'informazione fornita e la protezione del minore e le modalità con cui è ottenuto il consenso dei titolari della responsabilità genitoriale sul minore;

h. le misure e le procedure di cui agli articoli 24 e 25 e le misure volte a garantire la sicurezza del trattamento di cui all'articolo 32;

i. la notifica di una violazione dei dati personali alle autorità di controllo e la comunicazione di tali violazioni dei dati personali all'interessato;

j. il trasferimento di dati personali verso paesi terzi o organizzazioni internazionali; o

k. le procedure stragiudiziali e di altro tipo per comporre le controversie tra titolari del trattamento e interessati in materia di trattamento, fatti salvi i diritti degli interessati ai sensi degli articoli 77 e 79.

of micro, small and medium-sized enterprises.

2. Associations and other bodies representing categories of controllers or processors may prepare codes of conduct, or amend or extend such codes, for the purpose of specifying the application of this Regulation, such as with regard to:

a. fair and transparent processing;

b. the legitimate interests pursued by controllers in specific contexts;

c. the collection of personal data;

d. the pseudonymisation of personal data;

e. the information provided to the public and to data subjects;

f. the exercise of the rights of data subjects;

g. the information provided to, and the protection of, children, and the manner in which the consent of the holders of parental responsibility over children is to be obtained;

h. the measures and procedures referred to in Articles 24 and 25 and the measures to ensure security of processing referred to in Article 32;

i. the notification of personal data breaches to supervisory authorities and the communication of such personal data breaches to data subjects;

j. the transfer of personal data to third countries or international organisations; or

k. out-of-court proceedings and other dispute resolution procedures for resolving disputes between controllers and data subjects with regard to processing, without prejudice to the rights of data subjects pursuant to Articles 77 and 79.

3. Oltre all'adesione ai codici di condotta approvati ai sensi del paragrafo 5 del presente articolo e aventi validità generale a norma del paragrafo 9 del presente articolo da parte di titolari o responsabili soggetti al presente regolamento, possono aderire a tali codici di condotta anche i titolari del trattamento o i responsabili del trattamento che non sono soggetti al presente regolamento ai sensi dell'articolo 3, al fine di fornire adeguate garanzie nel quadro dei trasferimenti di dati personali verso paesi terzi o organizzazioni internazionali alle condizioni di cui all'articolo 46, paragrafo 2, lettera e.. Detti titolari del trattamento o responsabili del trattamento assumono l'impegno vincolante e azionabile, mediante strumenti contrattuali o di altro tipo giuridicamente vincolanti, di applicare le stesse adeguate garanzie anche per quanto riguarda i diritti degli interessati.

4. Il codice di condotta di cui al paragrafo 2 del presente articolo contiene i meccanismi che consentono all'organismo di cui all'articolo 41, paragrafo 1, di effettuare il controllo obbligatorio del rispetto delle norme del codice da parte dei titolari del trattamento o dei responsabili del trattamento che si impegnano ad applicarlo, fatti salvi i compiti e i poteri delle autorità di controllo competenti ai sensi degli articoli 55 o 56.

5. Le associazioni e gli altri organismi di cui al paragrafo 2 del presente articolo che intendono elaborare un codice di condotta o modificare o prorogare un codice esistente sottopongono il progetto di codice, la modifica o la proroga all'autorità di controllo competente ai sensi dell'articolo 55. L'autorità di controllo esprime un parere sulla conformità al presente regolamento del progetto di codice, della modifica o della proroga e

3. In addition to adherence by controllers or processors subject to this Regulation, codes of conduct approved pursuant to paragraph 5 of this Article and having general validity pursuant to paragraph 9 of this Article may also be adhered to by controllers or processors that are not subject to this Regulation pursuant to Article 3 in order to provide appropriate safeguards within the framework of personal data transfers to third countries or international organisations under the terms referred to in point e. of Article 462.. Such controllers or processors shall make binding and enforceable commitments, via contractual or other legally binding instruments, to apply those appropriate safeguards including with regard to the rights of data subjects.

4. A code of conduct referred to in paragraph 2 of this Article shall contain mechanisms which enable the body referred to in Article 411. to carry out the mandatory monitoring of compliance with its provisions by the controllers or processors which undertake to apply it, without prejudice to the tasks and powers of supervisory authorities competent pursuant to Article 55 or 56.

5. Associations and other bodies referred to in paragraph 2 of this Article which intend to prepare a code of conduct or to amend or extend an existing code shall submit the draft code, amendment or extension to the supervisory authority which is competent pursuant to Article 55. The supervisory authority shall provide an opinion on whether the draft code, amendment or extension complies with this Regulation and shall approve that draft code,

approva tale progetto, modifica o proroga, se ritiene che offra in misura sufficiente garanzie adeguate.

6. Qualora il progetto di codice, la modifica o la proroga siano approvati ai sensi dell'articolo 55, e se il codice di condotta in questione non si riferisce alle attività di trattamento in vari Stati membri, l'autorità di controllo registra e pubblica il codice.

7. Qualora il progetto di codice di condotta si riferisca alle attività di trattamento in vari Stati membri, prima di approvare il progetto, la modifica o la proroga, l'autorità di controllo che è competente ai sensi dell'articolo 55 lo sottopone, tramite la procedura di cui all'articolo 63, al comitato, il quale formula un parere sulla conformità al presente regolamento del progetto di codice, della modifica o della proroga o, nel caso di cui al paragrafo 3 del presente articolo, sulla previsione di adeguate garanzie.

8. Qualora il parere di cui al paragrafo 7 confermi che il progetto di codice di condotta, la modifica o la proroga è conforme al presente regolamento o, nel caso di cui al paragrafo 3, fornisce adeguate garanzie, il comitato trasmette il suo parere alla Commissione.

9. La Commissione può decidere, mediante atti di esecuzione, che il codice di condotta, la modifica o la proroga approvati, che le sono stati sottoposti ai sensi del paragrafo 8 del presente articolo, hanno validità generale all'interno dell'Unione. Tali atti di esecuzione sono adottati secondo la procedura d'esame di cui all'articolo 93, paragrafo 2.

10. La Commissione provvede a dare un'adeguata pubblicità dei codici approvati per i quali è stata decisa la validità generale ai sensi del paragrafo 9.

amendment or extension if it finds that it provides sufficient appropriate safeguards.

6. Where the draft code, or amendment or extension is approved in accordance with paragraph 5, and where the code of conduct concerned does not relate to processing activities in several Member States, the supervisory authority shall register and publish the code.

7. Where a draft code of conduct relates to processing activities in several Member States, the supervisory authority which is competent pursuant to Article 55 shall, before approving the draft code, amendment or extension, submit it in the procedure referred to in Article 63 to the Board which shall provide an opinion on whether the draft code, amendment or extension complies with this Regulation or, in the situation referred to in paragraph 3 of this Article, provides appropriate safeguards.

8. Where the opinion referred to in paragraph 7 confirms that the draft code, amendment or extension complies with this Regulation, or, in the situation referred to in paragraph 3, provides appropriate safeguards, the Board shall submit its opinion to the Commission.

9. The Commission may, by way of implementing acts, decide that the approved code of conduct, amendment or extension submitted to it pursuant to paragraph 8 of this Article have general validity within the Union. Those implementing acts shall be adopted in accordance with the examination procedure set out in Article 932..

10. The Commission shall ensure appropriate publicity for the approved codes which have been decided as having general validity in accordance with paragraph 9.

11. Il comitato raccoglie in un registro tutti i codici di condotta, le modifiche e le proroghe approvati e li rende pubblici mediante mezzi appropriati.

Articolo 41

Monitoraggio dei codici di condotta approvati

1. Fatti salvi i compiti e i poteri dell'autorità di controllo competente di cui agli articoli 57 e 58, il controllo della conformità con un codice di condotta ai sensi dell'articolo 40 può essere effettuato da un organismo in possesso del livello adeguato di competenze riguardo al contenuto del codice e del necessario accreditamento a tal fine dell'autorità di controllo competente.

2. L'organismo di cui al paragrafo 1 può essere accreditato a monitorare l'osservanza di un codice di condotta se esso ha:

a. dimostrato in modo convincente all'autorità di controllo competente di essere indipendente e competente riguardo al contenuto del codice;

b. istituito procedure che gli consentono di valutare l'ammissibilità dei titolari del trattamento e dei responsabili del trattamento in questione ad applicare il codice, di controllare che detti titolari e responsabili ne rispettino le disposizioni e di riesaminarne periodicamente il funzionamento;

c. istituito procedure e strutture atte a gestire i reclami relativi a violazioni del codice o il modo in cui il codice è stato o è attuato da un titolare del trattamento o un responsabile del trattamento e a rendere dette procedure e strutture trasparenti per gli interessati e il pubblico; e

d. dimostrato in modo convincente all'autorità di controllo competente che

11. The Board shall collate all approved codes of conduct, amendments and extensions in a register and shall make them publicly available by way of appropriate means.

Article 41

Monitoring of approved codes of conduct

1. Without prejudice to the tasks and powers of the competent supervisory authority under Articles 57 and 58, the monitoring of compliance with a code of conduct pursuant to Article 40 may be carried out by a body which has an appropriate level of expertise in relation to the subject-matter of the code and is accredited for that purpose by the competent supervisory authority.

2. A body as referred to in paragraph 1 may be accredited to monitor compliance with a code of conduct where that body has:

a. demonstrated its independence and expertise in relation to the subject-matter of the code to the satisfaction of the competent supervisory authority;

b. established procedures which allow it to assess the eligibility of controllers and processors concerned to apply the code, to monitor their compliance with its provisions and to periodically review its operation;

c. established procedures and structures to handle complaints about infringements of the code or the manner in which the code has been, or is being, implemented by a controller or processor, and to make those procedures and structures transparent to data subjects and the public; and

d. demonstrated to the satisfaction of the competent supervisory authority that

i compiti e le funzioni da esso svolti non danno adito a conflitto di interessi.

3. L'autorità di controllo competente presenta al comitato il progetto di criteri per l'accreditamento dell'organismo di cui al paragrafo 1 del presente articolo, ai sensi del meccanismo di coerenza di cui all'articolo 63.

4. Fatti salvi i compiti e i poteri dell'autorità di controllo competente e le disposizioni del capo VIII, un organismo di cui al paragrafo 1 del presente articolo adotta, stanti garanzie appropriate, le opportune misure in caso di violazione del codice da parte di un titolare del trattamento o responsabile del trattamento, tra cui la sospensione o l'esclusione dal codice del titolare del trattamento o del responsabile del trattamento. Esso informa l'autorità di controllo competente di tali misure e dei motivi della loro adozione.

5. L'autorità di controllo competente revoca l'accreditamento dell'organismo di cui al paragrafo 1, se le condizioni per l'accreditamento non sono, o non sono più, rispettate o se le misure adottate dall'organismo violano il presente regolamento.

6. Il presente articolo non si applica al trattamento effettuato da autorità pubbliche e da organismi pubblici.

Articolo 42

Certificazione

1. Gli Stati membri, le autorità di controllo, il comitato e la Commissione incoraggiano, in particolare a livello di Unione, l'istituzione di meccanismi di certificazione della protezione dei dati nonché di sigilli e marchi di protezione dei dati allo scopo di dimostrare la conformità al presente regolamento dei trattamenti effettuati dai titolari del trattamento e dai responsabili del trattamento. Sono tenute in

its tasks and duties do not result in a conflict of interests.

3. The competent supervisory authority shall submit the draft criteria for accreditation of a body as referred to in paragraph 1 of this Article to the Board pursuant to the consistency mechanism referred to in Article 63.

4. Without prejudice to the tasks and powers of the competent supervisory authority and the provisions of Chapter VIII, a body as referred to in paragraph 1 of this Article shall, subject to appropriate safeguards, take appropriate action in cases of infringement of the code by a controller or processor, including suspension or exclusion of the controller or processor concerned from the code. It shall inform the competent supervisory authority of such actions and the reasons for taking them.

5. The competent supervisory authority shall revoke the accreditation of a body as referred to in paragraph 1 if the conditions for accreditation are not, or are no longer, met or where actions taken by the body infringe this Regulation.

6. This Article shall not apply to processing carried out by public authorities and bodies.

Article 42

Certification

1. The Member States, the supervisory authorities, the Board and the Commission shall encourage, in particular at Union level, the establishment of data protection certification mechanisms and of data protection seals and marks, for the purpose of demonstrating compliance with this Regulation of processing operations by controllers and processors. The specific needs of micro, small and

considerazione le esigenze specifiche delle micro, piccole e medie imprese.

2. Oltre all'adesione dei titolari del trattamento o dei responsabili del trattamento soggetti al presente regolamento, i meccanismi, i sigilli o i marchi approvati ai sensi del paragrafo 5 del presente articolo, possono essere istituiti al fine di dimostrare la previsione di garanzie appropriate da parte dei titolari del trattamento o responsabili del trattamento non soggetti al presente regolamento ai sensi dell'articolo 3, nel quadro dei trasferimenti di dati personali verso paesi terzi o organizzazioni internazionali alle condizioni di cui all'articolo 46, paragrafo 2, lettera f.. Detti titolari del trattamento o responsabili del trattamento assumono l'impegno vincolante e azionabile, mediante strumenti contrattuali o di altro tipo giuridicamente vincolanti, di applicare le stesse adeguate garanzie anche per quanto riguarda i diritti degli interessati.

3. La certificazione è volontaria e accessibile tramite una procedura trasparente.

4. La certificazione ai sensi del presente articolo non riduce la responsabilità del titolare del trattamento o del responsabile del trattamento riguardo alla conformità al presente regolamento e lascia impregiudicati i compiti e i poteri delle autorità di controllo competenti a norma degli articoli 55 o 56.

5. La certificazione ai sensi del presente articolo è rilasciata dagli organismi di certificazione di cui all'articolo 43 o dall'autorità di controllo competente in base ai criteri approvati da tale autorità di controllo competente ai sensi dell'articolo 58, paragrafo 3, o dal comitato, ai sensi dell'articolo 63. Ove i criteri siano approvati dal comitato, ciò può risultare in una

medium-sized enterprises shall be taken into account.

2. In addition to adherence by controllers or processors subject to this Regulation, data protection certification mechanisms, seals or marks approved pursuant to paragraph 5 of this Article may be established for the purpose of demonstrating the existence of appropriate safeguards provided by controllers or processors that are not subject to this Regulation pursuant to Article 3 within the framework of personal data transfers to third countries or international organisations under the terms referred to in point f. of Article 462.. Such controllers or processors shall make binding and enforceable commitments, via contractual or other legally binding instruments, to apply those appropriate safeguards, including with regard to the rights of data subjects.

3. The certification shall be voluntary and available via a process that is transparent.

4. A certification pursuant to this Article does not reduce the responsibility of the controller or the processor for compliance with this Regulation and is without prejudice to the tasks and powers of the supervisory authorities which are competent pursuant to Article 55 or 56.

5. A certification pursuant to this Article shall be issued by the certification bodies referred to in Article 43 or by the competent supervisory authority, on the basis of criteria approved by that competent supervisory authority pursuant to Article 583. or by the Board pursuant to Article 63. Where the criteria are approved by the Board, this may

certificazione comune, il sigillo europeo per la protezione dei dati.

6. Il titolare del trattamento o il responsabile del trattamento che sottopone il trattamento effettuato al meccanismo di certificazione fornisce all'organismo di certificazione di cui all'articolo 43 o, ove applicabile, all'autorità di controllo competente tutte le informazioni e l'accesso alle attività di trattamento necessarie a espletare la procedura di certificazione.

7. La certificazione è rilasciata al titolare del trattamento o responsabile del trattamento per un periodo massimo di tre anni e può essere rinnovata alle stesse condizioni purché continuino a essere soddisfatti i requisiti pertinenti. La certificazione è revocata, se del caso, dagli organismi di certificazione di cui all'articolo 43 o dall'autorità di controllo competente, a seconda dei casi, qualora non siano o non siano più soddisfatti i requisiti per la certificazione.

8. Il comitato raccoglie in un registro tutti i meccanismi di certificazione e i sigilli e i marchi di protezione dei dati e li rende pubblici con qualsiasi mezzo appropriato.

Articolo 43

Organismi di certificazione

1. Fatti salvi i compiti e i poteri dell'autorità di controllo competente di cui agli articoli 57 e 58, gli organismi di certificazione in possesso del livello adeguato di competenze riguardo alla protezione dei dati, rilasciano e rinnovano la certificazione, dopo averne informato l'autorità di controllo al fine di consentire alla stessa di esercitare i suoi poteri a norma dell'articolo 58, paragrafo 2, lettera h., ove necessario. Gli Stati membri garantiscono che tali organismi di certificazione siano accreditati da uno o entrambi dei seguenti organismi:

result in a common certification, the European Data Protection Seal.

6. The controller or processor which submits its processing to the certification mechanism shall provide the certification body referred to in Article 43, or where applicable, the competent supervisory authority, with all information and access to its processing activities which are necessary to conduct the certification procedure.

7. Certification shall be issued to a controller or processor for a maximum period of three years and may be renewed, under the same conditions, provided that the relevant requirements continue to be met. Certification shall be withdrawn, as applicable, by the certification bodies referred to in Article 43 or by the competent supervisory authority where the requirements for the certification are not or are no longer met.

8. The Board shall collate all certification mechanisms and data protection seals and marks in a register and shall make them publicly available by any appropriate means.

Article 43

Certification bodies

1. Without prejudice to the tasks and powers of the competent supervisory authority under Articles 57 and 58, certification bodies which have an appropriate level of expertise in relation to data protection shall, after informing the supervisory authority in order to allow it to exercise its powers pursuant to point h. of Article 582. where necessary, issue and renew certification. Member States shall ensure that those certification bodies are accredited by one or both of the following:

a. dall'autorità di controllo competente ai sensi degli articoli 55 o 56;

b.   dall'organismo nazionale di accreditamento designato in virtù del regolamento CE. n. 765/2008 del Parlamento europeo e del Consiglio 20. conformemente alla norma EN-ISO/IEC 17065/2012 e ai requisiti aggiuntivi stabiliti dall'autorità di controllo competente ai sensi degli articoli 55 o 56.

2. Gli organismi di certificazione di cui al paragrafo 1 sono accreditati in conformità di tale paragrafo solo se:

a.   hanno dimostrato in modo convincente all'autorità di controllo competente di essere indipendenti e competenti riguardo al contenuto della certificazione;

b.   si sono impegnati a rispettare i criteri di cui all'articolo 42, paragrafo 5, e approvati dall'autorità di controllo competente ai sensi degli articoli 55 o 56 o dal comitato, ai sensi dell'articolo 63;

c.   hanno istituito procedure per il rilascio, il riesame periodico e il ritiro delle certificazioni, dei sigilli e dei marchi di protezione dei dati;

d. hanno istituito procedure e strutture atte a gestire i reclami relativi a violazioni della certificazione o il modo in cui la certificazione è stata o è attuata dal titolare del trattamento o dal responsabile del trattamento e a rendere dette procedure e strutture trasparenti per gli interessati e il pubblico; e

e.   hanno dimostrato in modo convincente all'autorità di controllo competente che i compiti e le funzioni da loro svolti non danno adito a conflitto di interessi.

3. L'accreditamento degli organi di certificazione di cui ai paragrafi 1 e 2

a.   the supervisory authority which is competent pursuant to Article 55 or 56;

b.   the national accreditation body named in accordance with Regulation EC. No 765/2008 of the European Parliament and of the Council 20. in accordance with EN-ISO/IEC 17065/2012 and with the additional requirements established by the supervisory authority which is competent pursuant to Article 55 or 56.

2. Certification bodies referred to in paragraph 1 shall be accredited in accordance with that paragraph only where they have:

a.   demonstrated their independence and expertise in relation to the subject-matter of the certification to the satisfaction of the competent supervisory authority;

b.   undertaken to respect the criteria referred to in Article 425. and approved by the supervisory authority which is competent pursuant to Article 55 or 56 or by the Board pursuant to Article 63;

c.   established procedures for the issuing, periodic review and withdrawal of data protection certification, seals and marks;

d.   established procedures and structures to handle complaints about infringements of the certification or the manner in which the certification has been, or is being, implemented by the controller or processor, and to make those procedures and structures transparent to data subjects and the public; and

e.   demonstrated, to the satisfaction of the competent supervisory authority, that their tasks and duties do not result in a conflict of interests.

3. The accreditation of certification bodies as referred to in paragraphs 1 and

del presente articolo ha luogo in base ai criteri approvati dall'autorità di controllo competente ai sensi degli articoli 55 o 56 o dal comitato, ai sensi dell'articolo 63. In caso di accreditamento ai sensi del paragrafo 1, lettera b., del presente articolo, tali requisiti integrano quelli previsti dal regolamento CE. n. 765/2008 nonché le norme tecniche che definiscono i metodi e le procedure degli organismi di certificazione.

4. Gli organismi di certificazione di cui al paragrafo 1 sono responsabili della corretta valutazione che comporta la certificazione o la revoca di quest'ultima, fatta salva la responsabilità del titolare del trattamento o del responsabile del trattamento riguardo alla conformità al presente regolamento. L'accreditamento è rilasciato per un periodo massimo di cinque anni e può essere rinnovato alle stesse condizioni purché l'organismo di certificazione soddisfi i requisiti.

5. L'organismo di certificazione di cui al paragrafo 1 trasmette all'autorità di controllo competente i motivi del rilascio o della revoca della certificazione richiesta.

6. I requisiti di cui al paragrafo 3 del presente articolo e i criteri di cui all'articolo 42, paragrafo 5, sono resi pubblici dall'autorità di controllo in forma facilmente accessibile. Le autorità di controllo provvedono a trasmetterli anche al comitato. Il comitato raccoglie in un registro tutti i meccanismi di certificazione e i sigilli di protezione dei dati e li rende pubblici con qualsiasi mezzo appropriato.

7. Fatto salvo il capo VIII, l'autorità di controllo competente o l'organismo nazionale di accreditamento revoca l'accreditamento di un organismo di certificazione di cui al paragrafo 1 del

2 of this Article shall take place on the basis of criteria approved by the supervisory authority which is competent pursuant to Article 55 or 56 or by the Board pursuant to Article 63. In the case of accreditation pursuant to point b. of paragraph 1 of this Article, those requirements shall complement those envisaged in Regulation EC. No 765/2008 and the technical rules that describe the methods and procedures of the certification bodies.

4. The certification bodies referred to in paragraph 1 shall be responsible for the proper assessment leading to the certification or the withdrawal of such certification without prejudice to the responsibility of the controller or processor for compliance with this Regulation. The accreditation shall be issued for a maximum period of five years and may be renewed on the same conditions provided that the certification body meets the requirements set out in this Article.

5. The certification bodies referred to in paragraph 1 shall provide the competent supervisory authorities with the reasons for granting or withdrawing the requested certification.

6. The requirements referred to in paragraph 3 of this Article and the criteria referred to in Article 425. shall be made public by the supervisory authority in an easily accessible form. The supervisory authorities shall also transmit those requirements and criteria to the Board. The Board shall collate all certification mechanisms and data protection seals in a register and shall make them publicly available by any appropriate means.

7. Without prejudice to Chapter VIII, the competent supervisory authority or the national accreditation body shall revoke an accreditation of a certification body pursuant to paragraph 1 of this

presente articolo, se le condizioni per l'accreditamento non sono, o non sono più, rispettate o se le misure adottate da un organismo di certificazione violano il presente regolamento.

8. Alla Commissione è conferito il potere di adottare atti delegati conformemente all'articolo 92 al fine di precisare i requisiti di cui tenere conto per i meccanismi di certificazione della protezione dei dati di cui all'articolo 42, paragrafo 1.

9. La Commissione può adottare atti di esecuzione per stabilire norme tecniche riguardanti i meccanismi di certificazione e i sigilli e marchi di protezione dei dati e le modalità per promuovere e riconoscere tali meccanismi di certificazione, i sigilli e marchi di protezione dei dati. Tali atti di esecuzione sono adottati secondo la procedura d'esame di cui all'articolo 93, paragrafo 2.

CAPO V

Trasferimenti di dati personali verso paesi terzi o organizzazioni internazionali

Articolo 44

Principio generale per il trasferimento

Qualunque trasferimento di dati personali oggetto di un trattamento o destinati a essere oggetto di un trattamento dopo il trasferimento verso un paese terzo o un'organizzazione internazionale, compresi trasferimenti successivi di dati personali da un paese terzo o un'organizzazione internazionale verso un altro paese terzo o un'altra organizzazione internazionale, ha luogo soltanto se il titolare del trattamento e il responsabile del trattamento rispettano le condizioni di cui al presente capo, fatte salve le altre disposizioni del presente regolamento. Tutte le disposizioni del presente capo sono applicate al fine di assicurare che il livello di protezione delle persone

Article where the conditions for the accreditation are not, or are no longer, met or where actions taken by a certification body infringe this Regulation.

8. The Commission shall be empowered to adopt delegated acts in accordance with Article 92 for the purpose of specifying the requirements to be taken into account for the data protection certification mechanisms referred to in Article 421..

9. The Commission may adopt implementing acts laying down technical standards for certification mechanisms and data protection seals and marks, and mechanisms to promote and recognise those certification mechanisms, seals and marks. Those implementing acts shall be adopted in accordance with the examination procedure referred to in Article 932..

CHAPTER V

Transfers of personal data to third countries or international organisations

Article 44

General principle for transfers

Any transfer of personal data which are undergoing processing or are intended for processing after transfer to a third country or to an international organisation shall take place only if, subject to the other provisions of this Regulation, the conditions laid down in this Chapter are complied with by the controller and processor, including for onward transfers of personal data from the third country or an international organisation to another third country or to another international organisation. All provisions in this Chapter shall be applied in order to ensure that the level of protection of natural persons guaranteed by this Regulation is not undermined.

fisiche garantito dal presente regolamento non sia pregiudicato.

Articolo 45

Trasferimento sulla base di una decisione di adeguatezza

1. Il trasferimento di dati personali verso un paese terzo o un'organizzazione internazionale è ammesso se la Commissione ha deciso che il paese terzo, un territorio o uno o più settori specifici all'interno del paese terzo, o l'organizzazione internazionale in questione garantiscono un livello di protezione adeguato. In tal caso il trasferimento non necessita di autorizzazioni specifiche.

2. Nel valutare l'adeguatezza del livello di protezione, la Commissione prende in considerazione in particolare i seguenti elementi:

a. lo stato di diritto, il rispetto dei diritti umani e delle libertà fondamentali, la pertinente legislazione generale e settoriale anche in materia di sicurezza pubblica, difesa, sicurezza nazionale, diritto penale e accesso delle autorità pubbliche ai dati personali., così come l'attuazione di tale legislazione, le norme in materia di protezione dei dati, le norme professionali e le misure di sicurezza, comprese le norme per il trasferimento successivo dei dati personali verso un altro paese terzo o un'altra organizzazione internazionale osservate nel paese o dall'organizzazione internazionale in questione, la giurisprudenza nonché i diritti effettivi e azionabili degli interessati e un ricorso effettivo in sede amministrativa e giudiziaria per gli interessati i cui dati personali sono oggetto di trasferimento;

b. l'esistenza e l'effettivo funzionamento di una o più autorità di controllo indipendenti nel paese terzo o cui è soggetta un'organizzazione internazionale, con competenza per

Article 45

Transfers on the basis of an adequacy decision

1. A transfer of personal data to a third country or an international organisation may take place where the Commission has decided that the third country, a territory or one or more specified sectors within that third country, or the international organisation in question ensures an adequate level of protection. Such a transfer shall not require any specific authorisation.

2. When assessing the adequacy of the level of protection, the Commission shall, in particular, take account of the following elements:

a. the rule of law, respect for human rights and fundamental freedoms, relevant legislation, both general and sectoral, including concerning public security, defence, national security and criminal law and the access of public authorities to personal data, as well as the implementation of such legislation, data protection rules, professional rules and security measures, including rules for the onward transfer of personal data to another third country or international organisation which are complied with in that country or international organisation, case-law, as well as effective and enforceable data subject rights and effective administrative and judicial redress for the data subjects whose personal data are being transferred;

b. the existence and effective functioning of one or more independent supervisory authorities in the third country or to which an international organisation is subject, with

162

garantire e controllare il rispetto delle norme in materia di protezione dei dati, comprensiva di adeguati poteri di esecuzione, per assistere e fornire consulenza agli interessati in merito all'esercizio dei loro diritti e cooperare con le autorità di controllo degli Stati membri; e

c. gli impegni internazionali assunti dal paese terzo o dall'organizzazione internazionale in questione o altri obblighi derivanti da convenzioni o strumenti giuridicamente vincolanti come pure dalla loro partecipazione a sistemi multilaterali o regionali, in particolare in relazione alla protezione dei dati personali.

3. La Commissione, previa valutazione dell'adeguatezza del livello di protezione, può decidere, mediante atti di esecuzione, che un paese terzo, un territorio o uno o più settori specifici all'interno di un paese terzo, o un'organizzazione internazionale garantiscono un livello di protezione adeguato ai sensi del paragrafo 2 del presente articolo. L'atto di esecuzione prevede un meccanismo di riesame periodico, almeno ogni quattro anni, che tenga conto di tutti gli sviluppi pertinenti nel paese terzo o nell'organizzazione internazionale. L'atto di esecuzione specifica il proprio ambito di applicazione geografico e settoriale e, ove applicabile, identifica la o le autorità di controllo di cui al paragrafo 2, lettera b., del presente articolo. L'atto di esecuzione è adottato secondo la procedura d'esame di cui all'articolo 93, paragrafo 2.

4. La Commissione controlla su base continuativa gli sviluppi nei paesi terzi e nelle organizzazioni internazionali che potrebbero incidere sul funzionamento delle decisioni adottate a norma del paragrafo 3 del presente articolo e delle decisioni adottate sulla base

responsibility for ensuring and enforcing compliance with the data protection rules, including adequate enforcement powers, for assisting and advising the data subjects in exercising their rights and for cooperation with the supervisory authorities of the Member States; and

c. the international commitments the third country or international organisation concerned has entered into, or other obligations arising from legally binding conventions or instruments as well as from its participation in multilateral or regional systems, in particular in relation to the protection of personal data.

3. The Commission, after assessing the adequacy of the level of protection, may decide, by means of implementing act, that a third country, a territory or one or more specified sectors within a third country, or an international organisation ensures an adequate level of protection within the meaning of paragraph 2 of this Article. The implementing act shall provide for a mechanism for a periodic review, at least every four years, which shall take into account all relevant developments in the third country or international organisation. The implementing act shall specify its territorial and sectoral application and, where applicable, identify the supervisory authority or authorities referred to in point b. of paragraph 2 of this Article. The implementing act shall be adopted in accordance with the examination procedure referred to in Article 932..

4. The Commission shall, on an ongoing basis, monitor developments in third countries and international organisations that could affect the functioning of decisions adopted pursuant to paragraph 3 of this Article and decisions adopted on the basis of Article 256. of Directive 95/46/EC.

dell'articolo 25, paragrafo 6, della direttiva 95/46/CE.

5. Se risulta dalle informazioni disponibili, in particolare in seguito al riesame di cui al paragrafo 3 del presente articolo, che un paese terzo, un territorio o uno o più settori specifici all'interno di un paese terzo, o un'organizzazione internazionale non garantiscono più un livello di protezione adeguato ai sensi del paragrafo 2 del presente articolo, la Commissione revoca, modifica o sospende nella misura necessaria la decisione di cui al paragrafo 3 del presente articolo mediante atti di esecuzione senza effetto retroattivo. Tali atti di esecuzione sono adottati secondo la procedura d'esame di cui all'articolo 93, paragrafo 2, o, in casi di estrema urgenza, secondo la procedura di cui all'articolo 93, paragrafo 3.

Per imperativi motivi di urgenza debitamente giustificati, la Commissione adotta atti di esecuzione immediatamente applicabili secondo la procedura di cui all'articolo 93, paragrafo 3.

6. La Commissione avvia consultazioni con il paese terzo o l'organizzazione internazionale per porre rimedio alla situazione che ha motivato la decisione di cui al paragrafo 5.

7. Una decisione ai sensi del paragrafo 5 del presente articolo lascia impregiudicato il trasferimento di dati personali verso il paese terzo, il territorio o uno o più settori specifici all'interno del paese terzo, o verso l'organizzazione internazionale in questione, a norma degli articoli da 46 a 49.

8. La Commissione pubblica nella Gazzetta ufficiale dell'Unione europea e sul suo sito web l'elenco dei paesi terzi, dei territori e settori specifici all'interno di un paese terzo, e delle organizzazioni internazionali per i quali ha deciso che

5. The Commission shall, where available information reveals, in particular following the review referred to in paragraph 3 of this Article, that a third country, a territory or one or more specified sectors within a third country, or an international organisation no longer ensures an adequate level of protection within the meaning of paragraph 2 of this Article, to the extent necessary, repeal, amend or suspend the decision referred to in paragraph 3 of this Article by means of implementing acts without retroactive effect. Those implementing acts shall be adopted in accordance with the examination procedure referred to in Article 932..

On duly justified imperative grounds of urgency, the Commission shall adopt immediately applicable implementing acts in accordance with the procedure referred to in Article 933..

6. The Commission shall enter into consultations with the third country or international organisation with a view to remedying the situation giving rise to the decision made pursuant to paragraph 5.

7. A decision pursuant to paragraph 5 of this Article is without prejudice to transfers of personal data to the third country, a territory or one or more specified sectors within that third country, or the international organisation in question pursuant to Articles 46 to 49.

8. The Commission shall publish in the Official Journal of the European Union and on its website a list of the third countries, territories and specified sectors within a third country and international organisations for which it

è o non è più garantito un livello di protezione adeguato.

9. Le decisioni adottate dalla Commissione in base all'articolo 25, paragrafo 6, della direttiva 95/46/CE restano in vigore fino a quando non sono modificate, sostituite o abrogate da una decisione della Commissione adottata conformemente al paragrafo 3 o 5 del presente articolo.

Articolo 46

Trasferimento soggetto a garanzie adeguate

1. In mancanza di una decisione ai sensi dell'articolo 45, paragrafo 3, il titolare del trattamento o il responsabile del trattamento può trasferire dati personali verso un paese terzo o un'organizzazione internazionale solo se ha fornito garanzie adeguate e a condizione che gli interessati dispongano di diritti azionabili e mezzi di ricorso effettivi.

2. Possono costituire garanzie adeguate di cui al paragrafo 1 senza necessitare di autorizzazioni specifiche da parte di un'autorità di controllo:

a. uno strumento giuridicamente vincolante e avente efficacia esecutiva tra autorità pubbliche o organismi pubblici;

b. le norme vincolanti d'impresa in conformità dell'articolo 47;

c. le clausole tipo di protezione dei dati adottate dalla Commissione secondo la procedura d'esame di cui all'articolo 93, paragrafo 2;

d. le clausole tipo di protezione dei dati adottate da un'autorità di controllo e approvate dalla Commissione secondo la procedura d'esame di cui all'articolo 93, paragrafo 2;

e. un codice di condotta approvato a norma dell'articolo 40, unitamente all'impegno vincolante ed esecutivo da

has decided that an adequate level of protection is or is no longer ensured.

9. Decisions adopted by the Commission on the basis of Article 256. of Directive 95/46/EC shall remain in force until amended, replaced or repealed by a Commission Decision adopted in accordance with paragraph 3 or 5 of this Article.

Article 46

Transfers subject to appropriate safeguards

1. In the absence of a decision pursuant to Article 453., a controller or processor may transfer personal data to a third country or an international organisation only if the controller or processor has provided appropriate safeguards, and on condition that enforceable data subject rights and effective legal remedies for data subjects are available.

2. The appropriate safeguards referred to in paragraph 1 may be provided for, without requiring any specific authorisation from a supervisory authority, by:

a. a legally binding and enforceable instrument between public authorities or bodies;

b. binding corporate rules in accordance with Article 47;

c. standard data protection clauses adopted by the Commission in accordance with the examination procedure referred to in Article 932.;

d. standard data protection clauses adopted by a supervisory authority and approved by the Commission pursuant to the examination procedure referred to in Article 932.;

e. an approved code of conduct pursuant to Article 40 together with binding and enforceable commitments of

parte del titolare del trattamento o del responsabile del trattamento nel paese terzo ad applicare le garanzie adeguate, anche per quanto riguarda i diritti degli interessati; o

f. un meccanismo di certificazione approvato a norma dell'articolo 42, unitamente all'impegno vincolante ed esigibile da parte del titolare del trattamento o del responsabile del trattamento nel paese terzo ad applicare le garanzie adeguate, anche per quanto riguarda i diritti degli interessati.

3. Fatta salva l'autorizzazione dell'autorità di controllo competente, possono altresì costituire in particolare garanzie adeguate di cui al paragrafo 1:

a. le clausole contrattuali tra il titolare del trattamento o il responsabile del trattamento e il titolare del trattamento, il responsabile del trattamento o il destinatario dei dati personali nel paese terzo o nell'organizzazione internazionale; o

b. le disposizioni da inserire in accordi amministrativi tra autorità pubbliche o organismi pubblici che comprendono diritti effettivi e azionabili per gli interessati.

4. L'autorità di controllo applica il meccanismo di coerenza di cui all'articolo 63 nei casi di cui al paragrafo 3 del presente articolo.

5. Le autorizzazioni rilasciate da uno Stato membro o dall'autorità di controllo in base all'articolo 26, paragrafo 2, della direttiva 95/46/CE restano valide fino a quando non vengono modificate, sostituite o abrogate, se necessario, dalla medesima autorità di controllo. Le decisioni adottate dalla Commissione in base all'articolo 26, paragrafo 4, della direttiva 95/46/CE restano in vigore fino a quando non vengono modificate,

the controller or processor in the third country to apply the appropriate safeguards, including as regards data subjects' rights; or

f. an approved certification mechanism pursuant to Article 42 together with binding and enforceable commitments of the controller or processor in the third country to apply the appropriate safeguards, including as regards data subjects' rights.

3. Subject to the authorisation from the competent supervisory authority, the appropriate safeguards referred to in paragraph 1 may also be provided for, in particular, by:

a. contractual clauses between the controller or processor and the controller, processor or the recipient of the personal data in the third country or international organisation; or

b. provisions to be inserted into administrative arrangements between public authorities or bodies which include enforceable and effective data subject rights.

4. The supervisory authority shall apply the consistency mechanism referred to in Article 63 in the cases referred to in paragraph 3 of this Article.

5. Authorisations by a Member State or supervisory authority on the basis of Article 262. of Directive 95/46/EC shall remain valid until amended, replaced or repealed, if necessary, by that supervisory authority. Decisions adopted by the Commission on the basis of Article 264. of Directive 95/46/EC shall remain in force until amended, replaced or repealed, if necessary, by a Commission Decision adopted in

sostituite o abrogate, se necessario, da una decisione della Commissione adottata conformemente al paragrafo 2 del presente articolo.

Articolo 47

Norme vincolanti d'impresa

1. L'autorità di controllo competente approva le norme vincolanti d'impresa in conformità del meccanismo di coerenza di cui all'articolo 63, a condizione che queste:

a. siano giuridicamente vincolanti e si applichino a tutti i membri interessati del gruppo imprenditoriale o del gruppo di imprese che svolgono un'attività economica comune, compresi i loro dipendenti;

b. conferiscano espressamente agli interessati diritti azionabili in relazione al trattamento dei loro dati personali; e

c. soddisfino i requisiti di cui al paragrafo 2.

2. Le norme vincolanti d'impresa di cui al paragrafo 1 specificano almeno:

a. la struttura e le coordinate di contatto del gruppo imprenditoriale o del gruppo di imprese che svolgono un'attività economica comune e di ciascuno dei suoi membri;

b. i trasferimenti o il complesso di trasferimenti di dati, in particolare le categorie di dati personali, il tipo di trattamento e relative finalità, il tipo di interessati cui si riferiscono i dati e l'identificazione del paese terzo o dei paesi terzi in questione;

c. la loro natura giuridicamente vincolante, a livello sia interno che esterno;

d. l'applicazione dei principi generali di protezione dei dati, in particolare in relazione alla limitazione della finalità, alla minimizzazione dei dati, alla limitazione del periodo di conservazione, alla qualità dei dati, alla

accordance with paragraph 2 of this Article.

Article 47

Binding corporate rules

1. The competent supervisory authority shall approve binding corporate rules in accordance with the consistency mechanism set out in Article 63, provided that they:

a. are legally binding and apply to and are enforced by every member concerned of the group of undertakings, or group of enterprises engaged in a joint economic activity, including their employees;

b. expressly confer enforceable rights on data subjects with regard to the processing of their personal data; and

c. fulfil the requirements laid down in paragraph 2.

2. The binding corporate rules referred to in paragraph 1 shall specify at least:

a. the structure and contact details of the group of undertakings, or group of enterprises engaged in a joint economic activity and of each of its members;

b. the data transfers or set of transfers, including the categories of personal data, the type of processing and its purposes, the type of data subjects affected and the identification of the third country or countries in question;

c. their legally binding nature, both internally and externally;

d. the application of the general data protection principles, in particular purpose limitation, data minimisation, limited storage periods, data quality, data protection by design and by default, legal basis for processing, processing of

protezione fin dalla progettazione e alla protezione per impostazione predefinita, alla base giuridica del trattamento e al trattamento di categorie particolari di dati personali, le misure a garanzia della sicurezza dei dati e i requisiti per i trasferimenti successivi ad organismi che non sono vincolati dalle norme vincolanti d'impresa;

special categories of personal data, measures to ensure data security, and the requirements in respect of onward transfers to bodies not bound by the binding corporate rules;

e. i diritti dell'interessato in relazione al trattamento e i mezzi per esercitarli, compresi il diritto di non essere sottoposto a decisioni basate unicamente sul trattamento automatizzato, compresa la profilazione ai sensi dell'articolo 22, il diritto di proporre reclamo all'autorità di controllo competente e di ricorrere alle autorità giurisdizionali competenti degli Stati membri conformemente all'articolo 79, e il diritto di ottenere riparazione e, se del caso, il risarcimento per violazione delle norme vincolanti d'impresa;

e. the rights of data subjects in regard to processing and the means to exercise those rights, including the right not to be subject to decisions based solely on automated processing, including profiling in accordance with Article 22, the right to lodge a complaint with the competent supervisory authority and before the competent courts of the Member States in accordance with Article 79, and to obtain redress and, where appropriate, compensation for a breach of the binding corporate rules;

f. il fatto che il titolare del trattamento o il responsabile del trattamento stabilito nel territorio di uno Stato membro si assume la responsabilità per qualunque violazione delle norme vincolanti d'impresa commesse da un membro interessato non stabilito nell'Unione; il titolare del trattamento o il responsabile del trattamento può essere esonerato in tutto o in parte da tale responsabilità solo se dimostra che l'evento dannoso non è imputabile al membro in questione;

f. the acceptance by the controller or processor established on the territory of a Member State of liability for any breaches of the binding corporate rules by any member concerned not established in the Union; the controller or the processor shall be exempt from that liability, in whole or in part, only if it proves that that member is not responsible for the event giving rise to the damage;

g. le modalità in base alle quali sono fornite all'interessato le informazioni sulle norme vincolanti d'impresa, in particolare sulle disposizioni di cui alle lettere d., e. e f., in aggiunta alle informazioni di cui agli articoli 13 e 14;

g. how the information on the binding corporate rules, in particular on the provisions referred to in points d., e. and f. of this paragraph is provided to the data subjects in addition to Articles 13 and 14;

h. i compiti di qualunque responsabile della protezione dei dati designato ai sensi dell'articolo 35 o di ogni altra

h. the tasks of any data protection officer designated in accordance with Article 37 or any other person or entity in

persona o entità incaricata del controllo del rispetto delle norme vincolanti d'impresa all'interno del gruppo imprenditoriale o del gruppo di imprese che svolgono un'attività economica comune e il controllo della formazione e della gestione dei reclami;

i. le procedure di reclamo;

j. i meccanismi all'interno del gruppo imprenditoriale o del gruppo di imprese che svolgono un'attività economica comune per garantire la verifica della conformità alle norme vincolanti d'impresa. Tali meccanismi comprendono verifiche sulla protezione dei dati e metodi per assicurare provvedimenti correttivi intesi a proteggere i diritti dell'interessato. I risultati di tale verifica dovrebbero essere comunicati alla persona o entità di cui alla lettera h. e all'organo amministrativo dell'impresa controllante del gruppo imprenditoriale o del gruppo di imprese che svolgono un'attività economica comune e dovrebbero essere disponibili su richiesta all'autorità di controllo competente;

k. i meccanismi per riferire e registrare le modifiche delle norme e comunicarle all'autorità di controllo;

l. il meccanismo di cooperazione con l'autorità di controllo per garantire la conformità da parte di ogni membro del gruppo imprenditoriale o del gruppo di imprese che svolgono un'attività economica comune, in particolare la messa a disposizione dell'autorità di controllo dei risultati delle verifiche delle misure di cui alla lettera j.;

m. i meccanismi per segnalare all'autorità di controllo competente ogni requisito di legge cui è soggetto un membro del gruppo imprenditoriale o del gruppo di imprese che svolgono un'attività economica comune in un paese terzo che potrebbe avere effetti

charge of the monitoring compliance with the binding corporate rules within the group of undertakings, or group of enterprises engaged in a joint economic activity, as well as monitoring training and complaint-handling;

i. the complaint procedures;

j. the mechanisms within the group of undertakings, or group of enterprises engaged in a joint economic activity for ensuring the verification of compliance with the binding corporate rules. Such mechanisms shall include data protection audits and methods for ensuring corrective actions to protect the rights of the data subject. Results of such verification should be communicated to the person or entity referred to in point h. and to the board of the controlling undertaking of a group of undertakings, or of the group of enterprises engaged in a joint economic activity, and should be available upon request to the competent supervisory authority;

k. the mechanisms for reporting and recording changes to the rules and reporting those changes to the supervisory authority;

l. the cooperation mechanism with the supervisory authority to ensure compliance by any member of the group of undertakings, or group of enterprises engaged in a joint economic activity, in particular by making available to the supervisory authority the results of verifications of the measures referred to in point j.;

m. the mechanisms for reporting to the competent supervisory authority any legal requirements to which a member of the group of undertakings, or group of enterprises engaged in a joint economic activity is subject in a third country which are likely to have a substantial

negativi sostanziali sulle garanzie fornite dalle norme vincolanti d'impresa; e

n. l'appropriata formazione in materia di protezione dei dati al personale che ha accesso permanente o regolare ai dati personali.

3. La Commissione può specificare il formato e le procedure per lo scambio di informazioni tra titolari del trattamento, responsabili del trattamento e autorità di controllo in merito alle norme vincolanti d'impresa ai sensi del presente articolo. Tali atti di esecuzione sono adottati secondo la procedura d'esame di cui all'articolo 93, paragrafo 2.

Articolo 48

Trasferimento o comunicazione non autorizzati dal diritto dell'Unione

Le sentenze di un'autorità giurisdizionale e le decisioni di un'autorità amministrativa di un paese terzo che dispongono il trasferimento o la comunicazione di dati personali da parte di un titolare del trattamento o di un responsabile del trattamento possono essere riconosciute o assumere qualsivoglia carattere esecutivo soltanto se basate su un accordo internazionale in vigore tra il paese terzo richiedente e l'Unione o un suo Stato membro, ad esempio un trattato di mutua assistenza giudiziaria, fatti salvi gli altri presupposti di trasferimento a norma del presente capo.

Articolo 49

Deroghe in specifiche situazioni

1. In mancanza di una decisione di adeguatezza ai sensi dell'articolo 45, paragrafo 3, o di garanzie adeguate ai sensi dell'articolo 46, comprese le norme vincolanti d'impresa, è ammesso il trasferimento o un complesso di trasferimenti di dati personali verso un paese terzo o un'organizzazione

adverse effect on the guarantees provided by the binding corporate rules; and

n. the appropriate data protection training to personnel having permanent or regular access to personal data.

3. The Commission may specify the format and procedures for the exchange of information between controllers, processors and supervisory authorities for binding corporate rules within the meaning of this Article. Those implementing acts shall be adopted in accordance with the examination procedure set out in Article 932..

Article 48

Transfers or disclosures not authorised by Union law

Any judgment of a court or tribunal and any decision of an administrative authority of a third country requiring a controller or processor to transfer or disclose personal data may only be recognised or enforceable in any manner if based on an international agreement, such as a mutual legal assistance treaty, in force between the requesting third country and the Union or a Member State, without prejudice to other grounds for transfer pursuant to this Chapter.

Article 49

Derogations for specific situations

1. In the absence of an adequacy decision pursuant to Article 453., or of appropriate safeguards pursuant to Article 46, including binding corporate rules, a transfer or a set of transfers of personal data to a third country or an international organisation shall take

internazionale soltanto se si verifica una delle seguenti condizioni:

a.   l'interessato abbia esplicitamente acconsentito al trasferimento proposto, dopo essere stato informato dei possibili rischi di siffatti trasferimenti per l'interessato, dovuti alla mancanza di una decisione di adeguatezza e di garanzie adeguate;

b.   il trasferimento sia necessario all'esecuzione di un contratto concluso tra l'interessato e il titolare del trattamento ovvero all'esecuzione di misure precontrattuali adottate su istanza dell'interessato;

c.   il trasferimento sia necessario per la conclusione o l'esecuzione di un contratto stipulato tra il titolare del trattamento e un'altra persona fisica o giuridica a favore dell'interessato;

d.   il trasferimento sia necessario per importanti motivi di interesse pubblico;

e.   il trasferimento sia necessario per accertare, esercitare o difendere un diritto in sede giudiziaria;

f.   il trasferimento sia necessario per tutelare gli interessi vitali dell'interessato o di altre persone, qualora l'interessato si trovi nell'incapacità fisica o giuridica di prestare il proprio consenso;

g.   il trasferimento sia effettuato a partire da un registro che, a norma del diritto dell'Unione o degli Stati membri, mira a fornire informazioni al pubblico e può esser consultato tanto dal pubblico in generale quanto da chiunque sia in grado di dimostrare un legittimo interesse, solo a condizione che sussistano i requisiti per la consultazione previsti dal diritto dell'Unione o degli Stati membri.

Se non è possibile basare il trasferimento su una disposizione dell'articolo 45 o 46, comprese le disposizioni sulle norme vincolanti

place only on one of the following conditions:

a.   the data subject has explicitly consented to the proposed transfer, after having been informed of the possible risks of such transfers for the data subject due to the absence of an adequacy decision and appropriate safeguards;

b.   the transfer is necessary for the performance of a contract between the data subject and the controller or the implementation of pre-contractual measures taken at the data subject's request;

c.   the transfer is necessary for the conclusion or performance of a contract concluded in the interest of the data subject between the controller and another natural or legal person;

d.   the transfer is necessary for important reasons of public interest;

e.   the transfer is necessary for the establishment, exercise or defence of legal claims;

f.   the transfer is necessary in order to protect the vital interests of the data subject or of other persons, where the data subject is physically or legally incapable of giving consent;

g.   the transfer is made from a register which according to Union or Member State law is intended to provide information to the public and which is open to consultation either by the public in general or by any person who can demonstrate a legitimate interest, but only to the extent that the conditions laid down by Union or Member State law for consultation are fulfilled in the particular case.

Where a transfer could not be based on a provision in Article 45 or 46, including the provisions on binding corporate rules, and none of the derogations for a specific

d'impresa, e nessuna delle deroghe in specifiche situazioni a norma del primo comma del presente paragrafo è applicabile, il trasferimento verso un paese terzo o un'organizzazione internazionale sia ammesso soltanto se non è ripetitivo, riguarda un numero limitato di interessati, è necessario per il perseguimento degli interessi legittimi cogenti del titolare del trattamento, su cui non prevalgano gli interessi o i diritti e le libertà dell'interessato, e qualora il titolare e del trattamento abbia valutato tutte le circostanze relative al trasferimento e sulla base di tale valutazione abbia fornito garanzie adeguate relativamente alla protezione dei dati personali. Il titolare del trattamento informa del trasferimento l'autorità di controllo. In aggiunta alla fornitura di informazioni di cui agli articoli 13 e 14, il titolare del trattamento informa l'interessato del trasferimento e degli interessi legittimi cogenti perseguiti.

2. Il trasferimento di cui al paragrafo 1, primo comma, lettera g., non può riguardare la totalità dei dati personali o intere categorie di dati personali contenute nel registro. Se il registro è destinato a essere consultato da persone aventi un legittimo interesse, il trasferimento è ammesso soltanto su richiesta di tali persone o qualora tali persone ne siano i destinatari.

3. Il primo comma, lettere a., b. e c., e il secondo comma del paragrafo 1 non si applicano alle attività svolte dalle autorità pubbliche nell'esercizio dei pubblici poteri.

4. L'interesse pubblico di cui al paragrafo 1, primo comma, lettera d., è riconosciuto dal diritto dell'Unione o dal diritto dello Stato membro cui è soggetto il titolare del trattamento.

5. In mancanza di una decisione di adeguatezza, il diritto dell'Unione o

situation referred to in the first subparagraph of this paragraph is applicable, a transfer to a third country or an international organisation may take place only if the transfer is not repetitive, concerns only a limited number of data subjects, is necessary for the purposes of compelling legitimate interests pursued by the controller which are not overridden by the interests or rights and freedoms of the data subject, and the controller has assessed all the circumstances surrounding the data transfer and has on the basis of that assessment provided suitable safeguards with regard to the protection of personal data. The controller shall inform the supervisory authority of the transfer. The controller shall, in addition to providing the information referred to in Articles 13 and 14, inform the data subject of the transfer and on the compelling legitimate interests pursued.

2. A transfer pursuant to point g. of the first subparagraph of paragraph 1 shall not involve the entirety of the personal data or entire categories of the personal data contained in the register. Where the register is intended for consultation by persons having a legitimate interest, the transfer shall be made only at the request of those persons or if they are to be the recipients.

3. Points a., b. and c. of the first subparagraph of paragraph 1 and the second subparagraph thereof shall not apply to activities carried out by public authorities in the exercise of their public powers.

4. The public interest referred to in point d. of the first subparagraph of paragraph 1 shall be recognised in Union law or in the law of the Member State to which the controller is subject.

5. In the absence of an adequacy decision, Union or Member State law

degli Stati membri può, per importanti motivi di interesse pubblico, fissare espressamente limiti al trasferimento di categorie specifiche di dati verso un paese terzo o un'organizzazione internazionale. Gli Stati membri notificano tali disposizioni alla Commissione.

6. Il titolare del trattamento o il responsabile del trattamento attesta nel registro di cui all'articolo 30 la valutazione e le garanzie adeguate di cui al paragrafo 1, secondo comma, del presente articolo.

Articolo 50

Cooperazione internazionale per la protezione dei dati personali

In relazione ai paesi terzi e alle organizzazioni internazionali, la Commissione e le autorità di controllo adottano misure appropriate per:

a. sviluppare meccanismi di cooperazione internazionale per facilitare l'applicazione efficace della legislazione sulla protezione dei dati personali;

b. prestare assistenza reciproca a livello internazionale nell'applicazione della legislazione sulla protezione dei dati personali, in particolare mediante notificazione, deferimento dei reclami, assistenza alle indagini e scambio di informazioni, fatte salve garanzie adeguate per la protezione dei dati personali e gli altri diritti e libertà fondamentali;

c. coinvolgere le parti interessate pertinenti in discussioni e attività dirette a promuovere la cooperazione internazionale nell'applicazione della legislazione sulla protezione dei dati personali;

d. promuovere lo scambio e la documentazione delle legislazioni e prassi in materia di protezione dei dati

may, for important reasons of public interest, expressly set limits to the transfer of specific categories of personal data to a third country or an international organisation. Member States shall notify such provisions to the Commission.

6. The controller or processor shall document the assessment as well as the suitable safeguards referred to in the second subparagraph of paragraph 1 of this Article in the records referred to in Article 30.

Article 50

International cooperation for the protection of personal data

In relation to third countries and international organisations, the Commission and supervisory authorities shall take appropriate steps to:

a. develop international cooperation mechanisms to facilitate the effective enforcement of legislation for the protection of personal data;

b. provide international mutual assistance in the enforcement of legislation for the protection of personal data, including through notification, complaint referral, investigative assistance and information exchange, subject to appropriate safeguards for the protection of personal data and other fundamental rights and freedoms;

c. engage relevant stakeholders in discussion and activities aimed at furthering international cooperation in the enforcement of legislation for the protection of personal data;

d. promote the exchange and documentation of personal data protection legislation and practice,

personali, compresi i conflitti di giurisdizione con paesi terzi.

CAPO VI

Autorità di controllo indipendenti

Sezione 1

Indipendenza

Articolo 51

Autorità di controllo

1. Ogni Stato membro dispone che una o più autorità pubbliche indipendenti siano incaricate di sorvegliare l'applicazione del presente regolamento al fine di tutelare i diritti e le libertà fondamentali delle persone fisiche con riguardo al trattamento e di agevolare la libera circolazione dei dati personali all'interno dell'Unione l'«autorità di controllo»..

2. Ogni autorità di controllo contribuisce alla coerente applicazione del presente regolamento in tutta l'Unione. A tale scopo, le autorità di controllo cooperano tra loro e con la Commissione, conformemente al capo VII.

3. Qualora in uno Stato membro siano istituite più autorità di controllo, detto Stato membro designa l'autorità di controllo che rappresenta tali autorità nel comitato e stabilisce il meccanismo in base al quale le altre autorità si conformano alle norme relative al meccanismo di coerenza di cui all'articolo 63.

4. Ogni Stato membro notifica alla Commissione le disposizioni di legge adottate ai sensi del presente capo al più tardi entro 25 maggio 2018, e comunica senza ritardo ogni successiva modifica.

Articolo 52

Indipendenza

1. Ogni autorità di controllo agisce in piena indipendenza nell'adempimento

including on jurisdictional conflicts with third countries.

CHAPTER VI

Independent supervisory authorities

Section 1

Independent status

Article 51

Supervisory authority

1. Each Member State shall provide for one or more independent public authorities to be responsible for monitoring the application of this Regulation, in order to protect the fundamental rights and freedoms of natural persons in relation to processing and to facilitate the free flow of personal data within the Union 'supervisory authority'..

2. Each supervisory authority shall contribute to the consistent application of this Regulation throughout the Union. For that purpose, the supervisory authorities shall cooperate with each other and the Commission in accordance with Chapter VII.

3. Where more than one supervisory authority is established in a Member State, that Member State shall designate the supervisory authority which is to represent those authorities in the Board and shall set out the mechanism to ensure compliance by the other authorities with the rules relating to the consistency mechanism referred to in Article 63.

4. Each Member State shall notify to the Commission the provisions of its law which it adopts pursuant to this Chapter, by 25 May 2018 and, without delay, any subsequent amendment affecting them.

Article 52

Independence

1. Each supervisory authority shall act with complete independence in

dei propri compiti e nell'esercizio dei propri poteri conformemente al presente regolamento.

2. Nell'adempimento dei rispettivi compiti e nell'esercizio dei rispettivi poteri previsti dal presente regolamento, il membro o i membri di ogni autorità di controllo non subiscono pressioni esterne, né dirette, né indirette, e non sollecitano né accettano istruzioni da alcuno.

3. Il membro o i membri dell'autorità di controllo si astengono da qualunque azione incompatibile con le loro funzioni e per tutta la durata del mandato non possono esercitare alcuna altra attività incompatibile, remunerata o meno.

4. Ogni Stato membro provvede affinché ogni autorità di controllo sia dotata delle risorse umane, tecniche e finanziarie, dei locali e delle infrastrutture necessari per l'effettivo adempimento dei suoi compiti e l'esercizio dei propri poteri, compresi quelli nell'ambito dell'assistenza reciproca, della cooperazione e della partecipazione al comitato.

5. Ogni Stato membro provvede affinché ogni autorità di controllo selezioni e disponga di proprio personale, soggetto alla direzione esclusiva del membro o dei membri dell'autorità di controllo interessata.

6. Ogni Stato membro provvede affinché ogni autorità di controllo sia soggetta a un controllo finanziario che non ne pregiudichi l'indipendenza e disponga di bilanci annuali, separati e pubblici, che possono far parte del bilancio generale statale o nazionale.

Articolo 53

Condizioni generali per i membri dell'autorità di controllo

1. Gli Stati membri dispongono che ciascun membro delle rispettive

performing its tasks and exercising its powers in accordance with this Regulation.

2. The member or members of each supervisory authority shall, in the performance of their tasks and exercise of their powers in accordance with this Regulation, remain free from external influence, whether direct or indirect, and shall neither seek nor take instructions from anybody.

3. Member or members of each supervisory authority shall refrain from any action incompatible with their duties and shall not, during their term of office, engage in any incompatible occupation, whether gainful or not.

4. Each Member State shall ensure that each supervisory authority is provided with the human, technical and financial resources, premises and infrastructure necessary for the effective performance of its tasks and exercise of its powers, including those to be carried out in the context of mutual assistance, cooperation and participation in the Board.

5. Each Member State shall ensure that each supervisory authority chooses and has its own staff which shall be subject to the exclusive direction of the member or members of the supervisory authority concerned.

6. Each Member State shall ensure that each supervisory authority is subject to financial control which does not affect its independence and that it has separate, public annual budgets, which may be part of the overall state or national budget.

Article 53

General conditions for the members of the supervisory authority

1. Member States shall provide for each member of their supervisory authorities

autorità di controllo sia nominato attraverso una procedura trasparente:

- dal rispettivo parlamento;

- dal rispettivo governo;

- dal rispettivo capo di Stato; oppure

- da un organismo indipendente incaricato della nomina a norma del diritto dello Stato membro.

2. Ogni membro possiede le qualifiche, l'esperienza e le competenze, in particolare nel settore della protezione dei dati personali, richieste per l'esercizio delle sue funzioni e dei suoi poteri.

3. Il mandato dei membri cessa alla scadenza del termine o in caso di dimissioni volontarie o di provvedimento d'ufficio, a norma del diritto dello Stato membro interessato.

4. Un membro è rimosso solo in casi di colpa grave o se non soddisfa più le condizioni richieste per l'esercizio delle sue funzioni.

Articolo 54

Norme sull'istituzione dell'autorità di controllo

1. Ogni Stato membro prevede con legge tutte le condizioni seguenti:

a. l'istituzione di ogni autorità di controllo;

b. le qualifiche e le condizioni di idoneità richieste per essere nominato membro di ogni autorità di controllo;

c. le norme e le procedure per la nomina del membro o dei membri di ogni autorità di controllo;

d. la durata del mandato del membro o dei membri di ogni autorità di controllo non inferiore a quattro anni, salvo per le prime nomine dopo 24 maggio 2016, alcune delle quali possono avere una durata inferiore qualora ciò sia necessario per tutelare

to be appointed by means of a transparent procedure by:

- their parliament;

- their government;

- their head of State; or

- an independent body entrusted with the appointment under Member State law.

2. Each member shall have the qualifications, experience and skills, in particular in the area of the protection of personal data, required to perform its duties and exercise its powers.

3. The duties of a member shall end in the event of the expiry of the term of office, resignation or compulsory retirement, in accordance with the law of the Member State concerned.

4. A member shall be dismissed only in cases of serious misconduct or if the member no longer fulfils the conditions required for the performance of the duties.

Article 54

Rules on the establishment of the supervisory authority

1. Each Member State shall provide by law for all of the following:

a. the establishment of each supervisory authority;

b. the qualifications and eligibility conditions required to be appointed as member of each supervisory authority;

c. the rules and procedures for the appointment of the member or members of each supervisory authority;

d. the duration of the term of the member or members of each supervisory authority of no less than four years, except for the first appointment after 24 May 2016, part of which may take place for a shorter period where that is necessary to protect the independence

l'indipendenza dell'autorità di controllo mediante una procedura di nomina scaglionata;

e. l'eventuale rinnovabilità e, in caso positivo, il numero di rinnovi del mandato del membro o dei membri di ogni autorità di controllo;

f. le condizioni che disciplinano gli obblighi del membro o dei membri e del personale di ogni autorità di controllo, i divieti relativi ad attività, professioni e benefici incompatibili con tali obblighi durante e dopo il mandato e le regole che disciplinano la cessazione del rapporto di lavoro.

2. Il membro o i membri e il personale di ogni autorità di controllo sono tenuti, in virtù del diritto dell'Unione o degli Stati membri, al segreto professionale in merito alle informazioni riservate cui hanno avuto accesso nell'esecuzione dei loro compiti o nell'esercizio dei loro poteri, sia durante che dopo il mandato. Per tutta la durata del loro mandato, tale obbligo del segreto professionale si applica in particolare alle segnalazioni da parte di persone fisiche di violazioni del presente regolamento.

Sezione 2

Competenza, compiti e poteri

Articolo 55

Competenza

1. Ogni autorità di controllo è competente a eseguire i compiti assegnati e a esercitare i poteri a essa conferiti a norma del presente regolamento nel territorio del rispettivo Stato membro.

2. Se il trattamento è effettuato da autorità pubbliche o organismi privati che agiscono sulla base dell'articolo 6, paragrafo 1, lettera c. o e., è competente l'autorità di controllo dello Stato membro interessato. In tal caso, non si applica l'articolo 56.

of the supervisory authority by means of a staggered appointment procedure;

e. whether and, if so, for how many terms the member or members of each supervisory authority is eligible for reappointment;

f. the conditions governing the obligations of the member or members and staff of each supervisory authority, prohibitions on actions, occupations and benefits incompatible therewith during and after the term of office and rules governing the cessation of employment.

2. The member or members and the staff of each supervisory authority shall, in accordance with Union or Member State law, be subject to a duty of professional secrecy both during and after their term of office, with regard to any confidential information which has come to their knowledge in the course of the performance of their tasks or exercise of their powers. During their term of office, that duty of professional secrecy shall in particular apply to reporting by natural persons of infringements of this Regulation.

Section 2

Competence, tasks and powers

Article 55

Competence

1. Each supervisory authority shall be competent for the performance of the tasks assigned to and the exercise of the powers conferred on it in accordance with this Regulation on the territory of its own Member State.

2. Where processing is carried out by public authorities or private bodies acting on the basis of point c. or e. of Article 61., the supervisory authority of the Member State concerned shall be competent. In such cases Article 56 does not apply.

3. Le autorità di controllo non sono competenti per il controllo dei trattamenti effettuati dalle autorità giurisdizionali nell'esercizio delle loro funzioni giurisdizionali.

Articolo 56

Competenza dell'autorità di controllo capofila

1. Fatto salvo l'articolo 55, l'autorità di controllo dello stabilimento principale o dello stabilimento unico del titolare e del trattamento o responsabile del trattamento è competente ad agire in qualità di autorità di controllo capofila per i trattamenti transfrontalieri effettuati dal suddetto titolare del trattamento o responsabile del trattamento, secondo la procedura di cui all'articolo 60.

2. In deroga al paragrafo 1, ogni autorità di controllo è competente per la gestione dei reclami a essa proposti o di eventuali violazioni del presente regolamento se l'oggetto riguarda unicamente uno stabilimento nel suo Stato membro o incide in modo sostanziale sugli interessati unicamente nel suo Stato membro.

3. Nei casi indicati al paragrafo 2 del presente articolo, l'autorità di controllo informa senza indugio l'autorità di controllo capofila in merito alla questione. Entro un termine di tre settimane da quando è stata informata, l'autorità di controllo capofila decide se intende o meno trattare il caso secondo la procedura di cui all'articolo 60, tenendo conto dell'esistenza o meno di uno stabilimento del titolare del trattamento o responsabile del trattamento nello Stato membro dell'autorità di controllo che l'ha informata.

4. Qualora l'autorità di controllo capofila decida di trattare il caso, si applica la procedura di cui all'articolo 60. L'autorità di controllo

3. Supervisory authorities shall not be competent to supervise processing operations of courts acting in their judicial capacity.

Article 56

Competence of the lead supervisory authority

1. Without prejudice to Article 55, the supervisory authority of the main establishment or of the single establishment of the controller or processor shall be competent to act as lead supervisory authority for the cross-border processing carried out by that controller or processor in accordance with the procedure provided in Article 60.

2. By derogation from paragraph 1, each supervisory authority shall be competent to handle a complaint lodged with it or a possible infringement of this Regulation, if the subject matter relates only to an establishment in its Member State or substantially affects data subjects only in its Member State.

3. In the cases referred to in paragraph 2 of this Article, the supervisory authority shall inform the lead supervisory authority without delay on that matter. Within a period of three weeks after being informed the lead supervisory authority shall decide whether or not it will handle the case in accordance with the procedure provided in Article 60, taking into account whether or not there is an establishment of the controller or processor in the Member State of which the supervisory authority informed it.

4. Where the lead supervisory authority decides to handle the case, the procedure provided in Article 60 shall apply. The supervisory authority which

che ha informato l'autorità di controllo capofila può presentare a quest'ultima un progetto di decisione. L'autorità di controllo capofila tiene nella massima considerazione tale progetto nella predisposizione del progetto di decisione di cui all'articolo 60, paragrafo 3.

5. Nel caso in cui l'autorità di controllo capofila decida di non trattarlo, l'autorità di controllo che ha informato l'autorità di controllo capofila tratta il caso conformemente agli articoli 61 e 62.

6. L'autorità di controllo capofila è l'unico interlocutore del titolare del trattamento o del responsabile del trattamento in merito al trattamento transfrontaliero effettuato da tale titolare del trattamento o responsabile del trattamento.

Articolo 57

Compiti

1. Fatti salvi gli altri compiti indicati nel presente regolamento, sul proprio territorio ogni autorità di controllo:

a. sorveglia e assicura l'applicazione del presente regolamento;

b. promuove la consapevolezza e favorisce la comprensione del pubblico riguardo ai rischi, alle norme, alle garanzie e ai diritti in relazione al trattamento. Sono oggetto di particolare attenzione le attività destinate specificamente ai minori;

c. fornisce consulenza, a norma del diritto degli Stati membri, al parlamento nazionale, al governo e ad altri organismi e istituzioni in merito alle misure legislative e amministrative relative alla protezione dei diritti e delle libertà delle persone fisiche con riguardo al trattamento;

informed the lead supervisory authority may submit to the lead supervisory authority a draft for a decision. The lead supervisory authority shall take utmost account of that draft when preparing the draft decision referred to in Article 603..

5. Where the lead supervisory authority decides not to handle the case, the supervisory authority which informed the lead supervisory authority shall handle it according to Articles 61 and 62.

6. The lead supervisory authority shall be the sole interlocutor of the controller or processor for the cross-border processing carried out by that controller or processor.

Article 57

Tasks

1. Without prejudice to other tasks set out under this Regulation, each supervisory authority shall on its territory:

a. monitor and enforce the application of this Regulation;

b. promote public awareness and understanding of the risks, rules, safeguards and rights in relation to processing. Activities addressed specifically to children shall receive specific attention;

c. advise, in accordance with Member State law, the national parliament, the government, and other institutions and bodies on legislative and administrative measures relating to the protection of natural persons' rights and freedoms with regard to processing;

d. promuove la consapevolezza dei titolari del trattamento e dei responsabili del trattamento riguardo agli obblighi imposti loro dal presente regolamento;

e. su richiesta, fornisce informazioni all'interessato in merito all'esercizio dei propri diritti derivanti dal presente regolamento e, se del caso, coopera a tal fine con le autorità di controllo di altri Stati membri;

f. tratta i reclami proposti da un interessato, o da un organismo, un'organizzazione o un'associazione ai sensi dell'articolo 80, e svolge le indagini opportune sull'oggetto del reclamo e informa il reclamante dello stato e dell'esito delle indagini entro un termine ragionevole, in particolare ove siano necessarie ulteriori indagini o un coordinamento con un'altra autorità di controllo;

g. collabora, anche tramite scambi di informazioni, con le altre autorità di controllo e presta assistenza reciproca al fine di garantire l'applicazione e l'attuazione coerente del presente regolamento;

h. svolge indagini sull'applicazione del presente regolamento, anche sulla base di informazioni ricevute da un'altra autorità di controllo o da un'altra autorità pubblica;

i. sorveglia gli sviluppi che presentano un interesse, se e in quanto incidenti sulla protezione dei dati personali, in particolare l'evoluzione delle tecnologie dell'informazione e della comunicazione e le prassi commerciali;

j. adotta le clausole contrattuali tipo di cui all'articolo 28, paragrafo 8, e all'articolo 46, paragrafo 2, lettera d.;

k. redige e tiene un elenco in relazione al requisito di una valutazione d'impatto sulla protezione dei dati ai sensi dell'articolo 35, paragrafo 4;

d. promote the awareness of controllers and processors of their obligations under this Regulation;

e. upon request, provide information to any data subject concerning the exercise of their rights under this Regulation and, if appropriate, cooperate with the supervisory authorities in other Member States to that end;

f. handle complaints lodged by a data subject, or by a body, organisation or association in accordance with Article 80, and investigate, to the extent appropriate, the subject matter of the complaint and inform the complainant of the progress and the outcome of the investigation within a reasonable period, in particular if further investigation or coordination with another supervisory authority is necessary;

g. cooperate with, including sharing information and provide mutual assistance to, other supervisory authorities with a view to ensuring the consistency of application and enforcement of this Regulation;

h. conduct investigations on the application of this Regulation, including on the basis of information received from another supervisory authority or other public authority;

i. monitor relevant developments, insofar as they have an impact on the protection of personal data, in particular the development of information and communication technologies and commercial practices;

j. adopt standard contractual clauses referred to in Article 288. and in point d. of Article 462.;

k. establish and maintain a list in relation to the requirement for data protection impact assessment pursuant to Article 354.;

l. offre consulenza sui trattamenti di cui all'articolo 36, paragrafo 2;

m. incoraggia l'elaborazione di codici di condotta ai sensi dell'articolo 40, paragrafo 1, e fornisce un parere su tali codici di condotta e approva quelli che forniscono garanzie sufficienti, a norma dell'articolo 40, paragrafo 5;

n. incoraggia l'istituzione di meccanismi di certificazione della protezione dei dati nonché di sigilli e marchi di protezione dei dati a norma dell'articolo 42, paragrafo 1, e approva i criteri di certificazione a norma dell'articolo 42, paragrafo 5;

o. ove applicabile, effettua un riesame periodico delle certificazioni rilasciate in conformità dell'articolo 42, paragrafo 7;

p. definisce e pubblica i criteri per l'accreditamento di un organismo per il controllo dei codici di condotta ai sensi dell'articolo 41 e di un organismo di certificazione ai sensi dell'articolo 43;

q. effettua l'accreditamento di un organismo per il controllo dei codici di condotta ai sensi dell'articolo 41 e di un organismo di certificazione ai sensi dell'articolo 43;

r. autorizza le clausole contrattuali e le altre disposizioni di cui all'articolo 46, paragrafo 3;

s. approva le norme vincolanti d'impresa ai sensi dell'articolo 47;

t. contribuisce alle attività del comitato;

u. tiene registri interni delle violazioni del presente regolamento e delle misure adottate in conformità dell'articolo 58, paragrafo 2; e

v. svolge qualsiasi altro compito legato alla protezione dei dati personali.

2. Ogni autorità di controllo agevola la proposizione di reclami di cui al paragrafo 1, lettera f., tramite misure

l. give advice on the processing operations referred to in Article 362.;

m. encourage the drawing up of codes of conduct pursuant to Article 401. and provide an opinion and approve such codes of conduct which provide sufficient safeguards, pursuant to Article 405.;

n. encourage the establishment of data protection certification mechanisms and of data protection seals and marks pursuant to Article 421., and approve the criteria of certification pursuant to Article 425.;

o. where applicable, carry out a periodic review of certifications issued in accordance with Article 427.;

p. draft and publish the criteria for accreditation of a body for monitoring codes of conduct pursuant to Article 41 and of a certification body pursuant to Article 43;

q. conduct the accreditation of a body for monitoring codes of conduct pursuant to Article 41 and of a certification body pursuant to Article 43;

r. authorise contractual clauses and provisions referred to in Article 463.;

s. approve binding corporate rules pursuant to Article 47;

t. contribute to the activities of the Board;

u. keep internal records of infringements of this Regulation and of measures taken in accordance with Article 582.; and

v. fulfil any other tasks related to the protection of personal data.

2. Each supervisory authority shall facilitate the submission of complaints referred to in point f. of paragraph 1 by

quali un modulo per la proposizione dei reclami compilabile anche elettronicamente, senza escludere altri mezzi di comunicazione.

3. Ogni autorità di controllo svolge i propri compiti senza spese né per l'interessato né, ove applicabile, per il responsabile della protezione dei dati.

4. Qualora le richieste siano manifestamente infondate o eccessive, in particolare per il carattere ripetitivo, l'autorità di controllo può addebitare un contributo spese ragionevole basato sui costi amministrativi o rifiutarsi di soddisfare la richiesta. Incombe all'autorità di controllo dimostrare il carattere manifestamente infondato o eccessivo della richiesta.

Articolo 58

Poteri

1. Ogni autorità di controllo ha tutti i poteri di indagine seguenti:

a. ingiungere al titolare del trattamento e al responsabile del trattamento e, ove applicabile, al rappresentante del titolare del trattamento o del responsabile del trattamento, di fornirle ogni informazione di cui necessiti per l'esecuzione dei suoi compiti;

b. condurre indagini sotto forma di attività di revisione sulla protezione dei dati;

c. effettuare un riesame delle certificazioni rilasciate in conformità dell'articolo 42, paragrafo 7;

d. notificare al titolare del trattamento o al responsabile del trattamento le presunte violazioni del presente regolamento;

e. ottenere, dal titolare del trattamento o dal responsabile del trattamento, l'accesso a tutti i dati personali e a tutte le informazioni

measures such as a complaint submission form which can also be completed electronically, without excluding other means of communication.

3. The performance of the tasks of each supervisory authority shall be free of charge for the data subject and, where applicable, for the data protection officer.

4. Where requests are manifestly unfounded or excessive, in particular because of their repetitive character, the supervisory authority may charge a reasonable fee based on administrative costs, or refuse to act on the request. The supervisory authority shall bear the burden of demonstrating the manifestly unfounded or excessive character of the request.

Article 58

Powers

1. Each supervisory authority shall have all of the following investigative powers:

a. to order the controller and the processor, and, where applicable, the controller's or the processor's representative to provide any information it requires for the performance of its tasks;

b. to carry out investigations in the form of data protection audits;

c. to carry out a review on certifications issued pursuant to Article 427.;

d. to notify the controller or the processor of an alleged infringement of this Regulation;

e. to obtain, from the controller and the processor, access to all personal data and to all information necessary for the performance of its tasks;

necessarie per l'esecuzione dei suoi compiti; e

f. ottenere accesso a tutti i locali del titolare del trattamento e del responsabile del trattamento, compresi tutti gli strumenti e mezzi di trattamento dei dati, in conformità con il diritto dell'Unione o il diritto processuale degli Stati membri.

2. Ogni autorità di controllo ha tutti i poteri correttivi seguenti:

a. rivolgere avvertimenti al titolare del trattamento o al responsabile del trattamento sul fatto che i trattamenti previsti possono verosimilmente violare le disposizioni del presente regolamento;

b. rivolgere ammonimenti al titolare e del trattamento o al responsabile del trattamento ove i trattamenti abbiano violato le disposizioni del presente regolamento;

c. ingiungere al titolare del trattamento o al responsabile del trattamento di soddisfare le richieste dell'interessato di esercitare i diritti loro derivanti dal presente regolamento;

d. ingiungere al titolare del trattamento o al responsabile del trattamento di conformare i trattamenti alle disposizioni del presente regolamento, se del caso, in una determinata maniera ed entro un determinato termine;

e. ingiungere al titolare del trattamento di comunicare all'interessato una violazione dei dati personali;

f. imporre una limitazione provvisoria o definitiva al trattamento, incluso il divieto di trattamento;

g. ordinare la rettifica, la cancellazione di dati personali o la limitazione del trattamento a norma degli articoli 16, 17 e 18 e la

f. to obtain access to any premises of the controller and the processor, including to any data processing equipment and means, in accordance with Union or Member State procedural law.

2. Each supervisory authority shall have all of the following corrective powers:

a. to issue warnings to a controller or processor that intended processing operations are likely to infringe provisions of this Regulation;

b. to issue reprimands to a controller or a processor where processing operations have infringed provisions of this Regulation;

c. to order the controller or the processor to comply with the data subject's requests to exercise his or her rights pursuant to this Regulation;

d. to order the controller or processor to bring processing operations into compliance with the provisions of this Regulation, where appropriate, in a specified manner and within a specified period;

e. to order the controller to communicate a personal data breach to the data subject;

f. to impose a temporary or definitive limitation including a ban on processing;

g. to order the rectification or erasure of personal data or restriction of processing pursuant to Articles 16, 17 and 18 and the notification of such

notificazione di tali misure ai destinatari cui sono stati comunicati i dati personali ai sensi dell'articolo 17, paragrafo 2, e dell'articolo 19;

h. revocare la certificazione o ingiungere all'organismo di certificazione di ritirare la certificazione rilasciata a norma degli articoli 42 e 43, oppure ingiungere all'organismo di certificazione di non rilasciare la certificazione se i requisiti per la certificazione non sono o non sono più soddisfatti;

i. infliggere una sanzione amministrativa pecuniaria ai sensi dell'articolo 83, in aggiunta alle misure di cui al presente paragrafo, o in luogo di tali misure, in funzione delle circostanze di ogni singolo caso; e

j. ordinare la sospensione dei flussi di dati verso un destinatario in un paese terzo o un'organizzazione internazionale.

3. Ogni autorità di controllo ha tutti i poteri autorizzativi e consultivi seguenti:

a. fornire consulenza al titolare del trattamento, secondo la procedura di consultazione preventiva di cui all'articolo 36;

b. rilasciare, di propria iniziativa o su richiesta, pareri destinati al parlamento nazionale, al governo dello Stato membro, oppure, conformemente al diritto degli Stati membri, ad altri organismi e istituzioni e al pubblico su questioni riguardanti la protezione dei dati personali;

c. autorizzare il trattamento di cui all'articolo 36, paragrafo 5, se il diritto dello Stato membro richiede una siffatta autorizzazione preliminare;

d. rilasciare un parere sui progetti di codici di condotta e approvarli, ai sensi dell'articolo 40, paragrafo 5;

actions to recipients to whom the personal data have been disclosed pursuant to Article 172. and Article 19;

h. to withdraw a certification or to order the certification body to withdraw a certification issued pursuant to Articles 42 and 43, or to order the certification body not to issue certification if the requirements for the certification are not or are no longer met;

i. to impose an administrative fine pursuant to Article 83, in addition to, or instead of measures referred to in this paragraph, depending on the circumstances of each individual case;

j. to order the suspension of data flows to a recipient in a third country or to an international organisation.

3. Each supervisory authority shall have all of the following authorisation and advisory powers:

a. to advise the controller in accordance with the prior consultation procedure referred to in Article 36;

b. to issue, on its own initiative or on request, opinions to the national parliament, the Member State government or, in accordance with Member State law, to other institutions and bodies as well as to the public on any issue related to the protection of personal data;

c. to authorise processing referred to in Article 365., if the law of the Member State requires such prior authorisation;

d. to issue an opinion and approve draft codes of conduct pursuant to Article 405.;

e. accreditare gli organismi di certificazione a norma dell'articolo 43;

f. rilasciare certificazioni e approvare i criteri di certificazione conformemente all'articolo 42, paragrafo 5;

g. adottare le clausole tipo di protezione dei dati di cui all'articolo 28, paragrafo 8, e all'articolo 46, paragrafo 2, lettera d.;

h. autorizzare le clausole contrattuali di cui all'articolo 46, paragrafo 3, lettera a.;

i. autorizzare gli accordi amministrativi di cui all'articolo 46, paragrafo 3, lettera b.;

j. approvare le norme vincolanti d'impresa ai sensi dell'articolo 47.

4. L'esercizio da parte di un'autorità di controllo dei poteri attribuitile dal presente articolo è soggetto a garanzie adeguate, inclusi il ricorso giurisdizionale effettivo e il giusto processo, previste dal diritto dell'Unione e degli Stati membri conformemente alla Carta.

5. Ogni Stato membro dispone per legge che la sua autorità di controllo abbia il potere di intentare un'azione o di agire in sede giudiziale o, ove del caso, stragiudiziale in caso di violazione del presente regolamento per far rispettare le disposizioni dello stesso.

6. Ogni Stato membro può prevedere per legge che la sua autorità di controllo abbia ulteriori poteri rispetto a quelli di cui ai paragrafi 1, 2 e 3. L'esercizio di tali poteri non pregiudica l'operatività effettiva del capo VII.

Articolo 59

Relazioni di attività

Ogni autorità di controllo elabora una relazione annuale sulla propria attività,

e. to accredit certification bodies pursuant to Article 43;

f. to issue certifications and approve criteria of certification in accordance with Article 425.;

g. to adopt standard data protection clauses referred to in Article 288. and in point d. of Article 462.;

h. to authorise contractual clauses referred to in point a. of Article 463.;

i. to authorise administrative arrangements referred to in point b. of Article 463.;

j. to approve binding corporate rules pursuant to Article 47.

4. The exercise of the powers conferred on the supervisory authority pursuant to this Article shall be subject to appropriate safeguards, including effective judicial remedy and due process, set out in Union and Member State law in accordance with the Charter.

5. Each Member State shall provide by law that its supervisory authority shall have the power to bring infringements of this Regulation to the attention of the judicial authorities and where appropriate, to commence or engage otherwise in legal proceedings, in order to enforce the provisions of this Regulation.

6. Each Member State may provide by law that its supervisory authority shall have additional powers to those referred to in paragraphs 1, 2 and 3. The exercise of those powers shall not impair the effective operation of Chapter VII.

Article 59

Activity reports

Each supervisory authority shall draw up an annual report on its activities, which

in cui può figurare un elenco delle tipologie di violazioni notificate e di misure adottate a norma dell'articolo 58, paragrafo 2. Tali relazioni sono trasmesse al parlamento nazionale, al governo e alle altre autorità designate dal diritto dello Stato membro. Esse sono messe a disposizione del pubblico, della Commissione e del comitato.

may include a list of types of infringement notified and types of measures taken in accordance with Article 582.. Those reports shall be transmitted to the national parliament, the government and other authorities as designated by Member State law. They shall be made available to the public, to the Commission and to the Board.

CAPO VII

CHAPTER VII

Cooperazione e coerenza

Cooperation and consistency

Sezione 1

Section 1

Cooperazione

Cooperation

Articolo 60

Article 60

Cooperazione tra l'autorità di controllo capofila e le altre autorità di controllo interessate

Cooperation between the lead supervisory authority and the other supervisory authorities concerned

1. L'autorità di controllo capofila coopera con le altre autorità di controllo interessate conformemente al presente articolo nell'impegno per raggiungere un consenso. L'autorità di controllo capofila e le autorità di controllo interessate si scambiano tutte le informazioni utili.

1. The lead supervisory authority shall cooperate with the other supervisory authorities concerned in accordance with this Article in an endeavour to reach consensus. The lead supervisory authority and the supervisory authorities concerned shall exchange all relevant information with each other.

2. L'autorità di controllo capofila può chiedere in qualunque momento alle altre autorità di controllo interessate di fornire assistenza reciproca a norma dell'articolo 61 e può condurre operazioni congiunte a norma dell'articolo 62, in particolare per lo svolgimento di indagini o il controllo dell'attuazione di una misura riguardante un titolare del trattamento o responsabile del trattamento stabilito in un altro Stato membro.

2. The lead supervisory authority may request at any time other supervisory authorities concerned to provide mutual assistance pursuant to Article 61 and may conduct joint operations pursuant to Article 62, in particular for carrying out investigations or for monitoring the implementation of a measure concerning a controller or processor established in another Member State.

3. L'autorità di controllo capofila comunica senza indugio le informazioni utili sulla questione alle altre autorità di controllo interessate. Trasmette senza indugio alle altre autorità di controllo interessate un progetto di decisione per ottenere il loro parere e tiene debitamente conto delle loro opinioni.

3. The lead supervisory authority shall, without delay, communicate the relevant information on the matter to the other supervisory authorities concerned. It shall without delay submit a draft decision to the other supervisory authorities concerned for their opinion and take due account of their views.

4. Se una delle altre autorità di controllo interessate solleva un'obiezione pertinente e motivata al progetto di decisione entro un termine di quattro settimane dopo essere stata consultata conformemente al paragrafo 3 del presente articolo, l'autorità di controllo capofila, ove non dia seguito all'obiezione pertinente e motivata o ritenga l'obiezione non pertinente o non motivata, sottopone la questione al meccanismo di coerenza di cui all'articolo 63.

5. L'autorità di controllo capofila, qualora intenda dare seguito all'obiezione pertinente e motivata sollevata, trasmette un progetto di decisione riveduto alle altre autorità di controllo interessate per ottenere il loro parere. Tale progetto di decisione riveduto è soggetto alla procedura di cui al paragrafo 4 entro un termine di due settimane.

6. Se nessuna delle altre autorità di controllo interessate ha sollevato obiezioni al progetto di decisione trasmesso dall'autorità di controllo capofila entro il termine di cui ai paragrafi 4 e 5, si deve considerare che l'autorità di controllo capofila e le autorità di controllo interessate concordano su tale progetto di decisione e sono da esso vincolate.

7. L'autorità di controllo capofila adotta la decisione e la notifica allo stabilimento principale o allo stabilimento unico del titolare del trattamento o responsabile del trattamento, a seconda dei casi, e informa le altre autorità di controllo interessate e il comitato la decisione in questione, compresa una sintesi dei fatti e delle motivazioni pertinenti. L'autorità di controllo cui è stato proposto un reclamo informa il reclamante riguardo alla decisione.

8. In deroga al paragrafo 7, in caso di archiviazione o di rigetto di un reclamo,

4. Where any of the other supervisory authorities concerned within a period of four weeks after having been consulted in accordance with paragraph 3 of this Article, expresses a relevant and reasoned objection to the draft decision, the lead supervisory authority shall, if it does not follow the relevant and reasoned objection or is of the opinion that the objection is not relevant or reasoned, submit the matter to the consistency mechanism referred to in Article 63.

5. Where the lead supervisory authority intends to follow the relevant and reasoned objection made, it shall submit to the other supervisory authorities concerned a revised draft decision for their opinion. That revised draft decision shall be subject to the procedure referred to in paragraph 4 within a period of two weeks.

6. Where none of the other supervisory authorities concerned has objected to the draft decision submitted by the lead supervisory authority within the period referred to in paragraphs 4 and 5, the lead supervisory authority and the supervisory authorities concerned shall be deemed to be in agreement with that draft decision and shall be bound by it.

7. The lead supervisory authority shall adopt and notify the decision to the main establishment or single establishment of the controller or processor, as the case may be and inform the other supervisory authorities concerned and the Board of the decision in question, including a summary of the relevant facts and grounds. The supervisory authority with which a complaint has been lodged shall inform the complainant on the decision.

8. By derogation from paragraph 7, where a complaint is dismissed or

l'autorità di controllo cui è stato proposto il reclamo adotta la decisione e la notifica al reclamante e ne informa il titolare del trattamento.

9. Se l'autorità di controllo capofila e le autorità di controllo interessate convengono di archiviare o rigettare parti di un reclamo e di intervenire su altre parti di tale reclamo, è adottata una decisione separata per ciascuna di tali parti della questione. L'autorità di controllo capofila adotta la decisione per la parte riguardante azioni in relazione al titolare del trattamento e la notifica allo stabilimento principale o allo stabilimento unico del responsabile del trattamento o del responsabile del trattamento sul territorio del suo Stato membro e ne informa il reclamante, mentre l'autorità di controllo del reclamante adotta la decisione per la parte riguardante l'archiviazione o il rigetto di detto reclamo, la notifica a detto reclamante e ne informa il titolare del trattamento o il responsabile del trattamento.

10. Dopo aver ricevuto la notifica della decisione dell'autorità di controllo capofila a norma dei paragrafi 7 e 9, il titolare del trattamento o responsabile del trattamento adotta le misure necessarie per garantire la conformità alla decisione per quanto riguarda le attività di trattamento nel contesto di tutti i suoi stabilimenti nell'Unione. Il titolare del trattamento o responsabile del trattamento notifica le misure adottate per conformarsi alla decisione all'autorità di controllo capofila, che ne informa le altre autorità di controllo interessate.

11. Qualora, in circostanze eccezionali, un'autorità di controllo interessata abbia motivo di ritenere che urga intervenire per tutelare gli interessi degli interessati, si applica la procedura d'urgenza di cui all'articolo 66.

rejected, the supervisory authority with which the complaint was lodged shall adopt the decision and notify it to the complainant and shall inform the controller thereof.

9. Where the lead supervisory authority and the supervisory authorities concerned agree to dismiss or reject parts of a complaint and to act on other parts of that complaint, a separate decision shall be adopted for each of those parts of the matter. The lead supervisory authority shall adopt the decision for the part concerning actions in relation to the controller, shall notify it to the main establishment or single establishment of the controller or processor on the territory of its Member State and shall inform the complainant thereof, while the supervisory authority of the complainant shall adopt the decision for the part concerning dismissal or rejection of that complaint, and shall notify it to that complainant and shall inform the controller or processor thereof.

10. After being notified of the decision of the lead supervisory authority pursuant to paragraphs 7 and 9, the controller or processor shall take the necessary measures to ensure compliance with the decision as regards processing activities in the context of all its establishments in the Union. The controller or processor shall notify the measures taken for complying with the decision to the lead supervisory authority, which shall inform the other supervisory authorities concerned.

11. Where, in exceptional circumstances, a supervisory authority concerned has reasons to consider that there is an urgent need to act in order to protect the interests of data subjects, the urgency procedure referred to in Article 66 shall apply.

12. L'autorità di controllo capofila e le altre autorità di controllo interessate si scambiano reciprocamente con mezzi elettronici, usando un modulo standard, le informazioni richieste a norma del presente articolo.

Articolo 61

Assistenza reciproca

1. Le autorità di controllo si scambiano le informazioni utili e si prestano assistenza reciproca al fine di attuare e applicare il presente regolamento in maniera coerente, e mettono in atto misure per cooperare efficacemente tra loro. L'assistenza reciproca comprende, in particolare, le richieste di informazioni e le misure di controllo, quali le richieste di autorizzazioni e consultazioni preventive e le richieste di effettuare ispezioni e indagini.

2. Ogni autorità di controllo adotta tutte le misure opportune necessarie per dare seguito alle richieste delle altre autorità di controllo senza ingiustificato ritardo e comunque entro un mese dal ricevimento della richiesta. Tali misure possono consistere, in particolare, nella trasmissione di informazioni utili sullo svolgimento di un'indagine.

3. La richiesta di assistenza contiene tutte le informazioni necessarie, compresi lo scopo e i motivi della richiesta. Le informazioni scambiate sono utilizzate ai soli fini per cui sono state richieste.

4. L'autorità di controllo richiesta non deve rifiutare di dare seguito alla richiesta, salvo che:

a. non sia competente per trattare l'oggetto della richiesta o per le misure cui deve dare esecuzione; o

b. l'accoglimento della richiesta violi le disposizioni del presente regolamento o il diritto dell'Unione o dello Stato

12. The lead supervisory authority and the other supervisory authorities concerned shall supply the information required under this Article to each other by electronic means, using a standardised format.

Article 61

Mutual assistance

1. Supervisory authorities shall provide each other with relevant information and mutual assistance in order to implement and apply this Regulation in a consistent manner, and shall put in place measures for effective cooperation with one another. Mutual assistance shall cover, in particular, information requests and supervisory measures, such as requests to carry out prior authorisations and consultations, inspections and investigations.

2. Each supervisory authority shall take all appropriate measures required to reply to a request of another supervisory authority without undue delay and no later than one month after receiving the request. Such measures may include, in particular, the transmission of relevant information on the conduct of an investigation.

3. Requests for assistance shall contain all the necessary information, including the purpose of and reasons for the request. Information exchanged shall be used only for the purpose for which it was requested.

4. The requested supervisory authority shall not refuse to comply with the request unless:

a. it is not competent for the subject-matter of the request or for the measures it is requested to execute; or

b. compliance with the request would infringe this Regulation or Union or Member State law to which the

membro cui è soggetta l'autorità di controllo che riceve la richiesta.

5. L'autorità di controllo richiesta informa l'autorità di controllo richiedente dell'esito o, a seconda dei casi, dei progressi delle misure adottate per rispondere alla richiesta. L'autorità di controllo richiesta deve fornire le motivazioni del rigetto della richiesta.

6. Di norma, le autorità di controllo richieste forniscono con mezzi elettronici, usando un modulo standard, le informazioni richieste da altre autorità di controllo.

7. Le autorità di controllo richieste non impongono alcuna spesa per le misure da loro adottate a seguito di una richiesta di assistenza reciproca. Le autorità di controllo possono concordare disposizioni di indennizzo reciproco per spese specifiche risultanti dalla prestazione di assistenza reciproca in circostanze eccezionali.

8. Qualora l'autorità di controllo non fornisca le informazioni di cui al paragrafo 5 del presente articolo, entro un mese dal ricevimento della richiesta di un'altra autorità di controllo, l'autorità di controllo richiedente può adottare misure provvisorie nel territorio del suo Stato membro ai sensi dell'articolo 55, paragrafo 1. Si considera, in tal caso, che urga intervenire ai sensi dell'articolo 66, paragrafo 1, e che sia necessaria una decisione vincolante d'urgenza da parte del comitato a norma dell'articolo 66, paragrafo 2.

9. La Commissione può, mediante atti di esecuzione, specificare il formato e le procedure per l'assistenza reciproca di cui al presente articolo e le modalità per lo scambio di informazioni con mezzi elettronici tra autorità di controllo e tra le autorità di controllo e il comitato, in particolare il modulo standard di cui al paragrafo 6 del

supervisory authority receiving the request is subject.

5. The requested supervisory authority shall inform the requesting supervisory authority of the results or, as the case may be, of the progress of the measures taken in order to respond to the request. The requested supervisory authority shall provide reasons for any refusal to comply with a request pursuant to paragraph 4.

6. Requested supervisory authorities shall, as a rule, supply the information requested by other supervisory authorities by electronic means, using a standardised format.

7. Requested supervisory authorities shall not charge a fee for any action taken by them pursuant to a request for mutual assistance. Supervisory authorities may agree on rules to indemnify each other for specific expenditure arising from the provision of mutual assistance in exceptional circumstances.

8. Where a supervisory authority does not provide the information referred to in paragraph 5 of this Article within one month of receiving the request of another supervisory authority, the requesting supervisory authority may adopt a provisional measure on the territory of its Member State in accordance with Article 551.. In that case, the urgent need to act under Article 661. shall be presumed to be met and require an urgent binding decision from the Board pursuant to Article 662..

9. The Commission may, by means of implementing acts, specify the format and procedures for mutual assistance referred to in this Article and the arrangements for the exchange of information by electronic means between supervisory authorities, and between supervisory authorities and the Board, in particular the standardised

presente articolo. Tali atti di esecuzione sono adottati secondo la procedura d'esame di cui all'articolo 93, paragrafo 2.

Articolo 62

Operazioni congiunte delle autorità di controllo

1. Se del caso, le autorità di controllo conducono operazioni congiunte, incluse indagini congiunte e misure di contrasto congiunte, cui partecipano membri o personale di autorità di controllo di altri Stati membri.

2. Qualora il titolare del trattamento o responsabile del trattamento abbia stabilimenti in vari Stati membri o qualora esista la probabilità che il trattamento abbia su un numero significativo di interessati in più di uno Stato membro un impatto negativo sostanziale, un'autorità di controllo di ogni Stato membro in questione ha il diritto di partecipare alle operazioni congiunte. L'autorità di controllo che è competente conformemente all'articolo 56, paragrafo 1, o all'articolo 56 paragrafo 4, invita l'autorità di controllo di ogni Stato membro interessato a partecipare all'operazione congiunta in questione e risponde senza ritardo alle richieste di partecipazione delle autorità di controllo.

3. Un'autorità di controllo può, in conformità del diritto degli Stati membri e con l'autorizzazione dell'autorità di controllo ospitata, conferire poteri, anche d'indagine, ai membri o al personale dell'autorità di controllo ospitata che partecipano alle operazioni congiunte o consentire ai membri o al personale dell'autorità di controllo ospitata, nella misura in cui il diritto dello Stato membro dell'autorità di controllo ospite lo permette, di esercitare i loro poteri d'indagine in

format referred to in paragraph 6 of this Article. Those implementing acts shall be adopted in accordance with the examination procedure referred to in Article 932..

Article 62

Joint operations of supervisory authorities

1. The supervisory authorities shall, where appropriate, conduct joint operations including joint investigations and joint enforcement measures in which members or staff of the supervisory authorities of other Member States are involved.

2. Where the controller or processor has establishments in several Member States or where a significant number of data subjects in more than one Member State are likely to be substantially affected by processing operations, a supervisory authority of each of those Member States shall have the right to participate in joint operations. The supervisory authority which is competent pursuant to Article 561. or 4. shall invite the supervisory authority of each of those Member States to take part in the joint operations and shall respond without delay to the request of a supervisory authority to participate.

3. A supervisory authority may, in accordance with Member State law, and with the seconding supervisory authority's authorisation, confer powers, including investigative powers on the seconding supervisory authority's members or staff involved in joint operations or, in so far as the law of the Member State of the host supervisory authority permits, allow the seconding supervisory authority's members or staff to exercise their investigative powers in accordance with the law of the

conformità del diritto dello Stato membro dell'autorità di controllo ospitata. Tali poteri d'indagine possono essere esercitati unicamente sotto il controllo e in presenza di membri o personale dell'autorità di controllo ospite. I membri o il personale dell'autorità di controllo ospitata sono soggetti al diritto dello Stato membro dell'autorità di controllo ospite.

4. Qualora, in conformità del paragrafo 1, il personale di un'autorità di controllo ospitata operi in un altro Stato membro, lo Stato membro dell'autorità di controllo ospite si assume la responsabilità del suo operato, compreso l'obbligo di risarcimento, per i danni causati da detto personale nel corso delle operazioni, conformemente al diritto dello Stato membro nel cui territorio esso opera.

5. Lo Stato membro nel cui territorio sono stati causati i danni risarcisce tali danni alle condizioni applicabili ai danni causati dal proprio personale. Lo Stato membro dell'autorità di controllo ospitata il cui personale ha causato danni a terzi nel territorio di un altro Stato membro rimborsa integralmente a tale altro Stato membro importi corrisposti agli aventi diritto per conto di detti terzi.

6. Fatto salvo l'esercizio dei suoi diritti nei confronti di terzi e fatta eccezione per il paragrafo 5, ciascuno Stato membro rinuncia, nel caso previsto al paragrafo 1, a chiedere a un altro Stato membro il risarcimento dei danni di cui al paragrafo 4.

7. Qualora sia prevista un'operazione congiunta e un'autorità di controllo non si conformi entro un mese all'obbligo di cui al paragrafo 2, seconda frase, del presente articolo, le altre autorità di controllo possono adottare misure provvisorie nel territorio del loro Stato

Member State of the seconding supervisory authority. Such investigative powers may be exercised only under the guidance and in the presence of members or staff of the host supervisory authority. The seconding supervisory authority's members or staff shall be subject to the Member State law of the host supervisory authority.

4. Where, in accordance with paragraph 1, staff of a seconding supervisory authority operate in another Member State, the Member State of the host supervisory authority shall assume responsibility for their actions, including liability, for any damage caused by them during their operations, in accordance with the law of the Member State in whose territory they are operating.

5. The Member State in whose territory the damage was caused shall make good such damage under the conditions applicable to damage caused by its own staff. The Member State of the seconding supervisory authority whose staff has caused damage to any person in the territory of another Member State shall reimburse that other Member State in full any sums it has paid to the persons entitled on their behalf.

6. Without prejudice to the exercise of its rights vis-à-vis third parties and with the exception of paragraph 5, each Member State shall refrain, in the case provided for in paragraph 1, from requesting reimbursement from another Member State in relation to damage referred to in paragraph 4.

7. Where a joint operation is intended and a supervisory authority does not, within one month, comply with the obligation laid down in the second sentence of paragraph 2 of this Article, the other supervisory authorities may adopt a provisional measure on the

membro ai sensi dell'articolo 55. Si considera, in tal caso, che urga intervenire ai sensi dell'articolo 66, paragrafo 1, e che siano necessari un parere o una decisione vincolante d'urgenza da parte del comitato a norma dell'articolo 66, paragrafo 2.

Sezione 2

Coerenza

Articolo 63

Meccanismo di coerenza

Al fine di contribuire all'applicazione coerente del presente regolamento in tutta l'Unione, le autorità di controllo cooperano tra loro e, se del caso, con la Commissione mediante il meccanismo di coerenza stabilito nella presente sezione.

Articolo 64

Parere del comitato europeo per la protezione dei dati

1. Il comitato emette un parere ove un'autorità di controllo competente intenda adottare una delle misure in appresso. A tal fine, l'autorità di controllo competente comunica il progetto di decisione al comitato, quando la decisione:

a. è finalizzata a stabilire un elenco di trattamenti soggetti al requisito di una valutazione d'impatto sulla protezione dei dati ai sensi dell'articolo 35, paragrafo 4;

b. riguarda una questione di cui all'articolo 40, paragrafo 7, relativa alla conformità al presente regolamento di un progetto di codice di condotta o una modifica o proroga di un codice di condotta;

c. è finalizzata ad approvare i criteri per l'accreditamento di un organismo ai sensi dell'articolo 41, paragrafo 3, o di un organismo di certificazione ai sensi dell'articolo 43, paragrafo 3;

territory of its Member State in accordance with Article 55. In that case, the urgent need to act under Article 661. shall be presumed to be met and require an opinion or an urgent binding decision from the Board pursuant to Article 662..

Section 2

Consistency

Article 63

Consistency mechanism

In order to contribute to the consistent application of this Regulation throughout the Union, the supervisory authorities shall cooperate with each other and, where relevant, with the Commission, through the consistency mechanism as set out in this Section.

Article 64

Opinion of the Board

1. The Board shall issue an opinion where a competent supervisory authority intends to adopt any of the measures below. To that end, the competent supervisory authority shall communicate the draft decision to the Board, when it:

a. aims to adopt a list of the processing operations subject to the requirement for a data protection impact assessment pursuant to Article 354.;

b. concerns a matter pursuant to Article 407. whether a draft code of conduct or an amendment or extension to a code of conduct complies with this Regulation;

c. aims to approve the criteria for accreditation of a body pursuant to Article 413. or a certification body pursuant to Article 433.;

d. è finalizzata a determinare clausole tipo di protezione dei dati di cui all'articolo 46, paragrafo 2, lettera d., e all'articolo 28, paragrafo 8;

e. è finalizzata ad autorizzare clausole contrattuali di cui all'articolo 46, paragrafo 3, lettera a.; oppure

f. è finalizzata ad approvare norme vincolanti d'impresa ai sensi dell'articolo 47.

2. Qualsiasi autorità di controllo, il presidente del comitato o la Commissione può richiedere che le questioni di applicazione generale o che producono effetti in più di uno Stato membro siano esaminate dal comitato al fine di ottenere un parere, in particolare se un'autorità di controllo competente non si conforma agli obblighi relativi all'assistenza reciproca ai sensi dell'articolo 61 o alle operazioni congiunte ai sensi dell'articolo 62.

3. Nei casi di cui ai paragrafi 1 e 2, il comitato emette un parere sulla questione che gli è stata presentata, purché non abbia già emesso un parere sulla medesima questione. Tale parere è adottato entro un termine di otto settimane a maggioranza semplice dei membri del comitato. Tale termine può essere prorogato di sei settimane, tenendo conto della complessità della questione. Per quanto riguarda il progetto di decisione di cui al paragrafo 1 trasmesso ai membri del comitato conformemente al paragrafo 5, il membro che non abbia sollevato obiezioni entro un termine ragionevole indicato dal presidente è considerato assentire al progetto di decisione.

4. Senza ingiustificato ritardo, le autorità di controllo e la Commissione comunicano per via elettronica, usando un modulo standard, al comitato tutte le informazioni utili, in particolare, a seconda del caso, una sintesi dei fatti, il progetto di decisione, i motivi che

d. aims to determine standard data protection clauses referred to in point d. of Article 462. and in Article 288.;

e. aims to authorise contractual clauses referred to in point a. of Article 463.; or

f. aims to approve binding corporate rules within the meaning of Article 47.

2. Any supervisory authority, the Chair of the Board or the Commission may request that any matter of general application or producing effects in more than one Member State be examined by the Board with a view to obtaining an opinion, in particular where a competent supervisory authority does not comply with the obligations for mutual assistance in accordance with Article 61 or for joint operations in accordance with Article 62.

3. In the cases referred to in paragraphs 1 and 2, the Board shall issue an opinion on the matter submitted to it provided that it has not already issued an opinion on the same matter. That opinion shall be adopted within eight weeks by simple majority of the members of the Board. That period may be extended by a further six weeks, taking into account the complexity of the subject matter. Regarding the draft decision referred to in paragraph 1 circulated to the members of the Board in accordance with paragraph 5, a member which has not objected within a reasonable period indicated by the Chair, shall be deemed to be in agreement with the draft decision.

4. Supervisory authorities and the Commission shall, without undue delay, communicate by electronic means to the Board, using a standardised format any relevant information, including as the case may be a summary of the facts, the draft decision, the grounds which make

rendono necessaria l'attuazione di tale misura e i pareri delle altre autorità di controllo interessate.

5. Il presidente del comitato informa, senza ingiustificato ritardo, con mezzi elettronici:

a. i membri del comitato e la Commissione di tutte le informazioni utili che sono state comunicate al comitato con modulo standard. Se necessario, il segretariato del comitato fornisce una traduzione delle informazioni utili; e

b. l'autorità di controllo di cui, secondo i casi, ai paragrafi 1 e 2, e la Commissione in merito al parere, che rende pubblico.

6. L'autorità di controllo competente si astiene dall'adottare il suo progetto di decisione di cui al paragrafo 1 entro il termine di cui al paragrafo 3.

7. L'autorità di controllo di cui al paragrafo 1 tiene nella massima considerazione il parere del comitato e, entro due settimane dal ricevimento del parere, comunica per via elettronica, usando un modulo standard, al presidente del comitato se intende mantenere o modificare il progetto di decisione e, se del caso, il progetto di decisione modificato.

8. Se entro il termine di cui al paragrafo 7 del presente articolo l'autorità di controllo interessata informa il presidente del comitato, fornendo le pertinenti motivazioni, che non intende conformarsi al parere del comitato, in tutto o in parte, si applica l'articolo 65, paragrafo 1.

Articolo 65

Composizione delle controversie da parte del comitato

1. Al fine di assicurare l'applicazione corretta e coerente del presente regolamento nei singoli casi, il comitato

the enactment of such measure necessary, and the views of other supervisory authorities concerned.

5. The Chair of the Board shall, without undue, delay inform by electronic means:

a. the members of the Board and the Commission of any relevant information which has been communicated to it using a standardised format. The secretariat of the Board shall, where necessary, provide translations of relevant information; and

b. the supervisory authority referred to, as the case may be, in paragraphs 1 and 2, and the Commission of the opinion and make it public.

6. The competent supervisory authority shall not adopt its draft decision referred to in paragraph 1 within the period referred to in paragraph 3.

7. The supervisory authority referred to in paragraph 1 shall take utmost account of the opinion of the Board and shall, within two weeks after receiving the opinion, communicate to the Chair of the Board by electronic means whether it will maintain or amend its draft decision and, if any, the amended draft decision, using a standardised format.

8. Where the supervisory authority concerned informs the Chair of the Board within the period referred to in paragraph 7 of this Article that it does not intend to follow the opinion of the Board, in whole or in part, providing the relevant grounds, Article 651. shall apply.

Article 65

Dispute resolution by the Board

1. In order to ensure the correct and consistent application of this Regulation in individual cases, the Board shall adopt a binding decision in the following cases:

adotta una decisione vincolante nei seguenti casi:

a. se, in un caso di cui all'articolo 60, paragrafo 4, un'autorità di controllo interessata ha sollevato un'obiezione pertinente e motivata a un progetto di decisione dell'autorità capofila o l'autorità capofila ha rigettato tale obiezione in quanto non pertinente o non motivata. La decisione vincolante riguarda tutte le questioni oggetto dell'obiezione pertinente e motivata, in particolare se sussista una violazione del presente regolamento;

b. se vi sono opinioni contrastanti in merito alla competenza delle autorità di controllo interessate per lo stabilimento principale;

c. se un'autorità di controllo competente non richiede il parere del comitato nei casi di cui all'articolo 64, paragrafo 1, o non si conforma al parere del comitato emesso a norma dell'articolo 64. In tal caso qualsiasi autorità di controllo interessata o la Commissione può comunicare la questione al comitato.

2. La decisione di cui al paragrafo 1 è adottata entro un mese dal deferimento della questione da parte di una maggioranza di due terzi dei membri del comitato. Tale termine può essere prorogato di un mese, in considerazione della complessità della questione. La decisione di cui al paragrafo 1 è motivata e trasmessa all'autorità di controllo capofila e a tutte le autorità di controllo interessate ed è per esse vincolante.

3. Qualora non sia stato in grado di adottare una decisione entro i termini di cui al paragrafo 2, il comitato adotta la sua decisione entro due settimane dalla scadenza del secondo mese di cui al paragrafo 2, a maggioranza semplice dei membri del comitato. In caso di parità di voti dei membri del comitato, prevale il voto del presidente.

a. where, in a case referred to in Article 604., a supervisory authority concerned has raised a relevant and reasoned objection to a draft decision of the lead authority or the lead authority has rejected such an objection as being not relevant or reasoned. The binding decision shall concern all the matters which are the subject of the relevant and reasoned objection, in particular whether there is an infringement of this Regulation;

b. where there are conflicting views on which of the supervisory authorities concerned is competent for the main establishment;

c. where a competent supervisory authority does not request the opinion of the Board in the cases referred to in Article 641., or does not follow the opinion of the Board issued under Article 64. In that case, any supervisory authority concerned or the Commission may communicate the matter to the Board.

2. The decision referred to in paragraph 1 shall be adopted within one month from the referral of the subject-matter by a two-thirds majority of the members of the Board. That period may be extended by a further month on account of the complexity of the subject-matter. The decision referred to in paragraph 1 shall be reasoned and addressed to the lead supervisory authority and all the supervisory authorities concerned and binding on them.

3. Where the Board has been unable to adopt a decision within the periods referred to in paragraph 2, it shall adopt its decision within two weeks following the expiration of the second month referred to in paragraph 2 by a simple majority of the members of the Board. Where the members of the Board are

4. Le autorità di controllo interessate non adottano una decisione sulla questione sottoposta al comitato a norma del paragrafo 1 entro i termini di cui ai paragrafi 2 e 3.

5. Il presidente del comitato notifica senza ingiustificato ritardo alle autorità di controllo interessate la decisione di cui al paragrafo 1 e ne informa la Commissione. La decisione è pubblicata senza ritardo sul sito web del comitato dopo che l'autorità di controllo ha notificato la decisione definitiva di cui al paragrafo 6.

6. L'autorità di controllo capofila o, se del caso, l'autorità di controllo a cui è stato proposto il reclamo adotta la sua decisione definitiva in base alla decisione di cui al paragrafo 1 del presente articolo senza ingiustificato ritardo e al più tardi entro un mese dalla notifica della decisione da parte del comitato. L'autorità di controllo capofila o, se del caso, l'autorità di controllo a cui è stato proposto il reclamo, informa il comitato circa la data in cui la decisione definitiva è notificata rispettivamente al titolare del trattamento o al responsabile del trattamento e all'interessato. La decisione definitiva delle autorità di controllo interessate è adottata ai sensi dell'articolo 60, paragrafi 7, 8 e 9. La decisione finale fa riferimento alla decisione di cui al paragrafo 1 del presente articolo e precisa che la decisione di cui a tale paragrafo sarà pubblicata sul sito web del comitato conformemente al paragrafo 5 del presente articolo. La decisione finale deve accludere la decisione di cui al paragrafo 1 del presente articolo.

Articolo 66

Procedura d'urgenza

---

split, the decision shall by adopted by the vote of its Chair.

4. The supervisory authorities concerned shall not adopt a decision on the subject matter submitted to the Board under paragraph 1 during the periods referred to in paragraphs 2 and 3.

5. The Chair of the Board shall notify, without undue delay, the decision referred to in paragraph 1 to the supervisory authorities concerned. It shall inform the Commission thereof. The decision shall be published on the website of the Board without delay after the supervisory authority has notified the final decision referred to in paragraph 6.

6. The lead supervisory authority or, as the case may be, the supervisory authority with which the complaint has been lodged shall adopt its final decision on the basis of the decision referred to in paragraph 1 of this Article, without undue delay and at the latest by one month after the Board has notified its decision. The lead supervisory authority or, as the case may be, the supervisory authority with which the complaint has been lodged, shall inform the Board of the date when its final decision is notified respectively to the controller or the processor and to the data subject. The final decision of the supervisory authorities concerned shall be adopted under the terms of Article 607., 8. and 9.. The final decision shall refer to the decision referred to in paragraph 1 of this Article and shall specify that the decision referred to in that paragraph will be published on the website of the Board in accordance with paragraph 5 of this Article. The final decision shall attach the decision referred to in paragraph 1 of this Article.

Article 66

Urgency procedure

1. In circostanze eccezionali, qualora ritenga che urga intervenire per proteggere i diritti e le libertà degli interessati, un'autorità di controllo interessata può, in deroga al meccanismo di coerenza di cui agli articoli 63, 64 e 65, o alla procedura di cui all'articolo 60, adottare immediatamente misure provvisorie intese a produrre effetti giuridici nel proprio territorio, con un periodo di validità determinato che non supera i tre mesi. L'autorità di controllo comunica senza ritardo tali misure e la motivazione della loro adozione alle altre autorità di controllo interessate, al comitato e alla Commissione.

2. Qualora abbia adottato una misura ai sensi del paragrafo 1 e ritenga che urga adottare misure definitive, l'autorità di controllo può chiedere un parere d'urgenza o una decisione vincolante d'urgenza del comitato, motivando tale richiesta.

3. Qualsiasi autorità di controllo può chiedere un parere d'urgenza o una decisione vincolante d'urgenza, a seconda dei casi, del comitato qualora un'autorità di controllo competente non abbia adottato misure adeguate in una situazione in cui urge intervenire per proteggere i diritti e le libertà degli interessati, motivando la richiesta di tale parere o decisione, in particolare l'urgenza dell'intervento.

4. In deroga all'articolo 64, paragrafo 3, e all'articolo 65, paragrafo 2, il parere d'urgenza o la decisione vincolante d'urgenza di cui ai paragrafi 2 e 3 del presente articolo sono adottati entro due settimane a maggioranza semplice dei membri del comitato.

Articolo 67

Scambio di informazioni

1. In exceptional circumstances, where a supervisory authority concerned considers that there is an urgent need to act in order to protect the rights and freedoms of data subjects, it may, by way of derogation from the consistency mechanism referred to in Articles 63, 64 and 65 or the procedure referred to in Article 60, immediately adopt provisional measures intended to produce legal effects on its own territory with a specified period of validity which shall not exceed three months. The supervisory authority shall, without delay, communicate those measures and the reasons for adopting them to the other supervisory authorities concerned, to the Board and to the Commission.

2. Where a supervisory authority has taken a measure pursuant to paragraph 1 and considers that final measures need urgently be adopted, it may request an urgent opinion or an urgent binding decision from the Board, giving reasons for requesting such opinion or decision.

3. Any supervisory authority may request an urgent opinion or an urgent binding decision, as the case may be, from the Board where a competent supervisory authority has not taken an appropriate measure in a situation where there is an urgent need to act, in order to protect the rights and freedoms of data subjects, giving reasons for requesting such opinion or decision, including for the urgent need to act.

4. By derogation from Article 643. and Article 652., an urgent opinion or an urgent binding decision referred to in paragraphs 2 and 3 of this Article shall be adopted within two weeks by simple majority of the members of the Board.

Article 67

Exchange of information

La Commissione può adottare atti di esecuzione di portata generale per specificare le modalità per lo scambio di informazioni per via elettronica tra autorità di controllo e tra le autorità di controllo e il comitato, in particolare il modulo standard di cui all'articolo 64.

Tali atti di esecuzione sono adottati secondo la procedura d'esame di cui all'articolo 93, paragrafo 2.

Sezione 3
Comitato europeo per la protezione dei dati

Articolo 68

Comitato europeo per la protezione dei dati

1. Il comitato europeo per la protezione dei dati «comitato». è istituito quale organismo dell'Unione ed è dotato di personalità giuridica.

2. Il comitato è rappresentato dal suo presidente.

3. Il comitato è composto dalla figura di vertice di un'autorità di controllo per ciascuno Stato membro e dal garante europeo della protezione dei dati, o dai rispettivi rappresentanti.

4. Qualora, in uno Stato membro, più autorità di controllo siano incaricate di sorvegliare l'applicazione delle disposizioni del presente regolamento, è designato un rappresentante comune conformemente al diritto di tale Stato membro.

5. La Commissione ha il diritto di partecipare alle attività e alle riunioni del comitato senza diritto di voto. La Commissione designa un rappresentante. Il presidente del comitato comunica alla Commissione le attività del comitato.

6. Nei casi di cui all'articolo 65, il garante europeo della protezione dei

The Commission may adopt implementing acts of general scope in order to specify the arrangements for the exchange of information by electronic means between supervisory authorities, and between supervisory authorities and the Board, in particular the standardised format referred to in Article 64.

Those implementing acts shall be adopted in accordance with the examination procedure referred to in Article 932..

Section 3
European data protection board

Article 68

European Data Protection Board

1. The European Data Protection Board the 'Board'. is hereby established as a body of the Union and shall have legal personality.

2. The Board shall be represented by its Chair.

3. The Board shall be composed of the head of one supervisory authority of each Member State and of the European Data Protection Supervisor, or their respective representatives.

4. Where in a Member State more than one supervisory authority is responsible for monitoring the application of the provisions pursuant to this Regulation, a joint representative shall be appointed in accordance with that Member State's law.

5. The Commission shall have the right to participate in the activities and meetings of the Board without voting right. The Commission shall designate a representative. The Chair of the Board shall communicate to the Commission the activities of the Board.

6. In the cases referred to in Article 65, the European Data Protection Supervisor

dati ha diritto di voto solo per decisioni che riguardano principi e norme applicabili a istituzioni, organi, uffici e agenzie dell'Unione che corrispondono nella sostanza a quelli del presente regolamento.

Articolo 69

Indipendenza

1. Nell'esecuzione dei suoi compiti o nell'esercizio dei suoi poteri ai sensi degli articoli 70 e 71, il comitato opera con indipendenza.

2. Fatte salve le richieste della Commissione di cui all'articolo 70, paragrafo 1, lettera b., e all'articolo 70, paragrafo 2, nell'esecuzione dei suoi compiti o nell'esercizio dei suoi poteri il comitato non sollecita né accetta istruzioni da alcuno.

Articolo 70

Compiti del comitato

1. Il comitato garantisce l'applicazione coerente del presente regolamento. A tal fine, il comitato, di propria iniziativa o, se del caso, su richiesta della Commissione, in particolare:

a. sorveglia il presente regolamento e ne assicura l'applicazione corretta nei casi previsti agli articoli 64 e 65 fatti salvi i compiti delle autorità nazionali di controllo;

b. fornisce consulenza alla Commissione in merito a qualsiasi questione relativa alla protezione dei dati personali nell'Unione, comprese eventuali proposte di modifica del presente regolamento;

c. fornisce consulenza alla Commissione sul formato e le procedure per lo scambio di informazioni tra titolari del trattamento, responsabili del trattamento e autorità di controllo in merito alle norme vincolanti d'impresa;

shall have voting rights only on decisions which concern principles and rules applicable to the Union institutions, bodies, offices and agencies which correspond in substance to those of this Regulation.

Article 69

Independence

1. The Board shall act independently when performing its tasks or exercising its powers pursuant to Articles 70 and 71.

2. Without prejudice to requests by the Commission referred to in point b. of Article 701. and in Article 702., the Board shall, in the performance of its tasks or the exercise of its powers, neither seek nor take instructions from anybody.

Article 70

Tasks of the Board

1. The Board shall ensure the consistent application of this Regulation. To that end, the Board shall, on its own initiative or, where relevant, at the request of the Commission, in particular:

a. monitor and ensure the correct application of this Regulation in the cases provided for in Articles 64 and 65 without prejudice to the tasks of national supervisory authorities;

b. advise the Commission on any issue related to the protection of personal data in the Union, including on any proposed amendment of this Regulation;

c. advise the Commission on the format and procedures for the exchange of information between controllers, processors and supervisory authorities for binding corporate rules;

d. pubblica linee guida, raccomandazioni e migliori prassi in materia di procedure per la cancellazione di link, copie o riproduzioni di dati personali dai servizi di comunicazione accessibili al pubblico di cui all'articolo 17, paragrafo 2;

e. esamina, di propria iniziativa o su richiesta di uno dei suoi membri o della Commissione, qualsiasi questione relativa all'applicazione del presente regolamento e pubblica linee guida, raccomandazioni e migliori prassi al fine di promuovere l'applicazione coerente del presente regolamento;

f. pubblica linee guida, raccomandazioni e migliori pratiche conformemente alla lettera e. del presente paragrafo, per specificare ulteriormente i criteri e le condizioni delle decisioni basate sulla profilazione ai sensi dell'articolo 22, paragrafo 2;

g. pubblica linee guida, raccomandazioni e migliori prassi conformemente alla lettera e. del presente paragrafo, per accertare la violazione di dati personali e determinare l'ingiustificato ritardo di cui all'articolo 33, paragrafi 1 e 2, e le circostanze particolari in cui il titolare del trattamento o il responsabile del trattamento è tenuto a notificare la violazione dei dati personali;

h. pubblica linee guida, raccomandazioni e migliori prassi conformemente alla lettera e. del presente paragrafo, relative alle circostanze in cui una violazione dei dati personali è suscettibile di presentare un rischio elevato per i diritti e le libertà delle persone fisiche di cui all'articolo 34, paragrafo 1;

i. pubblica linee guida, raccomandazioni e migliori prassi conformemente alla lettera e. del presente paragrafo, al fine di specificare ulteriormente i criteri e i requisiti dei trasferimenti di dati

d. issue guidelines, recommendations, and best practices on procedures for erasing links, copies or replications of personal data from publicly available communication services as referred to in Article 172.;

e. examine, on its own initiative, on request of one of its members or on request of the Commission, any question covering the application of this Regulation and issue guidelines, recommendations and best practices in order to encourage consistent application of this Regulation;

f. issue guidelines, recommendations and best practices in accordance with point e. of this paragraph for further specifying the criteria and conditions for decisions based on profiling pursuant to Article 222.;

g. issue guidelines, recommendations and best practices in accordance with point e. of this paragraph for establishing the personal data breaches and determining the undue delay referred to in Article 331. and 2. and for the particular circumstances in which a controller or a processor is required to notify the personal data breach;

h. issue guidelines, recommendations and best practices in accordance with point e. of this paragraph as to the circumstances in which a personal data breach is likely to result in a high risk to the rights and freedoms of the natural persons referred to in Article 341..

i. issue guidelines, recommendations and best practices in accordance with point e. of this paragraph for the purpose of further specifying the criteria and requirements for personal data transfers based on binding corporate rules adhered

personali basati sulle norme vincolanti d'impresa applicate, rispettivamente, dai titolari del trattamento e dai responsabili del trattamento, nonché gli ulteriori requisiti per assicurare la protezione dei dati personali degli interessati di cui all'articolo 47;

j. pubblica linee guida, raccomandazioni e migliori prassi conformemente alla lettera e. del presente paragrafo, al fine di specificare ulteriormente i criteri e i requisiti dei trasferimenti di dati personali sulla base dell'articolo 49, paragrafo 1;

k. elabora per le autorità di controllo linee guida riguardanti l'applicazione delle misure di cui all'articolo 58, paragrafi 1, 2 e 3, e la previsione delle sanzioni amministrative pecuniarie ai sensi dell'articolo 83;

l. valuta l'applicazione pratica delle linee guida, raccomandazioni e migliori prassi di cui alle lettere e. e f.;

m. pubblica linee guida, raccomandazioni e migliori prassi conformemente alla lettera e. del presente paragrafo, per stabilire procedure comuni per le segnalazioni da parte di persone fisiche di violazioni del presente regolamento ai sensi dell'articolo 54, paragrafo 2;

n. incoraggia l'elaborazione di codici di condotta e l'istituzione di meccanismi di certificazione della protezione dei dati nonché di sigilli e marchi di protezione dei dati ai sensi degli articoli 40 e 42;

o. effettua l'accreditamento di organismi di certificazione e il suo riesame periodico a norma dell'articolo 43 e tiene un registro pubblico di organismi accreditati a norma dell'articolo 43, paragrafo 6, e dei titolari o responsabili del trattamento accreditati, stabiliti in paesi terzi a norma dell'articolo 42, paragrafo 7;

to by controllers and binding corporate rules adhered to by processors and on further necessary requirements to ensure the protection of personal data of the data subjects concerned referred to in Article 47;

j. issue guidelines, recommendations and best practices in accordance with point e. of this paragraph for the purpose of further specifying the criteria and requirements for the personal data transfers on the basis of Article 491.;

k. draw up guidelines for supervisory authorities concerning the application of measures referred to in Article 581., 2. and 3. and the setting of administrative fines pursuant to Article 83;

l. review the practical application of the guidelines, recommendations and best practices referred to in points e. and f.;

m. issue guidelines, recommendations and best practices in accordance with point e. of this paragraph for establishing common procedures for reporting by natural persons of infringements of this Regulation pursuant to Article 542.;

n. encourage the drawing-up of codes of conduct and the establishment of data protection certification mechanisms and data protection seals and marks pursuant to Articles 40 and 42;

o. carry out the accreditation of certification bodies and its periodic review pursuant to Article 43 and maintain a public register of accredited bodies pursuant to Article 436. and of the accredited controllers or processors established in third countries pursuant to Article 427.;

p. specifica i requisiti di cui all'articolo 43, paragrafo 3, ai fini dell'accreditamento degli organismi di certificazione ai sensi dell'articolo 42;

q. fornisce alla Commissione un parere in merito ai requisiti di certificazione di cui all'articolo 43, paragrafo 8;

r. fornisce alla Commissione un parere in merito alle icone di cui all'articolo 12, paragrafo 7;

s. fornisce alla Commissione un parere per valutare l'adeguatezza del livello di protezione in un paese terzo o in un'organizzazione internazionale, così come per valutare se il paese terzo, il territorio o uno o più settori specifici all'interno di tale paese terzo, o l'organizzazione internazionale non assicurino più un livello adeguato di protezione. A tal fine, la Commissione fornisce al comitato tutta la documentazione necessaria, inclusa la corrispondenza con il governo del paese terzo, con riguardo a tale paese terzo, territorio o settore specifico, o con l'organizzazione internazionale;

t. emette pareri sui progetti di decisione delle autorità di controllo conformemente al meccanismo di coerenza di cui all'articolo 64, paragrafo 1, e sulle questioni presentate conformemente all'articolo 64, paragrafo 2, ed emette decisioni vincolanti ai sensi dell'articolo 65, anche nei casi di cui all'articolo 66;

u. promuove la cooperazione e l'effettivo scambio di informazioni e prassi tra le autorità di controllo a livello bilaterale e multilaterale;

v. promuove programmi comuni di formazione e facilita lo scambio di personale tra le autorità di controllo e, se del caso, con le autorità di controllo

p. specify the requirements referred to in Article 433. with a view to the accreditation of certification bodies under Article 42;

q. provide the Commission with an opinion on the certification requirements referred to in Article 438.;

r. provide the Commission with an opinion on the icons referred to in Article 127.;

s. provide the Commission with an opinion for the assessment of the adequacy of the level of protection in a third country or international organisation, including for the assessment whether a third country, a territory or one or more specified sectors within that third country, or an international organisation no longer ensures an adequate level of protection. To that end, the Commission shall provide the Board with all necessary documentation, including correspondence with the government of the third country, with regard to that third country, territory or specified sector, or with the international organisation.

t. issue opinions on draft decisions of supervisory authorities pursuant to the consistency mechanism referred to in Article 641., on matters submitted pursuant to Article 642. and to issue binding decisions pursuant to Article 65, including in cases referred to in Article 66;

u. promote the cooperation and the effective bilateral and multilateral exchange of information and best practices between the supervisory authorities;

v. promote common training programmes and facilitate personnel exchanges between the supervisory authorities and, where appropriate, with the supervisory authorities of third

di paesi terzi o di organizzazioni internazionali;

w. promuove lo scambio di conoscenze e documentazione sulla legislazione e sulle prassi in materia di protezione dei dati tra autorità di controllo di tutto il mondo;

x. emette pareri sui codici di condotta redatti a livello di Unione a norma dell'articolo 40, paragrafo 9; e

y. tiene un registro elettronico, accessibile al pubblico, delle decisioni adottate dalle autorità di controllo e dalle autorità giurisdizionali su questioni trattate nell'ambito del meccanismo di coerenza.

2. Qualora chieda consulenza al comitato, la Commissione può indicare un termine, tenuto conto dell'urgenza della questione.

3. Il comitato trasmette pareri, linee guida, raccomandazioni e migliori prassi alla Commissione e al comitato di cui all'articolo 93, e li pubblica.

4. Se del caso, il comitato consulta le parti interessate e offre loro la possibilità di esprimere commenti entro un termine ragionevole. Fatto salvo l'articolo 76, il comitato rende pubblici i risultati della procedura di consultazione.

Articolo 71

Relazioni

1. Il comitato redige una relazione annuale sulla protezione delle persone fisiche con riguardo al trattamento nell'Unione e, se del caso, nei paesi terzi e nelle organizzazioni internazionali. La relazione è pubblicata ed è trasmessa al Parlamento europeo, al Consiglio e alla Commissione.

2. La relazione annuale include la valutazione dell'applicazione pratica delle linee guida, raccomandazioni e

countries or with international organisations;

w. promote the exchange of knowledge and documentation on data protection legislation and practice with data protection supervisory authorities worldwide.

x. issue opinions on codes of conduct drawn up at Union level pursuant to Article 409.; and

y. maintain a publicly accessible electronic register of decisions taken by supervisory authorities and courts on issues handled in the consistency mechanism.

2. Where the Commission requests advice from the Board, it may indicate a time limit, taking into account the urgency of the matter.

3. The Board shall forward its opinions, guidelines, recommendations, and best practices to the Commission and to the committee referred to in Article 93 and make them public.

4. The Board shall, where appropriate, consult interested parties and give them the opportunity to comment within a reasonable period. The Board shall, without prejudice to Article 76, make the results of the consultation procedure publicly available.

Article 71

Reports

1. The Board shall draw up an annual report regarding the protection of natural persons with regard to processing in the Union and, where relevant, in third countries and international organisations. The report shall be made public and be transmitted to the European Parliament, to the Council and to the Commission.

2. The annual report shall include a review of the practical application of the guidelines, recommendations and best

migliori prassi di cui all'articolo 70, paragrafo 1, lettera l., nonché delle decisioni vincolanti di cui all'articolo 65.

Articolo 72

Procedura

1. Il comitato decide a maggioranza semplice dei suoi membri, salvo se diversamente previsto dal presente regolamento.

2. Il comitato adotta il proprio regolamento interno deliberando a maggioranza di due terzi dei suoi membri e stabilisce le modalità del proprio funzionamento.

Articolo 73

Presidente

1. Il comitato elegge un presidente e due vicepresidenti tra i suoi membri a maggioranza semplice.

2. Il presidente e i vicepresidenti hanno un mandato di cinque anni, rinnovabile una volta.

Articolo 74

Compiti del presidente

1. Il presidente ha il compito di:

a. convocare le riunioni del comitato e stabilirne l'ordine del giorno;

b. notificare le decisioni adottate dal comitato a norma dell'articolo 65 all'autorità di controllo capofila e alle autorità di controllo interessate;

c. assicurare l'esecuzione tempestiva dei compiti del comitato, in particolare in relazione al meccanismo di coerenza di cui all'articolo 63.

2. Il comitato europeo stabilisce nel proprio regolamento interno la ripartizione dei compiti tra presidente e vicepresidenti.

Articolo 75

Segreteria

practices referred to in point l. of Article 701. as well as of the binding decisions referred to in Article 65.

Article 72

Procedure

1. The Board shall take decisions by a simple majority of its members, unless otherwise provided for in this Regulation.

2. The Board shall adopt its own rules of procedure by a two-thirds majority of its members and organise its own operational arrangements.

Article 73

Chair

1. The Board shall elect a chair and two deputy chairs from amongst its members by simple majority.

2. The term of office of the Chair and of the deputy chairs shall be five years and be renewable once.

Article 74

Tasks of the Chair

1. The Chair shall have the following tasks:

a. to convene the meetings of the Board and prepare its agenda;

b. to notify decisions adopted by the Board pursuant to Article 65 to the lead supervisory authority and the supervisory authorities concerned;

c. to ensure the timely performance of the tasks of the Board, in particular in relation to the consistency mechanism referred to in Article 63.

2. The Board shall lay down the allocation of tasks between the Chair and the deputy chairs in its rules of procedure.

Article 75

Secretariat

1. Il comitato dispone di una segreteria messa a disposizione dal garante europeo della protezione dei dati.

2. La segreteria svolge i propri compiti seguendo esclusivamente le istruzioni del presidente del comitato.

3. Il personale del garante europeo della protezione dei dati coinvolto nell'assolvimento dei compiti attribuiti al comitato dal presente regolamento è soggetto a linee gerarchiche separate rispetto al personale coinvolto nello svolgimento dei compiti attribuiti al garante europeo della protezione dei dati.

4. Se del caso, il comitato e il garante europeo della protezione dei dati stabiliscono e pubblicano un protocollo d'intesa che attua il presente articolo, stabilisce i termini della loro cooperazione e si applica al personale del garante europeo della protezione dei dati coinvolto nell'assolvimento dei compiti attribuiti al comitato dal presente regolamento.

5. La segreteria presta assistenza in materia di analisi, amministrativa e logistica al comitato.

6. La segreteria è incaricata in particolare:

a. della gestione ordinaria del comitato;

b. della comunicazione tra i membri del comitato, il suo presidente e la Commissione;

c. della comunicazione con le altre istituzioni e il pubblico;

d. dell'uso di mezzi elettronici per la comunicazione interna ed esterna;

e. della traduzione delle informazioni rilevanti;

f. della preparazione delle riunioni del comitato e del relativo seguito;

g. della preparazione, redazione e pubblicazione dei pareri, delle decisioni

1. The Board shall have a secretariat, which shall be provided by the European Data Protection Supervisor.

2. The secretariat shall perform its tasks exclusively under the instructions of the Chair of the Board.

3. The staff of the European Data Protection Supervisor involved in carrying out the tasks conferred on the Board by this Regulation shall be subject to separate reporting lines from the staff involved in carrying out tasks conferred on the European Data Protection Supervisor.

4. Where appropriate, the Board and the European Data Protection Supervisor shall establish and publish a Memorandum of Understanding implementing this Article, determining the terms of their cooperation, and applicable to the staff of the European Data Protection Supervisor involved in carrying out the tasks conferred on the Board by this Regulation.

5. The secretariat shall provide analytical, administrative and logistical support to the Board.

6. The secretariat shall be responsible in particular for:

a. the day-to-day business of the Board;

b. communication between the members of the Board, its Chair and the Commission;

c. communication with other institutions and the public;

d. the use of electronic means for the internal and external communication;

e. the translation of relevant information;

f. the preparation and follow-up of the meetings of the Board;

g. the preparation, drafting and publication of opinions, decisions on the

sulla composizione delle controversie tra le autorità di controllo e di altri testi adottati dal comitato.

Articolo 76

Riservatezza

1. Se il comitato europeo lo ritiene necessario, le sue deliberazioni hanno carattere riservato, come previsto dal suo regolamento interno.

2. L'accesso ai documenti trasmessi ai membri del comitato, agli esperti e ai rappresentanti di terzi è disciplinato dal regolamento CE. n. 1049/2001 del Parlamento europeo e del Consiglio 21..

CAPO VIII

Mezzi di ricorso, responsabilità e sanzioni

Articolo 77

Diritto di proporre reclamo all'autorità di controllo

1. Fatto salvo ogni altro ricorso amministrativo o giurisdizionale, l'interessato che ritenga che il trattamento che lo riguarda violi il presente regolamento ha il diritto di proporre reclamo a un'autorità di controllo, segnatamente nello Stato membro in cui risiede abitualmente, lavora oppure del luogo ove si è verificata la presunta violazione.

2. L'autorità di controllo a cui è stato proposto il reclamo informa il reclamante dello stato o dell'esito del reclamo, compresa la possibilità di un ricorso giurisdizionale ai sensi dell'articolo 78.

Articolo 78

Diritto a un ricorso giurisdizionale effettivo nei confronti dell'autorità di controllo

1. Fatto salvo ogni altro ricorso amministrativo o extragiudiziale, ogni persona fisica o giuridica ha il diritto di

settlement of disputes between supervisory authorities and other texts adopted by the Board.

Article 76

Confidentiality

1. The discussions of the Board shall be confidential where the Board deems it necessary, as provided for in its rules of procedure.

2. Access to documents submitted to members of the Board, experts and representatives of third parties shall be governed by Regulation EC. No 1049/2001 of the European Parliament and of the Council 21..

CHAPTER VIII

Remedies, liability and penalties

Article 77

Right to lodge a complaint with a supervisory authority

1. Without prejudice to any other administrative or judicial remedy, every data subject shall have the right to lodge a complaint with a supervisory authority, in particular in the Member State of his or her habitual residence, place of work or place of the alleged infringement if the data subject considers that the processing of personal data relating to him or her infringes this Regulation.

2. The supervisory authority with which the complaint has been lodged shall inform the complainant on the progress and the outcome of the complaint including the possibility of a judicial remedy pursuant to Article 78.

Article 78

Right to an effective judicial remedy against a supervisory authority

1. Without prejudice to any other administrative or non-judicial remedy, each natural or legal person shall have

proporre un ricorso giurisdizionale effettivo avverso una decisione giuridicamente vincolante dell'autorità di controllo che la riguarda.

2. Fatto salvo ogni altro ricorso amministrativo o extragiudiziale, ciascun interessato ha il diritto di proporre un ricorso giurisdizionale effettivo qualora l'autorità di controllo che sia competente ai sensi degli articoli 55 e 56 non tratti un reclamo o non lo informi entro tre mesi dello stato o dell'esito del reclamo proposto ai sensi dell'articolo 77.

3. Le azioni nei confronti dell'autorità di controllo sono promosse dinanzi alle autorità giurisdizionali dello Stato membro in cui l'autorità di controllo è stabilita.

4. Qualora siano promosse azioni avverso una decisione di un'autorità di controllo che era stata preceduta da un parere o da una decisione del comitato nell'ambito del meccanismo di coerenza, l'autorità di controllo trasmette tale parere o decisione all'autorità giurisdizionale.

Articolo 79

Diritto a un ricorso giurisdizionale effettivo nei confronti del titolare del trattamento o del responsabile del trattamento

1. Fatto salvo ogni altro ricorso amministrativo o extragiudiziale disponibile, compreso il diritto di proporre reclamo a un'autorità di controllo ai sensi dell'articolo 77, ogni interessato ha il diritto di proporre un ricorso giurisdizionale effettivo qualora ritenga che i diritti di cui gode a norma del presente regolamento siano stati violati a seguito di un trattamento.

2. Le azioni nei confronti del titolare del trattamento o del responsabile del trattamento sono promosse dinanzi alle autorità giurisdizionali dello Stato

the right to an effective judicial remedy against a legally binding decision of a supervisory authority concerning them.

2. Without prejudice to any other administrative or non-judicial remedy, each data subject shall have the right to a an effective judicial remedy where the supervisory authority which is competent pursuant to Articles 55 and 56 does not handle a complaint or does not inform the data subject within three months on the progress or outcome of the complaint lodged pursuant to Article 77.

3. Proceedings against a supervisory authority shall be brought before the courts of the Member State where the supervisory authority is established.

4. Where proceedings are brought against a decision of a supervisory authority which was preceded by an opinion or a decision of the Board in the consistency mechanism, the supervisory authority shall forward that opinion or decision to the court.

Article 79

Right to an effective judicial remedy against a controller or processor

1. Without prejudice to any available administrative or non-judicial remedy, including the right to lodge a complaint with a supervisory authority pursuant to Article 77, each data subject shall have the right to an effective judicial remedy where he or she considers that his or her rights under this Regulation have been infringed as a result of the processing of his or her personal data in non-compliance with this Regulation.

2. Proceedings against a controller or a processor shall be brought before the courts of the Member State where the controller or processor has an

membro in cui il titolare del trattamento o il responsabile del trattamento ha uno stabilimento. In alternativa, tali azioni possono essere promosse dinanzi alle autorità giurisdizionali dello Stato membro in cui l'interessato risiede abitualmente, salvo che il titolare del trattamento o il responsabile del trattamento sia un'autorità pubblica di uno Stato membro nell'esercizio dei pubblici poteri.

Articolo 80

Rappresentanza degli interessati

1. L'interessato ha il diritto di dare mandato a un organismo, un'organizzazione o un'associazione senza scopo di lucro, che siano debitamente costituiti secondo il diritto di uno Stato membro, i cui obiettivi statutari siano di pubblico interesse e che siano attivi nel settore della protezione dei diritti e delle libertà degli interessati con riguardo alla protezione dei dati personali, di proporre il reclamo per suo conto e di esercitare per suo conto i diritti di cui agli articoli 77, 78 e 79 nonché, se previsto dal diritto degli Stati membri, il diritto di ottenere il risarcimento di cui all'articolo 82.

2. Gli Stati membri possono prevedere che un organismo, organizzazione o associazione di cui al paragrafo 1 del presente articolo, indipendentemente dal mandato conferito dall'interessato, abbia il diritto di proporre, in tale Stato membro, un reclamo all'autorità di controllo competente, e di esercitare i diritti di cui agli articoli 78 e 79, qualora ritenga che i diritti di cui un interessato gode a norma del presente regolamento siano stati violati in seguito al trattamento.

Articolo 81

Sospensione delle azioni

establishment. Alternatively, such proceedings may be brought before the courts of the Member State where the data subject has his or her habitual residence, unless the controller or processor is a public authority of a Member State acting in the exercise of its public powers.

Article 80

Representation of data subjects

1. The data subject shall have the right to mandate a not-for-profit body, organisation or association which has been properly constituted in accordance with the law of a Member State, has statutory objectives which are in the public interest, and is active in the field of the protection of data subjects' rights and freedoms with regard to the protection of their personal data to lodge the complaint on his or her behalf, to exercise the rights referred to in Articles 77, 78 and 79 on his or her behalf, and to exercise the right to receive compensation referred to in Article 82 on his or her behalf where provided for by Member State law.

2. Member States may provide that any body, organisation or association referred to in paragraph 1 of this Article, independently of a data subject's mandate, has the right to lodge, in that Member State, a complaint with the supervisory authority which is competent pursuant to Article 77 and to exercise the rights referred to in Articles 78 and 79 if it considers that the rights of a data subject under this Regulation have been infringed as a result of the processing.

Article 81

Suspension of proceedings

1. L'autorità giurisdizionale competente di uno Stato membro che venga a conoscenza di azioni riguardanti lo stesso oggetto relativamente al trattamento dello stesso titolare del trattamento o dello stesso responsabile del trattamento pendenti presso un'autorità giurisdizionale in un altro Stato membro, prende contatto con tale autorità giurisdizionale nell'altro Stato membro per confermare l'esistenza delle azioni.

2. Qualora azioni riguardanti lo stesso oggetto relativamente al trattamento dello stesso titolare del trattamento o dello stesso responsabile del trattamento siano pendenti presso un'autorità giurisdizionale in un altro Stato membro, qualunque autorità giurisdizionale competente successivamente adita può sospendere le azioni.

3. Se tali azioni sono pendenti in primo grado, qualunque autorità giurisdizionale successivamente adita può parimenti dichiarare la propria incompetenza su richiesta di una delle parti a condizione che l'autorità giurisdizionale adita per prima sia competente a conoscere delle domande proposte e la sua legge consenta la riunione dei procedimenti.

Articolo 82

Diritto al risarcimento e responsabilità

1. Chiunque subisca un danno materiale o immateriale causato da una violazione del presente regolamento ha il diritto di ottenere il risarcimento del danno dal titolare del trattamento o dal responsabile del trattamento.

2. Un titolare del trattamento coinvolto nel trattamento risponde per il danno cagionato dal suo trattamento che violi il presente regolamento. Un responsabile del trattamento risponde per il danno causato dal trattamento solo se non ha adempiuto gli obblighi del

1. Where a competent court of a Member State has information on proceedings, concerning the same subject matter as regards processing by the same controller or processor, that are pending in a court in another Member State, it shall contact that court in the other Member State to confirm the existence of such proceedings.

2. Where proceedings concerning the same subject matter as regards processing of the same controller or processor are pending in a court in another Member State, any competent court other than the court first seized may suspend its proceedings.

3. Where those proceedings are pending at first instance, any court other than the court first seized may also, on the application of one of the parties, decline jurisdiction if the court first seized has jurisdiction over the actions in question and its law permits the consolidation thereof.

Article 82

Right to compensation and liability

1. Any person who has suffered material or non-material damage as a result of an infringement of this Regulation shall have the right to receive compensation from the controller or processor for the damage suffered.

2. Any controller involved in processing shall be liable for the damage caused by processing which infringes this Regulation. A processor shall be liable for the damage caused by processing only where it has not complied with obligations of this Regulation specifically

presente regolamento specificatamente diretti ai responsabili del trattamento o ha agito in modo difforme o contrario rispetto alle legittime istruzioni del titolare del trattamento.

directed to processors or where it has acted outside or contrary to lawful instructions of the controller.

3. Il titolare del trattamento o il responsabile del trattamento è esonerato dalla responsabilità, a norma del paragrafo 2 se dimostra che l'evento dannoso non gli è in alcun modo imputabile.

3. A controller or processor shall be exempt from liability under paragraph 2 if it proves that it is not in any way responsible for the event giving rise to the damage.

4. Qualora più titolari del trattamento o responsabili del trattamento oppure entrambi il titolare del trattamento e il responsabile del trattamento siano coinvolti nello stesso trattamento e siano, ai sensi dei paragrafi 2 e 3, responsabili dell'eventuale danno causato dal trattamento, ogni titolare del trattamento o responsabile del trattamento è responsabile in solido per l'intero ammontare del danno, al fine di garantire il risarcimento effettivo dell'interessato.

4. Where more than one controller or processor, or both a controller and a processor, are involved in the same processing and where they are, under paragraphs 2 and 3, responsible for any damage caused by processing, each controller or processor shall be held liable for the entire damage in order to ensure effective compensation of the data subject.

5. Qualora un titolare del trattamento o un responsabile del trattamento abbia pagato, conformemente al paragrafo 4, l'intero risarcimento del danno, tale titolare del trattamento o responsabile del trattamento ha il diritto di reclamare dagli altri titolari del trattamento o responsabili del trattamento coinvolti nello stesso trattamento la parte del risarcimento corrispondente alla loro parte di responsabilità per il danno conformemente alle condizioni di cui al paragrafo 2.

5. Where a controller or processor has, in accordance with paragraph 4, paid full compensation for the damage suffered, that controller or processor shall be entitled to claim back from the other controllers or processors involved in the same processing that part of the compensation corresponding to their part of responsibility for the damage, in accordance with the conditions set out in paragraph 2.

6. Le azioni legali per l'esercizio del diritto di ottenere il risarcimento del danno sono promosse dinanzi alle autorità giurisdizionali competenti a norma del diritto dello Stato membro di cui all'articolo 79, paragrafo 2.

6. Court proceedings for exercising the right to receive compensation shall be brought before the courts competent under the law of the Member State referred to in Article 792..

Articolo 83

Condizioni generali per infliggere sanzioni amministrative pecuniarie

Article 83

General conditions for imposing administrative fines

1. Ogni autorità di controllo provvede affinché le sanzioni amministrative pecuniarie inflitte ai sensi del presente articolo in relazione alle violazioni del presente regolamento di cui ai paragrafi 4, 5 e 6 siano in ogni singolo caso effettive, proporzionate e dissuasive.

1. Each supervisory authority shall ensure that the imposition of administrative fines pursuant to this Article in respect of infringements of this Regulation referred to in paragraphs 4, 5 and 6 shall in each individual case be effective, proportionate and dissuasive.

2. Le sanzioni amministrative pecuniarie sono inflitte, in funzione delle circostanze di ogni singolo caso, in aggiunta alle misure di cui all'articolo 58, paragrafo 2, lettere da a. a h. e j., o in luogo di tali misure. Al momento di decidere se infliggere una sanzione amministrativa pecuniaria e di fissare l'ammontare della stessa in ogni singolo caso si tiene debito conto dei seguenti elementi:

2. Administrative fines shall, depending on the circumstances of each individual case, be imposed in addition to, or instead of, measures referred to in points a. to h. and j. of Article 582.. When deciding whether to impose an administrative fine and deciding on the amount of the administrative fine in each individual case due regard shall be given to the following:

a. la natura, la gravità e la durata della violazione tenendo in considerazione la natura, l'oggetto o a finalità del trattamento in questione nonché il numero di interessati lesi dal danno e il livello del danno da essi subito;

a. the nature, gravity and duration of the infringement taking into account the nature scope or purpose of the processing concerned as well as the number of data subjects affected and the level of damage suffered by them;

b. il carattere doloso o colposo della violazione;

b. the intentional or negligent character of the infringement;

c. le misure adottate dal titolare del trattamento o dal responsabile del trattamento per attenuare il danno subito dagli interessati;

c. any action taken by the controller or processor to mitigate the damage suffered by data subjects;

d. il grado di responsabilità del titolare del trattamento o del responsabile del trattamento tenendo conto delle misure tecniche e organizzative da essi messe in atto ai sensi degli articoli 25 e 32;

d. the degree of responsibility of the controller or processor taking into account technical and organisational measures implemented by them pursuant to Articles 25 and 32;

e. eventuali precedenti violazioni pertinenti commesse dal titolare del trattamento o dal responsabile del trattamento;

e. any relevant previous infringements by the controller or processor;

f. il grado di cooperazione con l'autorità di controllo al fine di porre rimedio alla violazione e attenuarne i possibili effetti negativi;

f. the degree of cooperation with the supervisory authority, in order to remedy the infringement and mitigate the possible adverse effects of the infringement;

g. le categorie di dati personali interessate dalla violazione;

g. the categories of personal data affected by the infringement;

h. la maniera in cui l'autorità di controllo ha preso conoscenza della violazione, in particolare se e in che misura il titolare del trattamento o il responsabile del trattamento ha notificato la violazione;

i. qualora siano stati precedentemente disposti provvedimenti di cui all'articolo 58, paragrafo 2, nei confronti del titolare del trattamento o del responsabile del trattamento in questione relativamente allo stesso oggetto, il rispetto di tali provvedimenti;

j. l'adesione ai codici di condotta approvati ai sensi dell'articolo 40 o ai meccanismi di certificazione approvati ai sensi dell'articolo 42; e

k. eventuali altri fattori aggravanti o attenuanti applicabili alle circostanze del caso, ad esempio i benefici finanziari conseguiti o le perdite evitate, direttamente o indirettamente, quale conseguenza della violazione.

3. Se, in relazione allo stesso trattamento o a trattamenti collegati, un titolare del trattamento o un responsabile del trattamento viola, con dolo o colpa, varie disposizioni del presente regolamento, l'importo totale della sanzione amministrativa pecuniaria non supera l'importo specificato per la violazione più grave.

4. In conformità del paragrafo 2, la violazione delle disposizioni seguenti è soggetta a sanzioni amministrative pecuniarie fino a 10 000 000 EUR, o per le imprese, fino al 2 % del fatturato mondiale totale annuo dell'esercizio precedente, se superiore:

a. gli obblighi del titolare del trattamento e del responsabile del trattamento a norma degli articoli 8, 11, da 25 a 39, 42 e 43;

h. the manner in which the infringement became known to the supervisory authority, in particular whether, and if so to what extent, the controller or processor notified the infringement;

i. where measures referred to in Article 582. have previously been ordered against the controller or processor concerned with regard to the same subject-matter, compliance with those measures;

j. adherence to approved codes of conduct pursuant to Article 40 or approved certification mechanisms pursuant to Article 42; and

k. any other aggravating or mitigating factor applicable to the circumstances of the case, such as financial benefits gained, or losses avoided, directly or indirectly, from the infringement.

3. If a controller or processor intentionally or negligently, for the same or linked processing operations, infringes several provisions of this Regulation, the total amount of the administrative fine shall not exceed the amount specified for the gravest infringement.

4. Infringements of the following provisions shall, in accordance with paragraph 2, be subject to administrative fines up to 10 000 000 EUR, or in the case of an undertaking, up to 2 % of the total worldwide annual turnover of the preceding financial year, whichever is higher:

a. the obligations of the controller and the processor pursuant to Articles 8, 11, 25 to 39 and 42 and 43;

b.	gli obblighi dell'organismo di certificazione a norma degli articoli 42 e 43;

c.	gli obblighi dell'organismo di controllo a norma dell'articolo 41, paragrafo 4;

5.	In conformità del paragrafo 2, la violazione delle disposizioni seguenti è soggetta a sanzioni amministrative pecuniarie fino a 20 000 000 EUR, o per le imprese, fino al 4 % del fatturato mondiale totale annuo dell'esercizio precedente, se superiore:

a.	i principi di base del trattamento, comprese le condizioni relative al consenso, a norma degli articoli 5, 6, 7 e 9;

b.	i diritti degli interessati a norma degli articoli da 12 a 22;

c.	i trasferimenti di dati personali a un destinatario in un paese terzo o un'organizzazione internazionale a norma degli articoli da 44 a 49;

d.	qualsiasi obbligo ai sensi delle legislazioni degli Stati membri adottate a norma del capo IX;

e.	l'inosservanza di un ordine, di una limitazione provvisoria o definitiva di trattamento o di un ordine di sospensione dei flussi di dati dell'autorità di controllo ai sensi dell'articolo 58, paragrafo 2, o il negato accesso in violazione dell'articolo 58, paragrafo 1.

6.	In conformità del paragrafo 2 del presente articolo, l'inosservanza di un ordine da parte dell'autorità di controllo di cui all'articolo 58, paragrafo 2, è soggetta a sanzioni amministrative pecuniarie fino a 20 000 000 EUR, o per le imprese, fino al 4 % del fatturato mondiale totale annuo dell'esercizio precedente, se superiore.

7.	Fatti salvi i poteri correttivi delle autorità di controllo a norma

b.	the obligations of the certification body pursuant to Articles 42 and 43;

c.	the obligations of the monitoring body pursuant to Article 414..

5.	Infringements of the following provisions shall, in accordance with paragraph 2, be subject to administrative fines up to 20 000 000 EUR, or in the case of an undertaking, up to 4 % of the total worldwide annual turnover of the preceding financial year, whichever is higher:

a.	the basic principles for processing, including conditions for consent, pursuant to Articles 5, 6, 7 and 9;

b.	the data subjects' rights pursuant to Articles 12 to 22;

c.	the transfers of personal data to a recipient in a third country or an international organisation pursuant to Articles 44 to 49;

d.	any obligations pursuant to Member State law adopted under Chapter IX;

e.	non-compliance with an order or a temporary or definitive limitation on processing or the suspension of data flows by the supervisory authority pursuant to Article 582. or failure to provide access in violation of Article 581..

6.	Non-compliance with an order by the supervisory authority as referred to in Article 582. shall, in accordance with paragraph 2 of this Article, be subject to administrative fines up to 20 000 000 EUR, or in the case of an undertaking, up to 4 % of the total worldwide annual turnover of the preceding financial year, whichever is higher.

7.	Without prejudice to the corrective powers of supervisory authorities

dell'articolo 58, paragrafo 2, ogni Stato membro può prevedere norme che dispongano se e in quale misura possono essere inflitte sanzioni amministrative pecuniarie ad autorità pubbliche e organismi pubblici istituiti in tale Stato membro.

8. L'esercizio da parte dell'autorità di controllo dei poteri attribuitile dal presente articolo è soggetto a garanzie procedurali adeguate in conformità del diritto dell'Unione e degli Stati membri, inclusi il ricorso giurisdizionale effettivo e il giusto processo.

9. Se l'ordinamento giuridico dello Stato membro non prevede sanzioni amministrative pecuniarie, il presente articolo può essere applicato in maniera tale che l'azione sanzionatoria sia avviata dall'autorità di controllo competente e la sanzione pecuniaria sia irrogata dalle competenti autorità giurisdizionali nazionali, garantendo nel contempo che i mezzi di ricorso siano effettivi e abbiano effetto equivalente alle sanzioni amministrative pecuniarie irrogate dalle autorità di controllo. In ogni caso, le sanzioni pecuniarie irrogate sono effettive, proporzionate e dissuasive. Tali Stati membri notificano alla Commissione le disposizioni di legge adottate a norma del presente paragrafo al più tardi entro 25 maggio 2018 e comunicano senza ritardo ogni successiva modifica.

Articolo 84

Sanzioni

1. Gli Stati membri stabiliscono le norme relative alle altre sanzioni per le violazioni del presente regolamento in particolare per le violazioni non soggette a sanzioni amministrative pecuniarie a norma dell'articolo 83, e adottano tutti i provvedimenti necessari per assicurarne l'applicazione. Tali sanzioni devono essere effettive, proporzionate e dissuasive.

pursuant to Article 582., each Member State may lay down the rules on whether and to what extent administrative fines may be imposed on public authorities and bodies established in that Member State.

8. The exercise by the supervisory authority of its powers under this Article shall be subject to appropriate procedural safeguards in accordance with Union and Member State law, including effective judicial remedy and due process.

9. Where the legal system of the Member State does not provide for administrative fines, this Article may be applied in such a manner that the fine is initiated by the competent supervisory authority and imposed by competent national courts, while ensuring that those legal remedies are effective and have an equivalent effect to the administrative fines imposed by supervisory authorities. In any event, the fines imposed shall be effective, proportionate and dissuasive. Those Member States shall notify to the Commission the provisions of their laws which they adopt pursuant to this paragraph by 25 May 2018 and, without delay, any subsequent amendment law or amendment affecting them.

Article 84

Penalties

1. Member States shall lay down the rules on other penalties applicable to infringements of this Regulation in particular for infringements which are not subject to administrative fines pursuant to Article 83, and shall take all measures necessary to ensure that they are implemented. Such penalties shall be effective, proportionate and dissuasive.

2. Ogni Stato membro notifica alla Commissione le disposizioni di legge adottate ai sensi del paragrafo 1 al più tardi entro 25 maggio 2018, e comunica senza ritardo ogni successiva modifica.

CAPO IX

Disposizioni relative a specifiche situazioni di trattamento

Articolo 85

Trattamento e libertà d'espressione e di informazione

1. Il diritto degli Stati membri concilia la protezione dei dati personali ai sensi del presente regolamento con il diritto alla libertà d'espressione e di informazione, incluso il trattamento a scopi giornalistici o di espressione accademica, artistica o letteraria.

2. Ai fini del trattamento effettuato a scopi giornalistici o di espressione accademica, artistica o letteraria, gli Stati membri prevedono esenzioni o deroghe rispetto ai capi II principi., III diritti dell'interessato., IV titolare del trattamento e responsabile del trattamento., V trasferimento di dati personali verso paesi terzi o organizzazioni internazionali., VI autorità di controllo indipendenti., VII cooperazione e coerenza. e IX specifiche situazioni di trattamento dei dati. qualora siano necessarie per conciliare il diritto alla protezione dei dati personali e la libertà d'espressione e di informazione.

3. Ogni Stato membro notifica alla Commissione le disposizioni di legge adottate ai sensi del paragrafo 2 e comunica senza ritardo ogni successiva modifica.

Articolo 86

Trattamento e accesso del pubblico ai documenti ufficiali

I dati personali contenuti in documenti ufficiali in possesso di un'autorità

2. Each Member State shall notify to the Commission the provisions of its law which it adopts pursuant to paragraph 1, by 25 May 2018 and, without delay, any subsequent amendment affecting them.

CHAPTER IX

Provisions relating to specific processing situations

Article 85

Processing and freedom of expression and information

1. Member States shall by law reconcile the right to the protection of personal data pursuant to this Regulation with the right to freedom of expression and information, including processing for journalistic purposes and the purposes of academic, artistic or literary expression.

2. For processing carried out for journalistic purposes or the purpose of academic artistic or literary expression, Member States shall provide for exemptions or derogations from Chapter II principles., Chapter III rights of the data subject., Chapter IV controller and processor., Chapter V transfer of personal data to third countries or international organisations., Chapter VI independent supervisory authorities., Chapter VII cooperation and consistency. and Chapter IX specific data processing situations. if they are necessary to reconcile the right to the protection of personal data with the freedom of expression and information.

3. Each Member State shall notify to the Commission the provisions of its law which it has adopted pursuant to paragraph 2 and, without delay, any subsequent amendment law or amendment affecting them.

Article 86

Processing and public access to official documents

Personal data in official documents held by a public authority or a public body or

pubblica o di un organismo pubblico o privato per l'esecuzione di un compito svolto nell'interesse pubblico possono essere comunicati da tale autorità o organismo conformemente al diritto dell'Unione o degli Stati membri cui l'autorità pubblica o l'organismo pubblico sono soggetti, al fine di conciliare l'accesso del pubblico ai documenti ufficiali e il diritto alla protezione dei dati personali ai sensi del presente regolamento.

Articolo 87

Trattamento del numero di identificazione nazionale

Gli Stati membri possono precisare ulteriormente le condizioni specifiche per il trattamento di un numero di identificazione nazionale o di qualsiasi altro mezzo d'identificazione d'uso generale. In tal caso, il numero di identificazione nazionale o qualsiasi altro mezzo d'identificazione d'uso generale sono utilizzati soltanto in presenza di garanzie adeguate per i diritti e le libertà dell'interessato conformemente al presente regolamento.

Articolo 88

Trattamento dei dati nell'ambito dei rapporti di lavoro

1. Gli Stati membri possono prevedere, con legge o tramite contratti collettivi, norme più specifiche per assicurare la protezione dei diritti e delle libertà con riguardo al trattamento dei dati personali dei dipendenti nell'ambito dei rapporti di lavoro, in particolare per finalità di assunzione, esecuzione del contratto di lavoro, compreso l'adempimento degli obblighi stabiliti dalla legge o da contratti collettivi, di gestione, pianificazione e organizzazione del lavoro, parità e diversità sul posto di lavoro, salute e sicurezza sul lavoro, protezione della proprietà del datore di lavoro o del

a private body for the performance of a task carried out in the public interest may be disclosed by the authority or body in accordance with Union or Member State law to which the public authority or body is subject in order to reconcile public access to official documents with the right to the protection of personal data pursuant to this Regulation.

Article 87

Processing of the national identification number

Member States may further determine the specific conditions for the processing of a national identification number or any other identifier of general application. In that case the national identification number or any other identifier of general application shall be used only under appropriate safeguards for the rights and freedoms of the data subject pursuant to this Regulation.

Article 88

Processing in the context of employment

1. Member States may, by law or by collective agreements, provide for more specific rules to ensure the protection of the rights and freedoms in respect of the processing of employees' personal data in the employment context, in particular for the purposes of the recruitment, the performance of the contract of employment, including discharge of obligations laid down by law or by collective agreements, management, planning and organisation of work, equality and diversity in the workplace, health and safety at work, protection of employer's or customer's property and for the purposes of the exercise and

cliente e ai fini dell'esercizio e del godimento, individuale o collettivo, dei diritti e dei vantaggi connessi al lavoro, nonché per finalità di cessazione del rapporto di lavoro.

2. Tali norme includono misure appropriate e specifiche a salvaguardia della dignità umana, degli interessi legittimi e dei diritti fondamentali degli interessati, in particolare per quanto riguarda la trasparenza del trattamento, il trasferimento di dati personali nell'ambito di un gruppo imprenditoriale o di un gruppo di imprese che svolge un'attività economica comune e i sistemi di monitoraggio sul posto di lavoro.

3. Ogni Stato membro notifica alla Commissione le disposizioni di legge adottate ai sensi del paragrafo 1 entro 25 maggio 2018 e comunica senza ritardo ogni successiva modifica.

Articolo 89

Garanzie e deroghe relative al trattamento a fini di archiviazione nel pubblico interesse, di ricerca scientifica o storica o a fini statistici

1. Il trattamento a fini di archiviazione nel pubblico interesse, di ricerca scientifica o storica o a fini statistici è soggetto a garanzie adeguate per i diritti e le libertà dell'interessato, in conformità del presente regolamento. Tali garanzie assicurano che siano state predisposte misure tecniche e organizzative, in particolare al fine di garantire il rispetto del principio della minimizzazione dei dati. Tali misure possono includere la pseudonimizzazione, purché le finalità in questione possano essere conseguite in tal modo. Qualora possano essere conseguite attraverso il trattamento ulteriore che non consenta o non consenta più di identificare l'interessato, tali finalità devono essere conseguite in tal modo.

enjoyment, on an individual or collective basis, of rights and benefits related to employment, and for the purpose of the termination of the employment relationship.

2. Those rules shall include suitable and specific measures to safeguard the data subject's human dignity, legitimate interests and fundamental rights, with particular regard to the transparency of processing, the transfer of personal data within a group of undertakings, or a group of enterprises engaged in a joint economic activity and monitoring systems at the work place.

3. Each Member State shall notify to the Commission those provisions of its law which it adopts pursuant to paragraph 1, by 25 May 2018 and, without delay, any subsequent amendment affecting them.

Article 89

Safeguards and derogations relating to processing for archiving purposes in the public interest, scientific or historical research purposes or statistical purposes

1. Processing for archiving purposes in the public interest, scientific or historical research purposes or statistical purposes, shall be subject to appropriate safeguards, in accordance with this Regulation, for the rights and freedoms of the data subject. Those safeguards shall ensure that technical and organisational measures are in place in particular in order to ensure respect for the principle of data minimisation. Those measures may include pseudonymisation provided that those purposes can be fulfilled in that manner. Where those purposes can be fulfilled by further processing which does not permit or no longer permits the identification of data subjects, those purposes shall be fulfilled in that manner.

2. Se i dati personali sono trattati a fini di ricerca scientifica o storica o a fini statistici, il diritto dell'Unione o degli Stati membri può prevedere deroghe ai diritti di cui agli articoli 15, 16, 18 e 21, fatte salve le condizioni e le garanzie di cui al paragrafo 1 del presente articolo, nella misura in cui tali diritti rischiano di rendere impossibile o di pregiudicare gravemente il conseguimento delle finalità specifiche e tali deroghe sono necessarie al conseguimento di dette finalità.

3. Se i dati personali sono trattati per finalità di archiviazione nel pubblico interesse, il diritto dell'Unione o degli Stati membri può prevedere deroghe ai diritti di cui agli articoli 15, 16, 18, 19, 20 e 21, fatte salve le condizioni e le garanzie di cui al paragrafo 1 del presente articolo, nella misura in cui tali diritti rischiano di rendere impossibile o di pregiudicare gravemente il conseguimento delle finalità specifiche e tali deroghe sono necessarie al conseguimento di dette finalità.

4. Qualora il trattamento di cui ai paragrafi 2 e 3 funga allo stesso tempo a un altro scopo, le deroghe si applicano solo al trattamento per le finalità di cui ai medesimi paragrafi.

Articolo 90

Obblighi di segretezza

1. Gli Stati membri possono adottare norme specifiche per stabilire i poteri delle autorità di controllo di cui all'articolo 58, paragrafo 1, lettere e. e f., in relazione ai titolari del trattamento o ai responsabili del trattamento che sono soggetti, ai sensi del diritto dell'Unione o degli Stati membri o di norme stabilite dagli organismi nazionali competenti, al segreto professionale o a un obbligo di segretezza equivalente, ove siano necessarie e proporzionate per conciliare il diritto alla protezione dei

2. Where personal data are processed for scientific or historical research purposes or statistical purposes, Union or Member State law may provide for derogations from the rights referred to in Articles 15, 16, 18 and 21 subject to the conditions and safeguards referred to in paragraph 1 of this Article in so far as such rights are likely to render impossible or seriously impair the achievement of the specific purposes, and such derogations are necessary for the fulfilment of those purposes.

3. Where personal data are processed for archiving purposes in the public interest, Union or Member State law may provide for derogations from the rights referred to in Articles 15, 16, 18, 19, 20 and 21 subject to the conditions and safeguards referred to in paragraph 1 of this Article in so far as such rights are likely to render impossible or seriously impair the achievement of the specific purposes, and such derogations are necessary for the fulfilment of those purposes.

4. Where processing referred to in paragraphs 2 and 3 serves at the same time another purpose, the derogations shall apply only to processing for the purposes referred to in those paragraphs.

Article 90

Obligations of secrecy

1. Member States may adopt specific rules to set out the powers of the supervisory authorities laid down in points e. and f. of Article 581. in relation to controllers or processors that are subject, under Union or Member State law or rules established by national competent bodies, to an obligation of professional secrecy or other equivalent obligations of secrecy where this is necessary and proportionate to reconcile the right of the protection of personal data with the obligation of secrecy. Those rules shall apply only with regard

dati personali e l'obbligo di segretezza. Tali norme si applicano solo ai dati personali che il titolare del trattamento o il responsabile del trattamento ha ricevuto o ha ottenuto in seguito a un'attività protetta da tale segreto professionale.

2. Ogni Stato membro notifica alla Commissione le norme adottate ai sensi del paragrafo 1 al più tardi entro 25 maggio 2018 e comunica senza ritardo ogni successiva modifica.

Articolo 91

Norme di protezione dei dati vigenti presso chiese e associazioni religiose

1. Qualora in uno Stato membro chiese e associazioni o comunità religiose applichino, al momento dell'entrata in vigore del presente regolamento, corpus completi di norme a tutela delle persone fisiche con riguardo al trattamento, tali corpus possono continuare ad applicarsi purché siano resi conformi al presente regolamento.

2. Le chiese e le associazioni religiose che applicano i corpus completi di norme di cui al paragrafo 1 del presente articolo sono soggette al controllo di un'autorità di controllo indipendente che può essere specifica, purché soddisfi le condizioni di cui al capo VI del presente regolamento.

CAPO X

Atti delegati e atti di esecuzione

Articolo 92

Esercizio della delega

1. Il potere di adottare atti delegati è conferito alla Commissione alle condizioni stabilite nel presente articolo.

2. La delega di potere di cui all'articolo 12, paragrafo 8, e all'articolo 43, paragrafo 8, è conferita alla Commissione per un periodo

to personal data which the controller or processor has received as a result of or has obtained in an activity covered by that obligation of secrecy.

2. Each Member State shall notify to the Commission the rules adopted pursuant to paragraph 1, by 25 May 2018 and, without delay, any subsequent amendment affecting them.

Article 91

Existing data protection rules of churches and religious associations

1. Where in a Member State, churches and religious associations or communities apply, at the time of entry into force of this Regulation, comprehensive rules relating to the protection of natural persons with regard to processing, such rules may continue to apply, provided that they are brought into line with this Regulation.

2. Churches and religious associations which apply comprehensive rules in accordance with paragraph 1 of this Article shall be subject to the supervision of an independent supervisory authority, which may be specific, provided that it fulfils the conditions laid down in Chapter VI of this Regulation.

CHAPTER X

Delegated acts and implementing acts

Article 92

Exercise of the delegation

1. The power to adopt delegated acts is conferred on the Commission subject to the conditions laid down in this Article.

2. The delegation of power referred to in Article 128. and Article 438. shall be conferred on the Commission for an indeterminate period of time from 24 May 2016.

indeterminato a decorrere 24 maggio 2016.

3. La delega di potere di cui all'articolo 12, paragrafo 8, e all'articolo 43, paragrafo 8, può essere revocata in qualsiasi momento dal Parlamento europeo o dal Consiglio. La decisione di revoca pone fine alla delega di potere ivi specificata. Gli effetti della decisione decorrono dal giorno successivo alla pubblicazione della decisione nella Gazzetta ufficiale dell'Unione europea o da una data successiva ivi specificata. Essa non pregiudica la validità degli atti delegati già in vigore.

4. Non appena adotta un atto delegato, la Commissione ne dà contestualmente notifica al Parlamento europeo e al Consiglio.

5. L'atto delegato adottato ai sensi dell'articolo 12, paragrafo 8, e all'articolo 43, paragrafo 8, entra in vigore solo se né il Parlamento europeo né il Consiglio hanno sollevato obiezioni entro il termine di tre mesi dalla data in cui esso è stato loro notificato o se, prima della scadenza di tale termine, sia il Parlamento europeo che il Consiglio hanno informato la Commissione che non intendono sollevare obiezioni. Tale termine è prorogato di tre mesi su iniziativa del Parlamento europeo o del Consiglio.

Articolo 93

Procedura di comitato

1. La Commissione è assistita da un comitato. Esso è un comitato ai sensi del regolamento UE. n. 182/2011.

2. Nei casi in cui è fatto riferimento al presente paragrafo, si applica l'articolo 5 del regolamento UE. n. 182/2011.

3. Nei casi in cui è fatto riferimento al presente paragrafo, si applica l'articolo

3. The delegation of power referred to in Article 128. and Article 438. may be revoked at any time by the European Parliament or by the Council. A decision of revocation shall put an end to the delegation of power specified in that decision. It shall take effect the day following that of its publication in the Official Journal of the European Union or at a later date specified therein. It shall not affect the validity of any delegated acts already in force.

4. As soon as it adopts a delegated act, the Commission shall notify it simultaneously to the European Parliament and to the Council.

5. A delegated act adopted pursuant to Article 128. and Article 438. shall enter into force only if no objection has been expressed by either the European Parliament or the Council within a period of three months of notification of that act to the European Parliament and the Council or if, before the expiry of that period, the European Parliament and the Council have both informed the Commission that they will not object. That period shall be extended by three months at the initiative of the European Parliament or of the Council.

Article 93

Committee procedure

1. The Commission shall be assisted by a committee. That committee shall be a committee within the meaning of Regulation EU. No 182/2011.

2. Where reference is made to this paragraph, Article 5 of Regulation EU. No 182/2011 shall apply.

3. Where reference is made to this paragraph, Article 8 of Regulation EU. No

8 del regolamento UE. n. 182/2011 in combinato disposto con il suo articolo 5.

182/2011, in conjunction with Article 5 thereof, shall apply.

CAPO XI

Disposizioni finali

CHAPTER XI

Final provisions

Articolo 94

Abrogazione della direttiva 95/46/CE

1. La direttiva 95/46/CE è abrogata a decorrere da 25 maggio 2018.

2. I riferimenti alla direttiva abrogata si intendono fatti al presente regolamento. I riferimenti al gruppo per la tutela delle persone con riguardo al trattamento dei dati personali istituito dall'articolo 29 della direttiva 95/46/CE si intendono fatti al comitato europeo per la protezione dei dati istituito dal presente regolamento.

Article 94

Repeal of Directive 95/46/EC

1. Directive 95/46/EC is repealed with effect from 25 May 2018.

2. References to the repealed Directive shall be construed as references to this Regulation. References to the Working Party on the Protection of Individuals with regard to the Processing of Personal Data established by Article 29 of Directive 95/46/EC shall be construed as references to the European Data Protection Board established by this Regulation.

Articolo 95

Rapporto con la direttiva 2002/58/CE

Il presente regolamento non impone obblighi supplementari alle persone fisiche o giuridiche in relazione al trattamento nel quadro della fornitura di servizi di comunicazione elettronica accessibili al pubblico su reti pubbliche di comunicazione nell'Unione, per quanto riguarda le materie per le quali sono soggette a obblighi specifici aventi lo stesso obiettivo fissati dalla direttiva 2002/58/CE.

Article 95

Relationship with Directive 2002/58/EC

This Regulation shall not impose additional obligations on natural or legal persons in relation to processing in connection with the provision of publicly available electronic communications services in public communication networks in the Union in relation to matters for which they are subject to specific obligations with the same objective set out in Directive 2002/58/EC.

Articolo 96

Rapporto con accordi precedentemente conclusi

Restano in vigore, fino alla loro modifica, sostituzione o revoca, gli accordi internazionali che comportano il trasferimento di dati personali verso paesi terzi o organizzazioni internazionali conclusi dagli Stati membri prima di 24 maggio 2016 e conformi al diritto dell'Unione applicabile prima di tale data.

Article 96

Relationship with previously concluded Agreements

International agreements involving the transfer of personal data to third countries or international organisations which were concluded by Member States prior to 24 May 2016, and which comply with Union law as applicable prior to that date, shall remain in force until amended, replaced or revoked.

Articolo 97

Article 97

Relazioni della Commissione

1. Entro 25 maggio 2020 e, successivamente, ogni quattro anni, la Commissione trasmette al Parlamento europeo e al Consiglio relazioni di valutazione e sul riesame del presente regolamento.

2. Nel contesto delle valutazioni e del riesame del presente regolamento di cui al paragrafo 1, la Commissione esamina, in particolare, l'applicazione e il funzionamento:

a. del capo V sul trasferimento di dati personali verso paesi terzi o organizzazioni internazionali, con particolare riguardo alle decisioni adottate ai sensi dell'articolo 45, paragrafo 3, del presente regolamento, e alle decisioni adottate sulla base dell'articolo 25, paragrafo 6, della direttiva 95/46/CE;

b. del capo VII su cooperazione e coerenza.

3. Ai fini del paragrafo 1, la Commissione può richiedere informazioni agli Stati membri e alle autorità di controllo.

4. Nello svolgere le valutazioni e i riesami di cui ai paragrafi 1 e 2, la Commissione tiene conto delle posizioni e delle conclusioni del Parlamento europeo, del Consiglio, nonché di altri organismi o fonti pertinenti.

5. Se del caso, la Commissione presenta opportune proposte di modifica del presente regolamento tenuto conto, in particolare, degli sviluppi delle tecnologie dell'informazione e dei progressi della società dell'informazione.

Articolo 98

Riesame di altri atti legislativi dell'Unione in materia di protezione dei dati

Se del caso, la Commissione presenta proposte legislative di modifica di altri

---

Commission reports

1. By 25 May 2020 and every four years thereafter, the Commission shall submit a report on the evaluation and review of this Regulation to the European Parliament and to the Council. The reports shall be made public.

2. In the context of the evaluations and reviews referred to in paragraph 1, the Commission shall examine, in particular, the application and functioning of:

a. Chapter V on the transfer of personal data to third countries or international organisations with particular regard to decisions adopted pursuant to Article 453. of this Regulation and decisions adopted on the basis of Article 256. of Directive 95/46/EC;

b. Chapter VII on cooperation and consistency.

3. For the purpose of paragraph 1, the Commission may request information from Member States and supervisory authorities.

4. In carrying out the evaluations and reviews referred to in paragraphs 1 and 2, the Commission shall take into account the positions and findings of the European Parliament, of the Council, and of other relevant bodies or sources.

5. The Commission shall, if necessary, submit appropriate proposals to amend this Regulation, in particular taking into account of developments in information technology and in the light of the state of progress in the information society.

Article 98

Review of other Union legal acts on data protection

The Commission shall, if appropriate, submit legislative proposals with a view

atti legislativi dell'Unione in materia di protezione dei dati personali, allo scopo di garantire una protezione uniforme e coerente delle persone fisiche con riguardo al trattamento. Ciò riguarda in particolare le norme relative alla protezione delle persone fisiche con riguardo al trattamento da parte di istituzioni, organi, uffici e agenzie dell'Unione e le norme sulla libera circolazione di tali dati.

Articolo 99

Entrata in vigore e applicazione

1. Il presente regolamento entra in vigore il ventesimo giorno successivo alla pubblicazione nella Gazzetta ufficiale dell'Unione europea.

2. Esso si applica a decorrere da 25 maggio 2018.

Il presente regolamento è obbligatorio in tutti i suoi elementi e direttamente applicabile in ciascuno degli Stati membri.

to amending other Union legal acts on the protection of personal data, in order to ensure uniform and consistent protection of natural persons with regard to processing. This shall in particular concern the rules relating to the protection of natural persons with regard to processing by Union institutions, bodies, offices and agencies and on the free movement of such data.

Article 99

Entry into force and application

1. This Regulation shall enter into force on the twentieth day following that of its publication in the Official Journal of the European Union.

2. It shall apply from 25 May 2018.

This Regulation shall be binding in its entirety and directly applicable in all Member States.

Fatto a Bruxelles, il 27 aprile 2016

Per il Parlamento europeo
Il presidente
M. SCHULZ

Per il Consiglio
Il presidente
J.A. HENNIS-PLASSCHAERT

Done at Brussels, 27 April 2016.

For the European Parliament
The President
M. SCHULZ

For the Council
The President
J.A. HENNIS-PLASSCHAERT

www.ingramcontent.com/pod-product-compliance
Lightning Source LLC
Chambersburg PA
CBHW072144230526
45467CB00040B/64